CLÍMAX EN PAREJA

Intimidad y placer para dos

Dra. Betty Dodson

CLÍMAX
EN PAREJA

Intimidad y placer para dos

Título original: *Orgasms for Two*
Edición original: Harmony Books, 2002
Traducción: Martha Mauri

Copyright © by Betty Dodson Ph.D., 2002

De esta edición:
D. R. © Aguilar, Altea, Taurus, Alfaguara, S.A. de C.V., 2003
Av. Universidad 767, Col. del Valle
México, 03100, D.F. Teléfono 54 20 75 30

Distribuidora y Editora Aguilar, Altea, Taurus, Alfaguara, S. A.
Calle 80 Núm. 10-23, Santafé de Bogotá, Colombia.
Santillana Ediciones Generales S. L.
Torrelaguna 60-28043, Madrid, España.
Santillana S. A.
Av. San Felipe 731, Lima, Perú.
Editorial Santillana S. A.
Av. Rómulo Gallegos, Edif. Zulia 1er. piso
Boleita Nte., 1071, Caracas, Venezuela.
Editorial Santillana Inc.
P.O. Box 19-5462 Hato Rey, 00919, San Juan, Puerto Rico.
Santillana Publishing Company Inc.
2043 N. W. 87 th Avenue, 33172. Miami, Fl., E. U. A.
Ediciones Santillana S. A. (ROU)
Cristóbal Echevarriarza 3535, A.P. 1606, Montevideo, Uruguay.
Aguilar, Altea, Taurus, Alfaguara, S. A.
Beazley 3860, 1437, Buenos Aires, Argentina.
Aguilar Chilena de Ediciones Ltda.
Dr. Aníbal Ariztía 1444, Providencia, Santiago de Chile.
Santillana de Costa Rica, S. A.
La Uruca, 100 mts. Este de Migración y Extranjería, San José, Costa Rica.

Primera edición: julio de 2003

ISBN: 968-19-1213-6

D. R. © Rediseño de cubierta: Antonio Ruano Gómez
Diseño de interiores: Times Editores, S.A. de C.V.

Impreso en México

Para todos los hombres dulces que han enriquecido mi vida sin coerción, abuso o una gota de violencia sexual. Al igual que todas las mujeres, he tenido mis épocas en las que odio a los hombres. Pero cuando entendí la locura de mi adicción al amor romántico, pude volver la vista atrás y valorar mis amores de preparatoria, mis amantes románticos, mis dos prometidos, un marido y muchas parejas sexuales posteriores al matrimonio tanto casuales como profundas.

Índice

Agradecimientos

Cuando mi editora, Shaye Areheart, me habló y me propuso que escribiera la secuela de *Sex for One* (*Sexo para uno*), lo rechacé sin pensarlo. No más frustraciones de que una gran empresa trabajara para mí, gracias. Me recordó que una editorial grande también podría ser una pareja formidable. Mientras platicábamos, admití que a pesar de mi reputación de ser una masturbadora profesional y lesbiana, había estado viviendo con un hombre joven durante los últimos dos años. Y aun cuando había descubierto que nuestro sexo en pareja era bastante placentero, yo todavía no era lo que consideraría una fanática de la vida en pareja. Su entusiasmo y persistencia finalmente me sedujeron y acepté escribir este libro. Le agradezco profundamente el que haya disfrutado tanto nuestra colaboración.

Quiero agradecer a mis tres hermanos, Rowan, Bill y Dick. Crecer a su lado me permitió interactuar con el sexo opuesto por igual. De otra manera, hubiera permanecido como una heterosexual de clóset.

Mi asesor de redacción, Grant Taylor, renunció para que yo pudiera hacer este libro sola y se lo agradezco. Cómo odié y al mismo tiempo extrañé su incesante forma de encontrar defectos literarios.

Mis dos amigas, ambas autoras, me hicieron sugerencias muy buenas. Marianna Beck, de Libido.com, pensó que podía quitar todo un capítulo y lo hice. Maryann Macy enriqueció el manuscrito con muchos comentarios útiles. Mis colegas, psicólogos clínicos y psicoanalistas que atienden pacientes me hicieron algunas preguntas difíciles acerca de las relaciones a las que no pude responder a excepción de que mi especialidad son las habilidades sexuales. Aun así, la información que me proporcionaron fue de gran valor. A Joanna Whitcup, Cathie Ragovin, Derek Polonsky y Suzanne Iazensa, gracias.

También quiero agradecer a mi grupo femenil mensual de terapeutas y educadoras sexuales por su retroalimentación a los capítulos que presentaba durante nuestras reuniones. A pesar de que casi las abandoné durante este proyecto, mis queridas amigas Mary Guarino y Joan McElroy me animaron. Las muchas conversaciones telefónicas con Richard Lamparski mantuvieron mi sentido del humor intacto.

¡Ay! Casi se me olvida. Sin mis nuevas articulaciones en la cadera, nunca hubiera vuelto a experimentar tan fabuloso sexo en pareja. Gracias al Dr. Robert Buly, mi cirujano ortopedista, sigo roncanroleando.

Por último, quiero agradecer a mi compañero de cuarto, Eric, quien fue mi "muso" para este libro. Además de dedicarle muchas horas de lectura y de mejorar el manuscrito, siempre estuvo ahí para tranquilizarme o animarme con ricos orgasmos, muchos abrazos y dulces besitos. Cuando Bonnie, la madre de Eric, leyó el libro, contuve la respiración porque esperaba que se alarmara o molestara por todos los detalles sexuales explícitos acerca de su hijo. Sin embargo, dijo: "Todo lo que escribiste, es cierto". Luego hizo una mueca y sugirió ¡que le dedicara el libro! Era como el comentario que hubiera hecho mi propia madre. Así que dedico este libro a mi madre, a la madre de Eric y a todas las madres que están educando hijos dulces y amables.

Prefacio

Cuando se anunció el título de mi libro *Sex for One* durante mi cuadragésima quinta reunión de preparatoria en Wichita, Kansas, la mayoría pensó que se trataba de sexo para uno a la vez. En Nueva York, cuando les dije a mis amigos que el título de mi siguiente libro era *Clímax en pareja*, hicieron una mueca y me preguntaron que si iba a escribir *Orgasmos para tres o más*. La respuesta fue que no, pero ahora que soy una mujer de la tercera edad viviendo con un hombre joven, estoy pensando en escribir un libro con el título de *Orgasmos para los mayores de edad: Demasiado sexy para sus roncanroleros.*

Luego de 30 años de enseñar a las mujeres sobre el orgasmo a través de la práctica de la masturbación, nunca me imaginé escribiendo un libro sobre sexo para parejas. Para cuando cumplí 40 años, ya sabía que el amor romántico era un mito, que, para mí, las relaciones y los matrimonios no eran duraderos y que la vida era injusta. A pesar de que prometí no volver a enamorarme o a vivir con otro hombre o mujer, mi preciada independencia desapareció en 1999 cuando Eric Wilkinson se mudó a mi casa. Después de treinta años de vivir sola y de disfrutar de una soltería bisexual, este joven me dio la inspiración para que visitara de nuevo mi heterosexualidad. Sólo que en esta ocasión, tengo la perspectiva única de una mujer inteligente con poder económico y sexual.

Sex for One fue el resultado del sexo orgásmico que compartí con mi primer amante después de divorciarme, Grant Taylor. Durante el primer año de nuestro amorío, en 1965, discutimos la importancia que tenía la masturbación en nuestras respectivas vidas antes de conocernos. Cuando incluimos la masturbación en nuestro repertorio sexual, también descubrimos que mejoraba el sexo en pareja. Desde entonces, seguimos con nuestro continuo diálogo acerca de la política de la masturbación. Hoy en día es un amigo en quien confío y el brillante maestro de la web de www.bettydodson.com.

Clímax en pareja es la continuación de mi viaje erótico, donde comparto un mensaje positivo acerca de cómo la masturbación puede liberar al sexo en pareja entre homosexuales hombres, lesbianas, bisexuales y parejas de distinto género. Como las mujeres son quienes compran la mayoría de los libros sobre sexo, les advierto: Éste no es un libro sobre cómo conseguir un hombre, cómo conservarlo o cómo deshacerse de él o matarlo después de terminada la relación. No tengo idea de cómo mantener una monogamia ardiente o un matrimonio apasionado. Mi marca personal en ambos casos es deprimente.

Sin embargo, sí creo que las parejas pueden ser más realistas y prácticas al deshacerse de esas enfermizas expectativas románticas que nos llevan a desilusiones inevitables, celos absurdos y ataques de rabia mortales. Después de más de 30 años de impartir clases, tengo algunas ideas prácticas acerca de cómo mejorar las habilidades sexuales de modo que hombres y mujeres puedan compartir orgasmos mutuos. Creo firmemente que el disfrutar un mayor placer sexual con nosotros mismos así como con los demás, provocará que seamos más agradables, menos violentos y más creativos.

1
Cómo liberar el sexo
en pareja

El mito del preludio

Es totalmente comprensible que hombres y mujeres heterosexuales quieran llegar al clímax mediante el sexo de pene/vagina, qué comodo, qué fácil y qué maravilloso es tener un sexo en pareja que sea consistente y mutuamente orgásmico. Sin embargo, si el pene firme de Romeo se mueve con dulzura dentro de la húmeda vagina de Julieta que produce orgasmos en casi todos lo hombres y apenas en unas cuantas mujeres, ¿qué vamos a hacer con la mayoría de las mujeres que no alcanzan el clímax con sólo una penetración vaginal? Podemos ampliar nuestra definición de sexo en pareja al incluir alguna forma de estimulación directa en el clítoris, ya sea manual o con un vibrador durante la relación sexual heterosexual.

Empecemos con el concepto de preludio erótico. Las revistas femeninas así como muchos libros de sexo remarcan la importancia del "preludio erótico" para las parejas. Se nos ha dicho que las mujeres quieren más estimulación y los hombres no hacen lo suficiente. Yo he observado que un pequeño aperitivo de besos, caricias en los senos y el tacto en el clítoris antes de la penetración, rara vez es suficiente para satisfacer el apetito sexual de la mayoría de las mujeres de sangre roja. Justo cuando ella empieza a excitarse debido a alguna forma de contacto directo en el clítoris, él se detiene y la penetra. Mientras él disfruta su sensación erótica ideal en tanto mueve el pene dentro de ella, ella se esfuerza por lograr un pequeño contacto indirecto en el clítoris, que para casi todas no se puede comparar con la estimulación en el clítoris hasta tener un orgasmo.

Posición de ángulo derecho. *Es muy cómoda tanto para el hombre como para la mujer. Ella se acuesta boca arriba con las rodillas dobladas mientras él se recuesta sobre su lado con el cuerpo en un ángulo de noventa grados con referencia a ella. Las posiciones de las piernas varían según las parejas. Una de las partes puede estimular el clítoris en forma directa y manual durante la relación sexual.*

Imagínese que le digan a un hombre que, como preludio erótico, puede frotarse el pene dentro de la vagina de una mujer, pero cuando esté a punto de tener un orgasmo, ella debe estar sentada sobre su cara penetrándole la boca con el clítoris. Con ello, él tendría un "orgasmo oral maduro". Él no debe tocarse el pene mientras ella le hace el amor en la boca, de lo contrario, ella pensará que su clítoris no es lo bastante grande para producir en él un orgasmo. Para proteger su ego femenino, él termina fingiendo un orgasmo, y piensa que es mejor llevar la fiesta en paz. Más tarde, él se puede masturbar en el baño o, si ella duerme profundamente, él puede terminar en la cama siempre y cuando pueda venirse sin hacer ruido ni moverse para no despertarla.

En lugar de usar la palabra "preludio erótico", debemos pensar en otro término, como "estimulación sexual". Casi todas las mujeres tienen el deseo del placer en el clítoris al principio, durante, y a veces incluso después del sexo en pareja, si es que quiere tener otro orgasmo.

Conforme empiezo la cuarta década de enseñar a las mujeres cómo tener orgasmos, he llegado a la conclusión de que, así como el pene tiene un contacto constante durante el sexo de pene/vagina, muchas mujeres también quieren un contacto consistente en el clítoris durante todo el acto sexual. Cualquier hombre que sea considerado, incluirá una mayor estimulación directa en el clítoris con sus dedos, o una mujer segura se estimulará el clítoris con la mano, con un pequeño vibrador de pilas o eléctrico. Una vez que entran en contacto el clítoris y la punta del pene, cada vaivén del pene y la contracción del músculo vaginal se convierte en placer mutuo. Salvo unas cuantas excepciones, pueden compartir el éxtasis del orgasmo durante la relación sexual.

Uno de mis principios básicos de compartir orgasmos mutuos es: la forma de hacernos el amor a nosotros mismos es lo que nos lleva al sexo en pareja. Los nuevos diseños del sexo en pareja requieren de un hombre que haya aprendido el control eyaculatorio mediante la práctica de la masturbación y de una mujer que haya aprendido su respuesta orgásmica del mismo modo. Si él de vez en cuando se viene antes que ella o si ella quiere tener otro orgasmo después de que él está satisfecho, no hay nada que a ella le impida continuar. Él puede acariciarla en forma sensual o mover despacio el dedo o penetrarla con el consolador mientras ella continúa tocándose el clítoris con el dedo o con un vibrador.

Otra forma creativa de que las parejas compartan orgasmos durante el sexo en pareja es turnándose. Si ella prefiere tener un orgasmo con sexo oral, entonces después de que ella alcance el clímax pueden tener la relación sexual para que él tenga un orgasmo. Si él también prefiere el sexo oral, pueden echarse un volado para ver a quién le toca primero. En lugar de ver el sexo de pene/vagina como lo único en el menú, pueden tratar el sexo como el aperitivo para ella y el platillo principal para él. Después de que él se venga, ella puede tener un orgasmo con diferentes formas de estimulación directa en el clítoris. Si quieren variedad, las parejas podrían decidir masturbarse juntos y provocar su propio orgasmo.

Con los años, mi forma de enseñar acerca del sexo ha sido criticada por unos y aplaudida por otros. Algunas personas me acusan de enfocarme demasiado en el cuerpo y el orgasmo. Creen que el amor y las relaciones son mucho más importantes que el pene, el clítoris y la técnica sexual. Otros están convencidos de que hasta no manejar las desigualdades culturales, sociales y económicas de la mujer, la vida sexual es un lujo que la mayoría de nosotras no merecemos. Algunas feministas consideran que debemos terminar con todo tipo de violencia contra la mujer antes de sentirnos lo bastante seguras para disfrutar del placer sexual. No estoy de acuerdo. Un paso importante para mejorar la vida de la mujer y terminar con la violencia sería calmar la guerra entre los sexos.

En mi opinión, experimentar orgasmos en forma consistente es esencial para desarrollar la autoestima y mantener una relación amorosa. Durante los 25 años que dirigí mis talleres de masturbación, la pregunta inicial de, "¿Cómo se sienten respecto a su cuerpo y su orgasmo?", nos hizo darnos cuenta de cuánta confusión, dolor y sufrimiento innecesario nos ha provocado la ignorancia sexual. Todas estuvimos de acuerdo en que tanto hombres como mujeres serían más felices y la sociedad sería menos violenta si todo mundo tomara un curso en 101 orgasmos.

Cuando estudié en la Liga Estudiantil de Arte de la ciudad de Nueva York, tanto maestros como estudiantes estuvieron de acuerdo en que el proceso creativo requería de una libertad absoluta para explorar nuestros sentimientos y convicciones más profundas. Ahora, en mi segunda carrera como sexóloga clínica, siento lo mismo respecto a la sexualidad humana. Hacer el amor de forma creativa también necesita la libertad absoluta de explorar nuestro cuerpo y nuestra mente erótica. Ninguna organización religiosa ni dependencia gubernamental tiene el derecho a decirnos con quién o bajo qué circunstancias podemos compartir nuestra sexualidad con otros adultos condescendientes. En cualquier país donde se defiendan los ideales del proceso democrático, las libertades artísticas y sexuales van de la mano.

El sexo y el arte comparten otros aspectos en común. Para ser un amante de talla mundial o un artista de primer nivel, se deben aprender y practicar habilidades. Por desgracia, muchas personas siguen creyendo que una buena relación sexual se da por naturaleza, como resultado de una relación emocionalmente estable. Esta idea ha mantenido aprisionada a la heterosexualidad durante cientos de años. Y sin embargo, ¿dónde aprendemos las bases de cómo satisfacernos con erotismo, sin molestar a la otra persona? Este es el reto que enfrentan los educadores sexuales hoy en día, sobre todo en Estados Unidos, donde el sexo es un campo de batalla político conforme las fronteras entre la iglesia y el Estado se siguen borrando. La pregunta es: ¿Quién es dueño de nuestro cuerpo, mente y sexualidad? La mayoría respondería: Cada uno.

Por una parte, Estados Unidos hace alarde del sexo en los medios y el entretenimiento y, por otra, nuestro apuntalamiento puritano demuestra que evitamos los aspectos más fundamentales del placer sexual en la vida real. El Congreso lucha por establecer leyes que restrinjan a la industria de entretenimiento para adultos y busca formas de censurar Internet. Los grupos religiosos imponen sus creencias en todos los estudiantes de escuelas públicas con educación sexual financiada por el gobierno donde sólo se sugiere la abstinencia, limitando la expresión sexual a un matrimonio heterosexual monógamo. A los adolescentes les dicen que el control de la natalidad por lo general falla y que, moralmente, el aborto y la homosexualidad están mal y que la masturbación nunca debe mencionarse como una alternativa segura para el sexo de pene/vagina. Mientras no se acepte la diversidad sexual como la ley de la tierra, para incluir a homosexuales, lesbianas, bisexuales, transexuales e intersexuales, continuaremos en la época oscura de la expresión sexual humana.

Los religiosos y los políticos conservadores que intentan controlar la divulgación de la información sexual dicen que es responsabilidad de los padres enseñar a los hijos. Sin embargo, no todos los padres están en la posición de enseñar habilidades sexuales porque muchos de ellos jamás las han aprendido. Y para cuando sus hijos lleguen a la adolescencia, los chicos no querrán hablar con sus padres acerca del sexo: es demasiado penoso. Aquellos padres que disfruten de su propia sexualidad transmitirán mensajes positivos sin mencionar palabra alguna y, los más inteligentes, contarán con libros sobre sexualidad bien informados en el librero familiar.

La otra parte importante acerca de la información sexual proviene de los compañeros de los niños, que en muchas ocasiones es incorrecta y distorsionada. Yo tenía seis o siete años cuando un día mi amiga Mimí me dijo que los bebés salían de un agujero entre mis piernas. Yo estaba aterrada. Yo no quería bebés, gracias. Después, cuando le pregunté a mi madre si era verdad, ella me dijo que sí, pero que tener un bebé era algo hermoso. Me explicó que cuando creciera y me casara, mi esposo pondría su pene dentro de mi vagina y así era como una mujer se embarazaba y tenía un bebé. También me dijo que tener relaciones sexuales con el hombre que amara sería maravilloso. A partir de ese día, jugué con mi clítoris sin nombre en tanto soñaba con el momento en el que mi esposo sin rostro pusiera su pene dentro de mi vagina. ¿Qué tiene de malo esa imagen?

Todavía recuerdo claramente mi primer dibujo erótico. Yo era la mejor artista en la escuela, así que una tarde en casa de mi amiga Diane algunas amigas me pidieron que hiciera un dibujo erótico. Dibujé a un hombre sobre una mujer. Sus brazos estaban tan rígidos como el pene tipo poste que desaparecía entre los muslos de ella. Dibujé un charquito de sangre junto a su cuerpo para indicar que ella era virgen. Todas nos excitamos con mi interpretación del sexo a los doce años; era algo que todas anhelábamos y temíamos en igual medida. Hablamos de sexo en tanto compartíamos de forma muy ceremoniosa algunas fumadas de cigarro que Diane se había robado de la bolsa de su mamá. Después rompí el dibujo en pedacitos y lo tiré en la taza de baño.

Muchas personas siguen con la idea de que la relación sexual con el hombre arriba, descrita en mi primer "dibujo pornográfico", es la forma preferida de la expresión sexual. Dicen que es natural, que es un mandato de Dios. Pero es el hombre y no Dios quien recomienda la "posición misionera" ya que sirve a la necesidad de casi todos los hombres de controlar la acción que conduce a su eyaculación. A pesar de que lo anterior rara vez produce un orgasmo en la mayoría de las mujeres, cada nueva generación cree que las mujeres deben alcanzar el clímax en una relación sexual heterosexual "normal".

Nunca olvidaré el día que, a los 35 años, me di cuenta de la terrible verdad de mi ignorancia sexual. A pesar de todos mis años de masturbación infantil, de adolescente y siete años de masturbación marital a escondidas, cuando se trataba del sexo en pareja, nunca se me había ocurrido tener un contacto directo en el clítoris mientras tenía una relación sexual. Cuando tuve un orgasmo sola fue porque me estimulé el clítoris, pero cuando tenía sexo con un novio, mi clítoris no existía. Me indignó pensar que tardé tanto tiempo en entender que el clítoris era mi órgano sexual y que la vagina era el canal de nacimiento.

Ahora, después de más de treinta años de disipar los mitos sexuales, aparecieron otros nuevos. El orgasmo vaginal freudiano tiene un nuevo nombre: el orgasmo del punto G. Hoy en día, las tiendas de artículos eróticos venden consoladores para el punto G con libros y videos que indican a la mujer cómo eyacular. Aun cuando la vagina no es el término correcto para el órgano sexual de la mujer, la obra *Los monólogos de la vagina* hicieron historia a escala mundial. En una sociedad conducida por los medios, todavía es difícil lograr una conversación honesta respecto a la realidad de la sexualidad femenina. Sin embargo, a pesar de toda la elegancia vaginal actual, muchas personas conocedoras y yo ondeamos con orgullo la bandera del clítoris.

Mujeres de todas las edades se presentan en mi oficina porque no pueden tener un orgasmo con la penetración vaginal por sí misma.

Algunas tienen novios que quieren que aprendan a eyacular, pero no encuentran su punto G. Empiezo a sonar como disco rayado diciendo lo mismo una y otra vez: "Es excelente tener una preferencia individual para estimular el clítoris, además de la penetración vaginal con un pene, un consolador o un dedo y todo sucede al mismo tiempo".

Cada vez que hablo acerca de que el clítoris es nuestro principal órgano sexual, alguien siempre menciona que conoce a una mujer que tiene un excelente clímax con sólo tener relaciones sexuales. Sí, estoy consciente de que a un pequeño porcentaje de mujeres les encanta tener orgasmos con la penetración vaginal y que a algunas les gusta sentir el flujo durante éste. Sin embargo, también estoy consciente de que a la mujer se le ha condicionado a satisfacer sexualmente al hombre por alimento, cobijo y protección desde la época de las cavernas, así que tomo estos informes como un grano de sal. ¿Cómo podría atreverme a cuestionar el testimonio personal de una mujer? Más de 50% por ciento de las mujeres con quienes he trabajado admiten fingir un orgasmo de vez en cuando para complacer a su pareja. Algunas sólo lo hacen para terminar con el sexo en pareja.

Más aún, ahora tenemos a niñas de 12 años teniendo sexo oral con niños antes de llegar a preparatoria *sólo para ser populares*, y eso es sin expectativa alguna de una reciprocidad sexual. En lugar de preocuparnos de si estos niños tienen sexo a una edad demasiado temprana, me preocupa más el tipo de sexo unilateral que se está dando. ¿Acaso estos niños crecerán esperando que les hagan el sexo oral sin jamás devolver el favor? ¿Tendrán estas niñas suficiente autoestima para, en la edad adulta, sentir que merecen placeres sexuales? ¿O ya se les entrenó para servir sexualmente a un hombre a fin de que las amen y cuiden después del matrimonio?

Los hombres con habilidades sexuales y que aman a las mujeres, tienen su propia serie de problemas qué tratar con el sexo en pareja.

Además de hacer una cita, decidir a dónde ir y pagar la cuenta, también se espera que un hombre inicie la relación sexual. Por lo general, él es responsable de crear el humor en ella con besos y caricias sensuales y genitales. Después de resolver una forma en que ambos se quiten la ropa, él tiene que encontrar el camino entre los dobleces intrincados de su labio para localizar el clítoris y estimularlo con la lengua o los dedos sin saber qué le gusta a ella. Luego él tiene y mantiene una erección, se pone un condón, agrega lubricante y encuentra el orificio vaginal. Una vez que la penetra, él tiene que fijarse en el ángulo y la profundidad de su pene al mismo tiempo que contiene su orgasmo.

Cuando yo era joven, lo fabuloso del sexo en pareja era tener orgasmos apasionados con un amante. Lo difícil era que yo tenía la eterna creencia de que, algún día, el romance, el amor y el sexo se conjuntarían y durarían para siempre. Mientras tanto, el criterio económico y sexual de la sociedad favorece a los hombres, perpetuando un desequilibrio de poder entre los sexos. Debido a las creencias religiosas, algunas mujeres piensan que su posición en la vida es, "por naturaleza", subordinada a la de un hombre y aceptan el *status quo*. Pero esta desigualdad realmente nos saca de casillas a las demás.

Permítame describir a grandes rasgos una imagen de la heterosexualidad. Las mujeres actúan como si estuvieran dedicadas al romance y el amor, pero la verdad es que les interesa más la seguridad económica y el matrimonio. Los hombres atraviesan por las emociones del romance y el amor, pero lo que más les interesa es el sexo sin compromiso. Las mujeres usan el sexo para atrapar a un hombre pero, después del matrimonio, muchas pierden el interés porque ya sea que no tienen un orgasmo o porque se les dificulta mucho venirse durante el sexo en pareja. Los hombres prometen ser buenos proveedores pero no siempre tienen éxito o, si lo logran, después de casarse se convierten en unos miserables tacaños. Algunos hombres nunca proponen matrimonio. Otros, ya son casados, por lo que ella termina siendo la amante. Muy pocas mujeres son felices con un papel secundario y un esquema para cambiar la mentalidad del hombre.

Existen muchos motivos por los cuales a las mujeres no les gusta el sexo. Antes que nada, las jóvenes aprenden que el sexo en pareja se refiere más a atraer un hombre que al placer y el orgasmo. Después de que una mujer se enamora, no tiene garantizado un orgasmo, mientras que su pareja tiene uno asegurado durante la eyaculación. Las mujeres le temen a un embarazo no deseado y no todos los hombres quieren responsabilizarse. Algunos pelean su paternidad. El sexo fuera del matrimonio es bastante común entre los hombres y a pesar de que cada vez más esposas empiezan a tener relaciones extramaritales, las mujeres siguen siendo quienes custodian la monogamia. Cuando los celos entran a cuadro, empiezan a desgastar la alegría en el sexo con dudas y sospechas. Muy a menudo, el sexo es la única arma de negociación de una mujer. La carga emocional de la represión infantil, el temor al abandono y la continua lucha de poder conducen al principio de una separación más profunda. Después del nacimiento de un hijo, la mujer por lo general tiene la parte del león de criar al niño y el sexo en pareja muchas veces desaparece por completo.

Permítame describir otra imagen, la de un mundo que incluye el placer sexual. La masturbación se consideraría como una actividad totalmente aceptable para los niños. Las escuelas secundarias ayudarían a que niños y niñas controlaran los impulsos sexuales provocados por la pubertad al estimular la autosexualidad. Junto con la historia de la procreación, los adolescentes aprenderían las habilidades sexuales básicas, necesarias para compartir el placer sexual. Tendrían acceso al control de la natalidad. La primera relación sexual de cada adulto joven dejaría un dulce recuerdo del cual la persona pudiera construir placeres subsecuentes.

Sin la educación sexual adecuada o una historia de masturbación satisfactoria, la primera vez que una joven tiene sexo con su novio por lo general siente dolor, no placer. Si no usa un anticonceptivo, la chica se enfrenta a semanas de temor a un embarazo. Se desilusiona tanto del sexo que ella se concentra en la atención que él le presta y en la idea de ser amada. Por otro lado, si ella tiene un orgasmo porque él le toca el clítoris, ella tiene que aprender a hacerlo por sí sola o se vuelve dependiente de él. En el último caso, ella ahora lo percibe como la fuente de su placer sexual.

Hay quienes no consideran la dependencia del orgasmo como un problema. ¿Acaso no se trata de eso el amor? Pero ¿qué sucede si su pareja se torna abusivo y ella sigue "amándolo" o necesitándolo? Ella está atrapada en el ciclo de amor/odio en tanto espera que él cambie. Toda vez que se combina la dependencia económica con la responsabilidad de educar hijos, ella continúa soportando las peroratas y la violencia física por parte de él. Ella es una víctima y él un abusador y, juntos, educan a la siguiente generación de mujeres víctimas y hombres abusivos. Pero el abuso puede ser bilateral. Un hombre que depende económica o sexualmente de una mujer también puede verse atrapado en el ciclo del abuso verbal o físico.

Los hombres también son víctimas de la represión sexual femenina. Una mujer que no se masturba le dice a su pareja que nunca ha tenido un orgasmo y él asume el proyecto de hacer que tenga uno. Podría pasarse años trabajando en la falta de respuesta sexual de la chica con incontables horas de sexo oral y manual, comprando vibradores e intentando todo para que ella se venga. Pero, a pesar de sus esfuerzos, ella no puede alcanzar el clímax. Algunas mujeres adquieren mucha experiencia de toda esta atención. Otras se sienten tan mal de no poder venirse después de todo lo que intenta su pareja, que terminan fingiendo un orgasmo y quedan atrapadas en un patrón difícil de romper.

Algunas sobrevivientes a la violación o el incesto no tienen la capacidad o no quieren seguir adelante y curarse en el aspecto sexual por medio de la terapia y la masturbación. Y sus parejas sufren por su desgracia a temprana edad. El proceso curativo del abuso sexual requiere de tiempo y con frecuencia es complejo, pero se puede. Una amiga mía fue violada a punta de cuchillo pero decidió luchar y recuperar la alegría de los orgasmos. Ella sentía que hacer lo contrario significaría que el violador habría ganado, habría destruido su sexualidad. Para una mujer que nunca ha experimentado el placer sexual, ni siquiera con la masturbación, el camino a la recuperación puede ser realmente difícil.

Rara vez escuchamos de qué manera afecta la masturbación masculina al sexo en pareja. Tener una eyaculación precoz con frecuencia es el resultado de masturbarse rápido para evitar que lo descubran o de no masturbarse. En cuanto estos hombres penetran una vagina, duran unos cuantos momentos antes de disparar su carga. Del otro lado de la balanza, un joven que conozco creció masturbándose contra la alfombra vieja y áspera de su recámara. Ahora que está por cumplir treinta años, no logra recibir la estimulación suficiente de una vagina para alcanzar el clímax. Por una parte, significa que puede durar cierto tiempo, lo cual agrada a las mujeres. Sin embargo, cuando quiere venirse, necesita mucha estimulación y una fricción fuerte y rápida dentro de una vagina puede ser doloroso para una mujer. Finalmente descubrió que cuando su novia usaba un vibrador en el clítoris en tanto tenían relaciones, la estimulación adicional también le ayudaba a tener un orgasmo con mayor facilidad.

Hasta que no reconozcamos y aceptemos la masturbación como la forma más básica de la expresión sexual, continuaremos siendo hombres con eyaculación precoz y mujeres sin orgasmos. Las niñas, por la práctica consistente de la masturbación, pueden llegar a ser mujeres orgásmicas que rara vez son víctimas porque tienen autoestima y dicen lo que piensan. Esperan disfrutar el sexo en pareja. Los muchachos que se entrenan para controlar la eyaculación, llegarán a ser hombres sexualmente seguros y serán menos propensos a la violencia. La masturbación permite que tanto niños como niñas desarrollen sensaciones sexuales, realicen mejores ajustes sociales y, al disminuir su frustración sexual, mejoren su calidad de vida. La represión sexual y no la expresión de la sexualidad humana, es el enemigo de la sociedad.

Conforme empezamos a desenredar las desigualdades económica y sexual que mantienen el criterio sexual y la lucha de poder entre los sexos, podemos ser más honestos respecto a lo que nos excita, en vez de usar el sexo para manipular a la pareja que sostiene las asas de la bolsa. En lugar de tener en cada encuentro sexual una prueba de masculinidad o feminidad, podemos relajarnos y disfrutar el sexo por simple placer. Más que considerar al sexo en pareja como un asunto serio que define la profundidad de nuestro compromiso y amor, podemos verlo como una forma deliciosa de un juego adulto que perdura en el momento actual sin exigir a futuro.

El cambio es un proceso lento, pero veo ciertas mejoras. Un número reducido de parejas jóvenes sexualmente informadas están explorando qué los excita a través de un diálogo abierto acerca de la sexualidad. Parejas casadas han dicho que observar al otro masturbarse proporciona más sabor a una vida sexual rezagada. Algunas mamás me han dicho que no interfieren en la exploración sexual natural de los hijos mediante la masturbación. Cada vez más mujeres han disipado los mitos sobre el romance y ya no confunden una buena relación sexual con el enamoramiento. Las sobrevivientes de un abuso sexual se curan aprendiendo a experimentar placer con la práctica consistente de la autosexualidad. Las parejas que eligen ser monógamas aceptan un solo criterio. Algunas valientes incluso cuestionan el ideal de la monogamia al confrontar los celos y permitir mayor libertad sexual en su vida en pareja.

Estos cambios son el resultado de parejas que se dan cuenta que no existe una forma "correcta" de tener sexo en pareja. Cada danza erótica tiene un ritmo diferente. Cuando a la fantasía sexual añadimos la estimulación mental, el rango de diferencias se vuelve infinito. Existe una gran variedad de cómo un clítoris o un pene puede estimularse durante una relación sexual, por tanto no hay motivo alguno de limitar el sexo al modelo procreativo. Más bien, debemos incluir todo lo maravilloso que podemos compartir con nuestro amante al tocar, besar y lamer el rostro, el cuerpo y los genitales del otro. Nadie recibe suficientes besos y abrazos cariñosos.

La realización sexual es un derecho que tenemos al nacer y pertenece a individuos y parejas de toda orientación sexual, tanto jóvenes como de edad avanzada. Experimentar mayor placer sexual bien podría terminar con algunas de las guerras que se libran a puerta cerrada en familias nucleares y parejas en Estados Unidos. Las parejas pueden empezar a negociar las fronteras, a expresar sus sentimientos, a pedir cambios y a expresar su agradecimiento por lo que está funcionando en la relación a través de más demostraciones de cariño y cercanía física. Compartir un orgasmo mutuo es esencial para liberar y curar el sexo en pareja de todo tipo de persuasiones porque acerca más a las parejas.

2
La nueva visita a la heterosexualidad

El sexo intergeneracional

Todo mundo tiene derecho a mantener su vida sexual en privado. El motivo de querer hacer pública la mía es porque he comprobado una y otra vez que la forma más efectiva de enseñar algo tan subjetivo como el placer sexual es usando la fuerza del ejemplo. Desde la década de los setenta, he compartido mis desafíos y logros durante el proceso de explorar el placer sexual. Lo que me sucede en términos de mi sexualidad no es un incidente aislado que ocurre en el vacío. Las probabilidades de que muchas otras personas estén manejando aspectos similares son altas.

Aun cuando la idea del placer pudiera ser frívolo en un mundo que parece estar al borde de desastres terribles, creo que una de nuestras esperanzas de sobrevivencia depende de aceptar y festejar la sexualidad humana como una fuerza curativa.

Como mujer que busca el placer sexual, he intentado diferentes estilos de vida. A los veintitantos años pensaba en el amor romántico con sexo ardiente junto con el dolor y sufrimiento inevitables del rompimiento. A los treinta y tantos fueron el amor y el matrimonio con un mínimo de sexo mientras disfrutaba la ilusión de la seguridad. Cuando me divorcié, regresé al amor romántico, hasta que mi amante y yo descubrimos el sexo entre tres y en grupo. A los cuarenta, el sexo libre tanto con hombres como con mujeres amplió en gran medida mi exploración del placer sexual. Después de que el sida coartó el sexo casual, la comunidad lésbica y la masturbación cautivaron mi imaginación y le dieron sabor a mis cincuenta y tantos años postmenopáusicos.

Después de un paréntesis prolongado de la heterosexualidad, a los sesenta sucumbí al deseo de tener relaciones sexuales a la antigüita otra vez con hombres. El sexo normal incluso me parecía un poco pervertido. Al cabo de unos cuantos años, descubrí que había muy pocos hombres de mi edad con las habilidades sexuales o estamina igual a la mía. Los hombres mayores no me excitaban, pero no me afectó mucho. Mis amigas me satisfacían emocionalmente, mi práctica privada iba bien y la producción de videos hacía fluir mis jugos creativos. Estaba contenta de dejar el sexo heterosexual como una fantasía para mis deliciosas sesiones de masturbación.

Tengo varios años de masturbarme con un vibrador en el clítoris, de penetrarme lentamente con un consolador de color azul zafiro en tanto me imaginaba teniendo relaciones con un joven guapo. Quizá lo atraje mentalmente de la carretera electrónica. Un día, mientras revisaba mi correo electrónico, una pregunta llamó mi atención. ¿Qué quería decir exactamente con el término de "relación sexual de succión"? En mi libro, lo comparé con "relación sexual de fricción", lo cual parecía explicarse por sí mismo, pero no estaba lo bastante detallado para un hombre que buscaba información sexual explícita, algo que rara vez sucedía. Los hombres por lo general actuaban como si supieran todo sobre el sexo.

Mi respuesta explicaba que la "relación sexual de succión" era cuando una mujer usaba en forma consciente los músculos pélvicos durante el sexo en pareja. Cuando el hombre mueve hacia afuera el pene, ella aprieta el músculo vaginal contra el pene y lo libera cuando él la penetra de nuevo. El vaivén lento durante la relación permitía que ambos sintieran una mayor sensación genital, a diferencia de la fricción rápida usual que con frecuencia vemos en películas y videos pornográficos. No había problema si el vaivén era un poquito más rápido justo antes del orgasmo, pero sin hacerlo todo el tiempo como conejos.

Eric Wilkinson estaba por graduarse en inglés en la universidad. También era precoz sexualmente. Me dijo que había estudiado todos los libros importantes sobre sexo y pensaba que los escritos por mujeres eran los que más sentido tenían. *Sex for One* (*Sexo para uno*) era uno de sus preferidos, así que de inmediato supe que era inteligente. Durante los siguientes meses, sus correos electrónicos fueron mi material de masturbación preferido. Sus descripciones de la forma en que había diseñado diferentes escenas sexuales con sus novias mostraban indicios del artista, de alguien que ponía atención a los detalles más mínimos.

Una noche después de leer uno de sus correos y de tener un orgasmo fabuloso, lo invité a que me visitara, totalmente consciente de que podría perder a mi amante de fantasía después de que nos conociéramos. Le ofrecí que, si algún día iba a Nueva York, le mostraría algunas técnicas sexuales avanzadas. Pensé que era poco probable que sucediera porque él vivía en Virginia, pero era divertido imaginarlo.

Respondió a mi correo electrónico muy rápido, diciendo que mi invitación era un gran honor. Siempre había soñado tener una "maestra sexual" que le enseñara técnicas sexuales avanzadas, en lugar de batallar con los aciertos y errores usuales. Hicimos una cita para vernos durante las vacaciones de Navidad, que estaban a unos meses de distancia. Para protegerme, le pedí que primero fuéramos a comer y platicar. Si los dos nos sentíamos bien con que él fuera el alumno y yo su tutora, podríamos continuar; de lo contrario, nos despediríamos sin resentimientos. Él aceptó.

En el fin de semana señalado, él me iba a llamar el viernes en la noche cuando llegara a casa de un amigo en Queens. Al no recibir noticias de él, me embargó una nube negra de paranoia. ¿Alguna persona loca me había seducido con fantasías sexuales de un joven viril? Los medios estaban saturados con historias sensacionalistas acerca de seres detestables en el ciberespacio que hacían citas con crédulas, terminando algunas en un desastre.

Esa noche, cuando me fui a dormir, estaba enojada conmigo misma por ofrecer tener sexo con un verdadero extraño. Cuando tenía sexo con un hombre, me sentía insegura de mi cuerpo envejecido, sobre todo la primera vez, pero nunca me sentí juzgada por otras mujeres. De no haber sido por la prisa estimulante de saltar a lo desconocido erótico, jamás habría regresado a una aventura heterosexual después de la menopausia, en especial con un hombre mucho más joven.

Al día siguiente, me sorprendí cuando el conserje me avisó por el intercomunicador que Eric estaba ahí. Mientras esperaba a que subiera por el elevador, el corazón me latía con fuerza por el temor y la emoción en tanto la adrenalina me recorría por las venas. Cuando entró al recibidor, me quedé sin aire: un metro ochenta, vestido todo de negro, de traje con chaleco y una corbata roja debajo de un abrigo largo. Su cabello corto oscuro resaltaba un rostro atractivo, un nariz afilada elegante, ojos de mirada profunda y una boca sensual enmarcada por un bigote delgado con barba. Pudo haber salido de las páginas de un libro de vampiros de Anne Rice: un hombre misterioso, oscuro y sensual, y sin embargo justo debajo de la superficie vi al muchacho fresco, inteligente y un tanto consciente.

Se disculpó por no haber llamado. Después de una breve plática, empezó a describir cómo, durante sus años de sesiones frecuentes y prolongadas de masturbación, había estado practicando lo que él llamó "el control del orgasmo". Confesó que cuando tenía sexo con alguien, por lo general eyaculaba durante el último ascenso de la mujer hacia el orgasmo, pero que siempre hacía que ella terminara con sexo oral. Luego de su primer orgasmo, podía tener otra erección y durar más tiempo.

Mientras escuchaba a este hombre precioso hablar de manera tan abierta sobre su sexualidad, una ola de deseo vivo ardía en mí. Definitivamente quería tener relaciones con él. Tomando una decisión inteligente, le pregunté qué le parecía si nos olvidábamos de los papeles alumno-maestra y nos disfrutábamos uno al otro. Hizo una mueca, diciendo que por él estaba bien. El hecho de ponernos en igualdad de cancha me permitió pasar al conocido papel de maestra resguardando mi vulnerabilidad bajo un doctorado blindado.

Del mismo modo que lo había hecho en cientos de talleres, nos desvestimos en el recibidor y colgamos nuestra ropa. Luego entramos a la sala, que durante 30 años estuvo dedicada a la búsqueda del placer. Nos sentamos uno frente al otro en la suave cobija de cebra extendida sobre la alfombra de la cálida habitación y platicamos de muchas cosas. Me mostró su sistema de respiración de artes marciales y yo le mostré el de yoga. Hablamos sobre hacerlo seguro y le indiqué el tazón de condones que guardaba sobre la repisa con un frasco de lubricante de agua y aceite para masaje. Justo debajo de la mesa, enseguida de una silla que usaba para mis sesiones privadas, había un vibrador eléctrico que siempre estaba conectado. Mis consoladores preferidos estaban sobre otra repisa.

Cuando le pedí que si podía "probarme", sonrió y asintió, sabiendo que la intención era que empezara con un contacto directo en el clítoris: un hombre inteligente. Conforme me recosté sobre la suave cobija, me relajé ante una cierta adoración sorprendente de la vulva. Fue algo delicado y dulce, no una rutina automática, sólo ternura y creatividad. Su mensaje sin palabras fue: "Me emociona hacer esto y estaré aquí mientras tú quieras". Su actitud fue tan positiva que me sumergí en todas las sensaciones deliciosas. A menos que una persona fuera VIH positivo, yo no consideraba los besos o el sexo oral como una actividad de alto riesgo.

Conforme sus labios suaves cubrían mi vagina, su boca se llenaba de saliva, manteniendo todo húmedo. Flexionando la lengua, jugaba y hacía círculos en mi clítoris, variando el ritmo y manteniendo la presión simple y ligera. Luego, con la lengua plana, cubrió un área más grande, seguido de una lengua erecta que probaba mi orificio vaginal. Todo el tiempo hacía círculos sobre mi vientre y senos con las puntas de los dedos y las palmas. Sus manos eran hermosas, grandes con dedos largos y delgados, y usaba ritmos de contrapunto, haciendo movimientos rápidos con la lengua y lentos con la mano; un masaje firme y labios de pluma. Cada vez que yo respiraba, la confianza se desarrollaba de manera constante en tanto mi cuerpo ascendía la escalera de la excitación sexual.

Recostado sobre su estómago entre mis piernas, sus delicados dedos se movían entre mis labios vaginales. Un dedo se deslizó en mi vagina, el otro daba un masaje suave a mi ano. Su lengua permaneció en mi clítoris, en tanto ambos dedos empezaron a entrar y salir de ambos orificios. Fue una sensación tan erótica, que gemí fuerte al mismo tiempo que me estremecía de placer. Después, cuando lo felicité por su ritmo y habilidades manuales, me dijo que había estudiado piano durante ocho años.

Luego me pidió que me volteara. Era tan tajante y sin embargo tan dulce, que me sumergí cada vez más profundamente en el estado desconocido de la entrega sexual. Cuando llegó el momento del sexo en pareja, siempre fui quien controló la situación. Me pidió que juntara ambas piernas para "conservar la línea de mi cuerpo". Empezando por mis rodillas, me aceitó la espalda, las piernas y el trasero. Luego movió muy despacito hacia arriba su aterciopelado y erecto pene entre mis muslos y glúteos, y de nuevo hacia abajo. Subía y bajaba una y otra vez con un movimiento largo y suave, sin detenerse por un momento. La sensación exquisita revivió cada una de mis terminaciones nerviosas.

Después de lo que pareció una eternidad de placer, me abrumaba el deseo de tenerlo dentro de mí, y escuché mi voz rogarle suavemente: "Eric, por favor hazme el amor. Por favor". Lo escuché abrir un condón. Momentos después, cuando la punta de su pene presionó contra mi vagina, levanté un poco la pelvis y él se deslizó sin esfuerzo. Conforme se movía en un vaivén lento, yo apretaba y relajaba los músculos vaginales, saboreando las sensaciones exquisitas de nuestra relación sexual de succión que seguía ondulando. Vaya lujo.

Mi nivel de excitación llegó al máximo. Cuando me levanté apoyándome sobre las manos y rodillas, él se movió conmigo y, sin perder el ritmo, continuó sus movimientos lentos y suaves mientras hacíamos el amor "de perrito". Alcancé mi vibrador que estaba cerca, lo encendí y lo coloqué cerca de mi clítoris. Consumida por la lujuria, giré y di vuelta sobre su pene. Estaba tan firme que podía moverme sin preocupación. Empecé a hacer ruidos extraños como los de un animal en celo en tanto me movía con más urgencia. En la agonía de este estado de éxtasis, escuché su dulce voz decirme, "Así, preciosa. Disfrútate".

Tuve un orgasmo con tal fuerza que mi cuerpo se estremeció y tembló hasta que finalmente caí como un bulto trémulo, derramando lágrimas ardientes de alivio en tanto reía de alegría. Por último, se vino y tuvo su orgasmo mientras yo todavía me estremecía con las réplicas de placer. Me rodé y ambos, en un estado de asombro, nos envolvimos en el cuerpo del otro, saboreando el rescoldo de la maravilla sensual.

Todo fue muy inesperado. ¿Cuántos años habían pasado desde que tuve un orgasmo con tanta fuerza con un hombre? Por un momento, me pregunté en silencio si habían enviado a un extraterrestre a que me preparara para mi evolución erótica del nuevo milenio.

La mañana siguiente y de nuevo esa noche seguimos con nuestra danza erótica. Hubo un punto en el que le insistí que me dijera qué le producía placer: una por él. Las jóvenes con las que tenía sexo esperaban terminar sin hacer mucho a cambio. Ahora que era su turno, él quería experimentar por primera vez el sexo oral con la penetración anal. Después de toda su generosidad, yo estaba fascinada de complacerlo. Con ambas manos y la boca, le hice sexo oral de primera clase, incluyendo varios momentos de garganta profunda. Su adorable pene erecto se presionaba contra el placer pero se mantenía a unos momentos de tener un orgasmo.

Después se puso sobre manos y rodillas y, conforme se inclinaba hacia adelante en la posición de rodillas-pecho, aceité su dulce agujerito con mucho cariño. Mientras insertaba y sacaba lentamente de su trasero primero mi dedo y después un consolador, su mano frotaba con delicadeza la punta de su pene. Vociferaba como un dragón en tanto adquiría toda su fuerza. Después me dijo que durante años había soñado hacer estas cosas y que resultó ser mejor de lo que él jamás se imaginó. Me reí y le dije: "Yo también".

Durante nuestra separación, hablamos por teléfono. Parte de mí estaba convencida de que lo perdería. La otra parte se sumergía en el placer. Mi independencia custodiada poco a poco se desvanecía al tiempo que yo caía de bruces de nuevo en la heterosexualidad. Todo lo anterior sucedía cuando la mayoría de las mujeres de mi edad presumían las fotos de sus nietos recién nacidos.

Eric regresó para quedarse otra semana y el sexo que tuvimos fue aún mejor. Luego me preguntó que si podía regresar en primavera y quedarse un mes. Seguía diciendo que quería ser mi aprendiz y que yo continuara con mi trabajo. Contra mi mejor juicio, seguí aceptando.

Al principio consideré la época de Eric conmigo como un periodo breve de diversión sexual pero a los seis meses, ya ocupaba el lugar de mi asistente y dirigía mi negocio de tiempo completo. Teníamos sexo en pareja casi diario. Era una delicia tener sexo cuando queríamos, sin preocuparnos de anticonceptivos o condones. Nuestra decisión de no usar el condón se debió a nuestras historias sexuales y a que ambos resultamos negativos en la prueba. Había tenido sexo con unas cuantas chicas que eran vírgenes, a excepción de una o dos que tenían experiencia sexual, y siempre había usado condón con ellas. En los últimos cinco años, yo había tenido sexo con penetración con muy pocos hombres y ellos también habían usado condón. Desde mi menopausia a los 50 años, la mayoría del sexo en pareja que tuve fue con mujeres usando consoladores, vibradores y dedos, casi lo más seguro que uno pudiera tener.

Siempre disfruté ver a Eric caminar desnudo por el departamento: una obra de arte viviente con sus hombros anchos estrechándose hacia abajo hasta un trasero firme y apretado con piernas fuertes y musculosas y un pene de tamaño perfecto. Su carácter juguetón continuó y, con su eterna erección, siempre estaba disponible para cualquier tipo de sexo. Encontré el juguetito masculino perfecto.

Mientras tanto, yo seguía esperando que consiguiera un compañero de cuarto y se cambiara a su propio espacio para que yo pudiera recuperar mi departamento. Yo sabía que era un desastre que dos personas vivieran, trabajaran y se acostaran bajo el mismo techo, era una dinámica que yo aconsejaba que evitaran a las parejas. Encima de todo, me había prometido a mí misma no volver a tener otro compañero de cuarto o vivir de nuevo con un amante y total, era dolorosamente evidente que estaba rompiendo mis propias reglas.

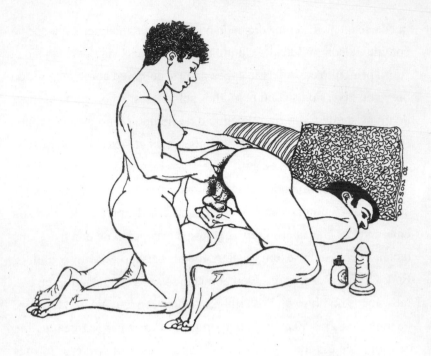

Penetración anal. *Aquí, una mujer penetra el ano de su pareja mientras él se estimula el pene. Toda forma de penetración anal debe realizarse despacio, con una gran cantidad de lubricante y cuidado. La parte receptora debe estar sexualmente excitado antes de que ocurra la penetración. Para facilitar la relajación, la persona también debe saber apretar y relajar los músculos de la base de la pelvis.*

A fines de nuestro primer año juntos, por fin dejé de tratar de deshacerme de él y de preocuparme de que era lo bastante joven como para ser mi hijo. En cambio, acepté la alegría que trajo a mi vida. Decidí que era un don divino del universo, mi premio a 30 años de promover la masturbación y de enseñar a miles de mujeres cómo tener un orgasmo. Empecé a admitir con gusto su brillante presencia en mi vida.

Mientras luchaba contra la idea de tener una relación sexual con un hombre de veintitantos años, el mundo observaba los índices de popularidad del presidente Clinton subir conforme los medios tenían un frenesí detallando su aventura con una mujer de veintiún años. Mi propio abuelo materno se casó con una muchacha más joven que su hija mayor. Muchos famosos han tenido esposas jóvenes, desde Picasso hasta Charlie Chaplin y Justice Hugo Black. La combinación de los hombres mayores con mujeres jóvenes ha sido una parte aceptable de la historia desde el principio de los tiempos. La sociedad acepta e incluso admira a los hombres que lo hacen, pero si una mujer mayor afirma tener los mismos derechos, se vuelve una amenaza contra nuestra sociedad autoritaria que quiere mantener el criterio sexual. Yo simplemente decidí disfrutar del mismo privilegio que los hombres se han tomado como algo que merecen.

Nuestra relación de mentora/estudiante tiene un sentido histórico en muchas formas: en las culturas tribales, los tíos y las tías les enseñaban el sexo a los jóvenes. En la tradición tántrica o budista, las mujeres mayores eran las maestras. Mis antepasados nativoamericanos tenían una Mujer Fuego en la tribu que era una vieja sabia quien enseñaba el sexo a los jóvenes valientes. Cuando la gente adoraba a una deidad femenina y veneraba la sexualidad humana, los consortes de la diosa eran hombres jóvenes y viriles cuyo único propósito era dar placer sexual a la Madre Orgásmica Divina de todos. Sabemos que han existido periodos en la historia donde la sexualidad se consideraba una práctica espiritual o, al menos, una parte natural y sana del ser humano. Más aún, no existe una sola disciplina en el planeta que no valore la práctica del mentor.

Desde que vivo con Eric, muchas amistades bromean y se regocijan recordándome los años en que hablé mal de las parejas que estaban unidas por la cadera. Con frecuencia me refería a ellas como vivir en "cautiverio en pares" y detallaba las dificultades de estas relaciones codependientes a quien quisiera escuchar. Está por demás decir que era muy salvaje a la hora de criticar el amor romántico, el cual para mí era igual a pisar suciedad de perro, que es totalmente accidental y el olor tarda años en desaparecer. Lo sé porque he tenido mucha experiencia al enamorarme románticamente de hombres que nunca cumplieron con mis expectativas.

Después de vivir como soltera devota durante casi 20 años, retomar los pasos de la heterosexualidad era una expedición inesperada, problemática, exigente y deliciosa. No me malinterprete: En esta ocasión, no tengo ilusiones románticas acerca de nuestra amistad erótica intergeneracional. Dada la mejor de las circunstancias, la idea de que dos personas vivan juntas donde la expectativa de un sexo excelente sea parte de la imagen indefinida, es muy improbable o afín a un milagro. Me sorprende por qué cada vez más personas no cuestionan la lógica de tratar de poner el mundo en parejas, como los animales que suben al Arca de Noé. ¡Está bien, está bien! Todo este asunto de hacer parejas quizá sea por impulso sexual. Cuando el sexo en pareja sea bueno, yo seré la primera en admitirlo, lo cual puede ser bastante extraordinario. Tal vez por eso queremos tener pareja, después de unos cuantos orgasmos fenomenales nos encandilamos con una persona y decimos "acepto" o le pedimos que se mude con nosotros.

Ahora, muchos años después, cada palabra que dije acerca de la imposibilidad de que dos personas vivan, trabajen y tengan sexo bajo el mismo techo es absolutamente cierto. Sin embargo, me llevó a escribir este libro, por tanto, tal vez el destino de Eric era ser mi "muso". Como es obvio, ha habido intercambios y sacrificios así como alegrías y gustos en tener a otra persona importante en mi vida. Cuando pongo en la balanza los puntos a favor y en contra, seguimos en el lado a favor del placer. Nada está escrito y ambos nos recordamos seguir en el presente y no proyectarnos al futuro.

Él ha escuchado todas las acusaciones de tener una mamá "amorosa", ser una amante estrella, una lesbiana de oro y la mamá del bebé. Me han dicho asaltacunas, que lo estoy echando a perder y que por mi culpa nunca va a madurar. Sus amigos creen que me estoy aprovechando de él y mis amigos piensan que él se esta aprovechando de mí. Aun cuando todo lo anterior pueda ser verdad, precisamente nuestra diferencia de edad es lo que nos permite ser tan compatibles, disfrutar de un sexo excelente y de divertirnos tanto juntos. Los dos nos dedicamos en igual medida a explorar y refinar el arte del sexo en pareja. Me encanta que sea mi aprendiz, mi asistente y mi consorte. Antes que saltar a esas conclusiones románticas seductivas, déjeme asegurarle que: no somos monógamos y no esperamos que nuestro amor erótico dure "para siempre". Durará mientras sea bueno.

3
El amor al amor

Los adictos al amor romántico

Esos cuentos de hadas aparentemente inofensivos que me contaba mi madre antes de dormir fueron la punta del iceberg de mi condición femenina. Igual que cada generación exitosa de niñitas, crecí soñando con despertar con un beso y ser salvada de una vida de monotonía por mi propio príncipe. La Bella Durmiente y la Cenicienta fueron mis primeros modelos a seguir mucho antes que Sheena, la reina de la selva y la Mujer Maravilla aparecieran en historietas cómicas. De niña, estuve rodeada de símbolos sentimentales de romance heterosexual: enamorados de encaje con corazones en forma de vulva de color rojo ciruela atravesados por fálicas flechas de Cupido. Mi mente estaba llena de historias de amor que promovían imágenes de amor y matrimonio que tenían muy poco que ver con la realidad. Vivir la vida basada en un mito romántico es lo que yo llamo amar al amor.

Las jovencitas a quienes les enseñaron que un hombre especial les brindaría amor, felicidad y seguridad con frecuencia genera problemas graves. Muchas mujeres terminan luchando desesperadas por llegar a ser adultas capaces de manejar con inteligencia la vida en sus propios términos. Tenemos la creencia de que necesitamos de un hombre que nos proteja y apoye. El amor al amor nos ciega ante el cruel hecho de que el matrimonio no significa que tenemos asegurado el futuro. Más de 50 por ciento de las mujeres se divorcian y terminan manteniendo a sus hijos y a sí mismas. Una mujer inteligente dijo una vez que el grado en el que una mujer permite que las emociones del amor la rijan, se entrega a su estado de adulto.

Investigaciones han demostrado que el enamoramiento produce cambios químicos cerebrales, provocando los sentimientos de euforia que dan realce al sexo e incluso a la vida misma. Pero, ¿qué es el amor? Si describimos el amor como una atracción sexual fuerte, entonces podría considerarse como una droga poderosa que mantiene a las parejas en un nivel elevado hasta que aparece la realidad. Con estos conocimientos, cuando estamos en un nivel de amor elevado quizá deberíamos evitar tomar decisiones más importantes, como casarse o irse a vivir con alguien. Luego entonces, una atracción sexual fuerte es uno de los mejores barómetros para pronosticar una relación exitosa. El asunto del amor y el sexo presenta cierto dilema.

Dada mi propia historia, junto con años de escuchar los problemas de otros, nunca subestimaría la importancia de la compatibilidad sexual o el poder de tener orgasmos consistentes con la pareja, en especial al principio de una relación. Cuando me casé, de hecho tomé la decisión de estar "enamorada" a pesar de que nuestra relación sexual era problemática. En esa época, nunca lo hubiera admitido, pero estaba aburrida de tener citas y deseaba con desesperación tener algún tipo de seguridad económica. Jugamos el papel de la pareja romántica adorable, usando todo tipo de símbolo rústico amoroso: notitas de amor, una rosa roja, muestras de afecto y afirmaciones verbales constantes de "te amo".

La búsqueda desesperada por encontrar a mi media naranja fue el aspecto más obsesivo-compulsivo de una chica estadounidense. Este deseo de ser correspondida con todas las trampas románticas empalagosas de una novela romántica mala era parecido a un culto religioso. Luego de casarme y descubrir que vivía con un hombre a quien no le interesaba mucho el sexo, me sentí deshecha y me culpaba a mí misma. Después me sumergí resignada, en tanto sublimaba mis impulsos sexuales a través del arte, pintando día y noche. Incluso, luego de siete años de entregarme a la rutina diaria de la realidad, seguí siendo una adicta al amor romántico, casada con el hombre equivocado.

Las novelas románticas y las revistas de moda son para las mujeres lo que la pornografía es para los hombres. Debido a que, en comparación con los hombres, muy pocas personas buscan dinero, poder, fama o fortuna, queremos una historia de amor llena de emoción y aventuras románticas. Como mujer casada, mi revista pornográfica era *Vogue*. Me imaginaba en varios trajes fabulosos a punto de salir en un viaje emocionante o a un crucero. Claro está que ver las fotografías de bellas modelos de moda también me deprimía, porque nunca estuve a la altura. Entonces sucumbía a mi sucia costumbre de la masturbación y en cada ocasión juraba no volver a hacerlo. Esto fue a principios de los sesenta, cuando pubertas, cuyas hormonas corrían con fuerza por su cuerpo, gritaban y se desmayaban en los conciertos de los Beatles, mientras yo me burlaba por lo absurdo de tal tontería.

Había olvidado hacía mucho tiempo las noches de mi infancia, cuando estaba acostada en mi cama soñando con mi propio príncipe azul mientras secretamente presionaba mi mano entre mis piernas. De preadolescente, en lugar de derretirme por Frank Sinatra, me masturbaba ante la fantasía de mi noche de bodas: Mientras mi esposo me esperaba en la cama, yo entraba al baño y me preparaba para nuestra primera noche de sexo apasionado. Me imaginaba como una mujer bella de cabello grueso y exuberante. Mis pechos estaban totalmente desarrollados y redondos. Mis dientes eran blancos y parejos como los de una estrella de cine. Conforme me aplicaba maquillaje en mi piel perfectamente limpia, mi respiración era entrecortada y ardiente. Mi pulso se aceleraba en tanto repasaba los detalles del camisón de encaje que mostraba mi fabuloso cuerpo y mis senos. Al entrar a la suite nupcial, dejaba caer el camisón al piso y ahí era cuando tenía un orgasmo... siempre.

Yo era mi propio sujeto y objeto sexual que soñaba con ser una bella mujer deseada por un hombre sin rostro. ¿Por qué hay tan pocas mujeres que ven fotos de hombres guapos y se imaginan a cuál de ellos eligirían? Tal vez las mujeres bellas se pueden dar el lujo de hacerlo, pero las mujeres de apariencia promedio sólo pueden soñar con ser elegidas por don Perfecto. Más que a menudo terminamos con don Imperfecto. Es un resultado indirecto del criterio sexual y económico donde los hombres eligen y piden porque, por lo general, ganan más y, por tanto, tienen más poder.

El movimiento femenil casi no afectó los papeles sexuales tradicionales pues la mayoría de las feministas no querían abandonar el sueño universal de encontrar a un príncipe o una princesa para amarla, casarse y vivir felices para siempre. El amor al amor oculta la ignorancia de las mujeres y reprime la capacidad de saber comunicarse, de negociar acuerdos o de aprender habilidades sexuales. Resueltas a rebelarnos en contra de la autoridad de los padres y a salirnos de la casa, de manera inconsciente nos enamoramos y nos casamos con alguien que es el doble de uno o de ambos padres, de quienes buscamos huir desesperadamente.

Las personas bien informadas abordan el arte bajo el entendimiento de que tardarán al menos diez años en dominar cualquiera de sus expresiones. Y sin embargo, cuando se trata de la sexualidad, se supone que sólo sucede como por arte de magia. A menos que sean famosos, la mayoría de los heterosexuales tienen un acceso limitado a las parejas en prospecto en tanto sacan adelante su vida sexual con aciertos y errores. Sería ideal que hombres y mujeres pudieran experimentar diferentes tipos de sexo con una variedad de parejas a fin de explorar un campo más amplio de su sexualidad antes de comprometerse. Hoy en día, muchos jóvenes de veintitantos años sólo han tenido relaciones sexuales con una o dos parejas antes de casarse. Una analogía similar sería elegir su alimento favorito antes de comer en sólo dos restaurantes: McDonald's y Taco Bell.

Como mujer, tuve que separar el sexo del amor, el matrimonio y la seguridad antes de poder descubrir su unión intrínseca. En la década de los setenta, cuando mi carrera iba lo bastante bien como para tener un ingreso modesto, empecé a disfrutar el sexo con distintos hombres sin el punto de vista del matrimonio y la seguridad económica. Poco tiempo después entendí que lo que anteriormente llamé "enamorarse" en realidad era "caer en la lujuria". Cuando tenía una relación sexual buena, de pronto me ocupaba en convencerme de que era porque estaba enamorada. Cuando estaba enamorada, quería casarme para asegurar o afianzar la relación. Hasta que separé el amor del sexo, empecé a comprender cada uno.

Con el tiempo, pude distinguir entre los diferentes tipos de amor que experimentaba. Sé que existen infinidad de ligeras y sutiles diferencias para el amor, pero ése fue mi punto de partida para entender mejor esta emoción tan poderosa que había regido la mayoría de mi vida. Pero nunca había definido la palabra o la había considerado mucho. Simplemente era amor.

Los enamorados. *Esta joven pareja romántica vive dentro de un cuento de hadas de amor eterno. Ella pone atención a su anillo de diamante, que simboliza la seguridad. Él está agradecido de tenerla como su abnegada esposa quien lo apoyará en su futuro éxito.*

El amor romántico

Éste es el amor sobre el enamoramiento y la idealización del ser amado. Este tipo de amor dominó mi segunda década de vida y volvió cuando me divorcié. En realidad nunca percibí al hombre que decía amar. En cambio, amaba mi fantasía de quién quería que fuera. Aun cuando la satisfacción sexual o la promesa de ella formaba parte de las primeras etapas de cada aventura amorosa, las emociones de amar el amor dominaban. Siempre fuimos exclusivos: dos contra el mundo.

Como prueba de su amor, yo le exigía fidelidad sexual, y él prometió ser fiel. Los celos eran una parte natural de estar enamorada. Yo tenía toda la justificación de hacerle escenas iracundas de celos cuando sospechaba que tal vez le atraía otra mujer. El nivel de mis celos de hecho demostraba la profundidad de mi amor; por lo tanto, lo podía manipular mediante la culpa mientras yo evitaba tener sexo con él para castigarlo. Nuestras discusiones y peleas emocionales sólo avivaban las llamas del sexo apasionado durante la reconciliación.

A pesar de mi visión de que nuestro futuro era casarnos y vivir felices para siempre, estas aventuras románticas rara vez duraban más de unos cuantos años porque, con el tiempo, la realidad desgastaba mis ilusiones. Estas aventuras siempre fueron sexualmente las más ardientes durante el primer año. Conforme nuestro intercambio sexual se enfriaba y las discusiones eran más acaloradas, yo hacía todo el esfuerzo por cambiar cada amante a mi imagen idealizada, pero a pesar de lo mucho que lo intentara, fracasaba. La realidad me despertaba de mi sueño romántico. La separación inevitable tuvo su propia marca de dulce pena y doloroso sufrimiento. Con el tiempo, aprendí a continuar con el siguiente ser amado sin dejarme abatir por la pena y el arrepentimiento.

Mi matrimonio fue el ejemplo perfecto del amor al amor. Como nuestro intercambio sexual nunca fue lo bastante bueno, tanto mi esposo como yo llevamos el amor al amor a nuevas alturas. Entrábamos y salíamos de las etapas presexuales del amor romántico siendo ambos muy afectuosos y hablando de amor mientras dormíamos juntos sin tener sexo. Gracias a la promesa que hizo mi terapeuta, me aferré a la falsa esperanza de que, después de que hiciéramos nuestro "ajuste marital", nuestro matrimonio se desencadenaría en sesiones de sexo apasionado más largas para que yo también pudiera tener un orgasmo, pero siguió predominando el amor sin sexo.

51

El amor erótico

Este tipo de amor está basado en mi cuerpo con placeres físicos y sensuales como el centro de la relación. Erótico significa amor al sexo. Cada pareja valora a la otra en tanto gozan la alegría de la satisfacción sexual mutua. El amor sexual no sirve a otro amo que no sea el placer. Mis amantes eróticos y yo somos inclusivos. Él o ella puede estar casada y uno de nosotros puede tener intimidad sexual con otras personas. Ninguno esperamos que la aventura dure para siempre; simplemente dura mientras es bueno. El amor erótico puede ser una parte gozosa de la vida durante una hora, una noche, una semana, un mes o muchos años. Prospera en el momento actual sin proyectarse a un futuro de unión. No contenga la respiración en espera de que los puritanos acepten algún día el amor al sexo por el bien del sexo, porque todos buscarán desesperados el amor.

En épocas pasadas, los franceses conservaban el amor erótico separándolo del matrimonio. Una señorita se casaba por la seguridad y los hijos, mientras tenía amantes por el sexo. Somos una de las pocas sociedades que esperan que el sexo y la pasión sean una parte natural del matrimonio, aunque es raro que lo sea. Hoy en día, los europeos aceptan que los casados tengan amantes abiertamente e incluso algunas esposas tienen amantes. Los franceses lo sabían y aceptaron en forma casual a la amante del presidente François Mitterrand, quien asistió a su funeral.

El amor marital

Este tipo de amor tiene muchos rostros. Con la convivencia cotidiana, la pasión sexual inevitablemente desaparece en uno u otro grado. Algunas personas siguen amando el amor en tanto idealizan los recuerdos de aquellas épocas románticas. Otras parejas se divorcian, caen en el amor romántico y se vuelven a casar una y otra vez como Liz Taylor y Larry King. Sin embargo, se requiere de dinero para conseguirlo. Algunos casados tienen aventuras sexuales en tanto otros buscan aventuras extramaritales a largo plazo. Estos hombres consiguen el pastel y también se lo comen: aventuras románticas con sexo ardiente junto con la noticia de primera plana de un matrimonio respetable, requerido para la imagen pública de políticos y directivos. Unos cuantos maridos y esposas liberados aceptan tener aventuras amorosas breves sin la intención de terminar en matrimonio.

Las parejas casadas monógamas que siguen juntos después de que se desvanece el romance pueden tener una amistad íntima con sexo cómodo, una amistad cálida con afecto y un mínimo de sexo o una tregua distante y fría sin sexo. Aquellas parejas que conservan un matrimonio acostumbrado a los conflictos, con los pleitos pueden acumular suficiente emoción para tener sexo apasionado de vez en cuando durante el proceso de reconciliación. Cuando las parejas dicen que su sexo en pareja mejora después de los 50 años de matrimonio, o son la excepción que confirma la regla o siempre han tenido relaciones sexuales muy modestas.

Contrario a la creencia popular, el enamorarse no significa que automáticamente existen buenas relaciones sexuales. Los amantes tienen que hacer un esfuerzo por aprender sobre el cuerpo, la mente y la historia del otro, así como la forma en que desean compartir su vida. Tienen que descubrir cómo crea cada uno sus propios orgasmos mediante la masturbación, además de compartir unas cuantas fantasías a fin de conocer los deseos eróticos más profundos del otro. Sin estos conocimientos íntimos, el sexo en pareja es un proceso superficial sobre el posar, el agradar o el probar, mas nunca el disfrutar del placer sexual.

Aun así, no existe garantía alguna de que incluso los amantes más hábiles que tengan el mejor sexo que uno imagine permanezcan juntos toda la vida. A pesar de las promesas matrimoniales y las ceremonias de compromiso, la verdad sigue siendo que una relación en pareja dura mientras es buena. Las parejas pueden seguir unidas por el bien de los hijos o de sus carreras. Pueden vivir juntos sin tener sexo, algunas se masturban, otras tienen aventuras y muchas abandonan por completo la vida erótica. No existe una ley donde se indique que las parejas deben seguir disfrutando su sexualidad juntos, solos o con otras personas.

Después de varias décadas de escuchar a la gente contarme los detalles íntimos de su vida sexual, puedo decir con seguridad que la idea de dos personas viviendo bajo el mismo techo y compartiendo todo es desalentador. Es demasiado pedir a la mayoría de los seres humanos; y sin embargo el mito romántico de una vida juntos con sexo ardiente interminable sigue dominando a la imaginación. Existe mucho menos placer sexual en las relaciones y los matrimonios de lo que las personas quieren admitir. Es como si fuéramos adultos sexualmente inmaduros que se niegan a pensar que Santa Claus no existe. Los estudios Disney se dedicarán a que nuestros sueños de amor romántico permanezcan intactos mientras cada generación empieza su condicionamiento con la nueva versión de *La Bella Durmiente* o *Blanca Nieves*.

La canción puede decir que el amor y el matrimonio van de la mano como el caballo y el carruaje, pero la gente inteligente sabe que el sexo y el dinero hacen girar al mundo. ¿Y qué hay del amor? A pesar de lo mucho que adoremos la idea del mismo, el amor más que curar, casi siempre duele. El amor provoca tensión emocional. El amor conduce a embarazos no deseados. El amor consistentemente se convierte en lo contrario: el odio. Existe mucha violencia en nombre del amor: ataques de celos entre amantes, abuso físico al cónyuge, padres que abusan de hijos y amigos que pelean entre sí. Las personas no sólo viven por amor, mueren por amor y también matan por amor. Los hombres van a la guerra por amor a la patria y las guerras religiosas se libran por amor a Dios.

Así como los esquimales tienen diferentes palabras para nieve, nosotros podríamos usar distintos términos para los diversos tipos de amor: amor de padre, amor marital, amor de hermana, amor de hermano, amor de amigo, amor erótico y, desde luego, amor romántico.

En lugar de asumir que todas las formas de amor caen en la categoría romántica, se aclararía tanta confusión si una persona dijera: "Siento lujuria por ti", lo cual sería amor erótico. O si alguien dijera: "Quiero vivir contigo por el resto de mi vida", que sería amor marital. Cuando una madre dice "te amo" a un hijo, es amor incondicional, no romántico posesivo. El amor no correspondido sería "amor seguro" ya que nunca se convierte en sexual. ¿Y qué hay del amor que se convirtió en una amistad sexual? Sin duda sería una abolladura en nuestra necesidad desesperada de tener aventuras románticas exclusivas que se alimentan de una actitud posesiva, de celos y de inseguridad. El amor entre amigos podría llegar al primer lugar de las listas como el tipo de amor más querido toda vez que dejemos de buscar a nuestra media naranja en el llamado esfuerzo por ser o sentirse completo.

Me recuerda la alegoría de Platón: los dioses crearon humanos que eran tanto hombres como mujeres con cuatro brazos, cuatro piernas y ambos órganos sexuales. Pero cuando vieron que sus creaciones se habían vuelto tan poderosos que estaban perdiendo el control, los dioses los cortaron a la mitad. Por eso a la fecha la gente está condenada a buscar constantemente a su "media naranja". La idea de que no existe tal cosa como una persona completa hace que este relato sea deprimente. Sin embargo, demuestra con claridad la forma en que nuestras nociones románticas del amor y tener una pareja nos convierte en codependientes indefensos.

¿Acaso somos unos inconscientes "adictos al amor romántico" que, como la alegoría de Platón, sentimos inseguridad a menos que nuestra media naranja nos esté confirmando constantemente lo adorable que somos?

A pesar de que los terapeutas de todo el mundo le dicen a sus pacientes que deben amarse a sí mismos antes de poder amar a otra persona, la gente sigue luchando contra esa idea. ¿El amor a uno mismo es tan difícil? ¿Podría ser que tenemos una autoestima tan baja que la perspectiva de amarnos a nosotros mismos es impensable? ¿Debemos ser amados por alguien para sentir que valemos?

La Biblia nos advierte que amemos al prójimo como a nosotros mismos. La suposición de que todos tienen la capacidad de amarse a sí mismos es como una broma de mal gusto, si bien la religión es la fuente más frecuente de vergüenza, culpa y odio a uno mismo. De acuerdo a la mayoría de las religiones organizadas, cuando se trata de sexualidad, todos somos pecadores reincidentes. Además, tenemos que sobrellevar el culto religioso del amor romántico.

En "Amor", un artículo que admiraba, Michael Crichton escribió:

"La mayoría de las personas que conozco confunden el amor con posesión. Es fácil entender por qué; está fincado en suposiciones fundamentales de nuestra cultura. 'Eres mía', dice una canción popular, 'y pertenecemos el uno al otro'. Casi nadie se detiene a cuestionar el sentimiento.

"En cuanto sentimos amor, de inmediato intentamos que nos pertenezca. Hablamos con seguridad de *mi* novio, *mi* esposa, *mi* hijo, *mi* padre. Sentimos que tenemos la justificación de esperar algo de esas personas. Lo consideramos perfectamente razonable.

"¿Por qué? Porque todos nuestros conceptos del amor al fin y al cabo se derivan del amor romántico, y el amor romántico es posesivo en forma furiosa y desesperada.

"Queremos estar con nuestro amante, tenerlo/la para nosotros mismos, *que sea nuestro*. Hacemos una correspondencia del amor con la posesión con tal fuerza que incluso tal vez sentimos que si alguien no quiere que seamos de su pertenencia, en realidad no nos ama. Y sin embargo, yo argumentaría que a lo que llamamos amor romántico, no es amor. Es una especie de tormenta emocional, una atracción irresistible y emocionante, pero no es amor.

"El verdadero amor no es posesivo. No puede serlo. El amor involucra dar, no tomar."

Dedicar tiempo de calidad pensando en cómo definimos y usamos la palabra "amor" nos beneficia, en especial si lo evitamos a toda costa, buscamos el sueño del mismo o nos engañamos pensando que lo tenemos. No me malinterprete: Sigo siendo una adicta al amor romántico. Sin embargo, ahora tengo periodos de lucidez cuando puedo situarme en el momento y no proyecto mis expectativas del romance en mi pareja. Esos periodos me permiten ver el amor como una especie de acción: afecto, consideración, reconocimiento, generosidad y, la más importante, comprensión. Ya sea romántico, erótico, familiar o amistoso, la idea del amor se vuelve más real cuando recuerdo que es una recopilación de acciones momentáneas en vez de un estado constante de gracia.

4
La despedida de soltera

Nos falta mucho camino por recorrer, nena

En un mensaje electrónico me preguntaban si podía dar una charla sexual a un grupo de mujeres de veintitantos años que asistirían a una despedida de soltera. De inmediato pensé: "Excelente idea". Kitty, la joven que me contactó, dijo que al principio habían pensado en un *bailarín erótico*, pero que ya era muy común. Su amiga Brenda y ella querían algo diferente. Ambas decidieron que mi asistencia sería tanto divertida como informativa. Su propuesta llegó a través de mi sitio de web, por lo que ninguna sabía de mí excepto por la primera oración que terminaba con: "Acompáñenme en un intercambio de ideas e imágenes honestas, inteligentes y divertidas sobre mi tema favorito, el SEXO".

Cuando hablamos, le propuse llevar unos cuantos juguetes eróticos que mejorarían los orgasmos de las mujeres ya fuera que lo tuvieran solas o con una pareja sexual. También iba a llevar algunos dibujos de genitales femeninos con diagramas de la estructura interior y un consolador para mostrar cómo dar un buen sexo oral. Kitty estaba emocionada con mi propuesta. Acordamos en una tarifa por hora y le dije que era muy probable que durara unas tres horas.

El sábado 1 de junio de 2001 llegué a las ocho de la noche a un departamento en East Side con mi bolsa de juguetitos. La habitación estaba llena de mujeres de veintitantos años, todas profesionistas neo-yorquinas jóvenes, bien vestidas y atractivas. Nada me gusta más que interactuar con hombres y mujeres jóvenes para descubrir qué piensan del nuevo milenio. Mi primera suposición fue que estos seres de la generación x serían en cierto modo sexualmente sofisticadas, sobre todo si vivían en la ciudad de Nueva York.

Mi comentario de bienvenida: "Ya llegó su abuela con dotes sexuales", provocó unas cuantas sonrisas. Las demás no estaban seguras de cómo responder. Después de todo, se supone que las mujeres mayores de cabello blanco no tienen sexo. Kitty, la anfitriona de ojos brillantes, desbordaba entusiasmo en tanto me daba la bienvenida y me presentaba con las demás mujeres. Me llevó a una silla cómoda con una pequeña mesa en el extremo frente a la silla.

Mientras colocaba sobre la mesa el vibrador Varita Mágica, un pequeño vibrador de pilas y mi barra vaginal, empecé por preguntarles si eran masturbadoras competentes. Hubo una explosión de risas histéricas, pero nadie levantó la mano. Tal vez se reían del tamaño de mi vibrador eléctrico, así que rápidamente les expliqué que era para hacer vibrar nuestro dulce clítoris. Más risas, pero continué. La mejor forma de usar un vibrador para masturbarse era con una toallita doblada. Les recomendé que, cuando lo usaran con su pareja, pusieran la toallita sobre la punta del vibrador y la sujetaran con una liga. Gritaron de risa.

Al ver alrededor de la habitación, me di cuenta que muy pocas podían verme a los ojos. La futura esposa tenía la mirada fija en el piso. Otras murmuraban conversaciones privadas con la mujer de al lado.

Finalmente, Kitty me preguntó que por qué a los hombres les gustaba ver cómo se masturbaban las mujeres. ¿Por qué se lo haría ella misma si tenía a su novio? Después de todo, el que ella terminara era trabajo de él, no de ella. Después de acusarla en forma alegre de ser una chica que se masturbaba, le dije que tal vez los hombres querían ver cómo manejaban las novias su clítoris para aprender. Lo mismo ocurre con los hombres. Una mujer podría pedirle a su novio que se masturbe para que ella supiera cómo le gusta. Compartir la masturbación era una excelente forma de aprender acerca de la respuesta sexual del otro. Además, ¡es muy ardiente para una pareja que se vean uno al otro!

La habitación de nuevo se llenó de carcajadas. En ese momento entendí que iba a tardar un rato en romper con la pena, así que me volví en una comediante subida de tono, dejando que se rieran como tontas. Me sumergí en la laguna del amor romántico heterosexual, totalmente consciente de la ausencia de conocimientos sexuales que la llena.

Mientras continuaba, les pasé la Barra de Betty, un dispositivo de resistencia que diseñé y fabriqué para hacer trabajar los músculos vaginales. Está hecha de acero inoxidable y tiene la doble función de ser un consolador fabuloso. Después de que unas cuantas la sopesaron, una de ellas por fin preguntó por qué pesaba tanto. Fue cuando les expliqué que el peso evitaba que se zafara de la vagina en tanto la mujer apretaba el músculo PC. Luego de hablar sobre cómo localizar el músculo, les dije que si todas las mujeres hicieran ejercicio con la barra introducida mientras se estimulaban de alguna forma el clítoris, obtendrían beneficios.

Al ver a dos embarazadas en la habitación, les dije que los médicos les recomendarían hacer los ejercicios de Kegel después de dar a luz. De hecho, un músculo pélvico con el tono adecuado facilita el alumbramiento y mejora el orgasmo de la mujer. Una de ellas comentó que ya los estaba haciendo.

Después les pregunté si habían examinado su área genital ante un espejo con luz brillante mientras con ambas manos exploraban tanto el interior como el exterior. Se apenaron y rieron nerviosas. Pocas asintieron. Kitty dijo que varias habían ido a una estética en la Calle 57 que ella les recomendó para que les recortaran el vello púbico. Todas estaban más que dispuestas a discutir si se habían depilado el área del bikini con cera o se habían quitado todo el vello, pero cuando les pregunté si se habían visto el clítoris o si sabían qué tipo de labios menores tenían, nadie tenía idea. Una mujer preguntó: "¿Cuáles son los labios menores?"

Saqué mi libro, lo abrí en las páginas con los dibujos de vulvas y lo pasé alrededor. Luego les expliqué que nuestro órgano sexual era como nuestro rostro, con diferentes formas de nariz, ojos y boca. Cada órgano sexual es tan único como las huellas dactilares: vaya revelación importante. Cuando les hablé de los diferentes estilos genitales como el Clásico, Barroco, del Renacimiento y Art Déco, a varias les interesó saber cuál era estilo que les gustaba más a los hombres. Les respondí que aquéllos con un orificio para penetrarlo. En esta ocasión, yo también reí con ellas, porque en ese momento la risa era más real que nerviosa.

Brenda, que estaba sentada a mi izquierda, quería saber por qué le costaba tanto trabajo venirse durante el coito. Una pregunta perfecta. Le pregunté a todo el grupo que cuántas de ellas podían tener un orgasmo sólo con la relación sexual. Unas cuantas levantaron la mano, incluyendo a Kitty. Cuando le pregunté qué posición usaba, esperaba que respondiera que estando ella arriba. Sin embargo, dijo que la posición misionera.

Después le pregunté si sabía por qué perdía el interés durante el coito. Su explicación fue clara: el movimiento producía un rechinido cuando ella y su novio se presionaban un contra el cuerpo del otro.

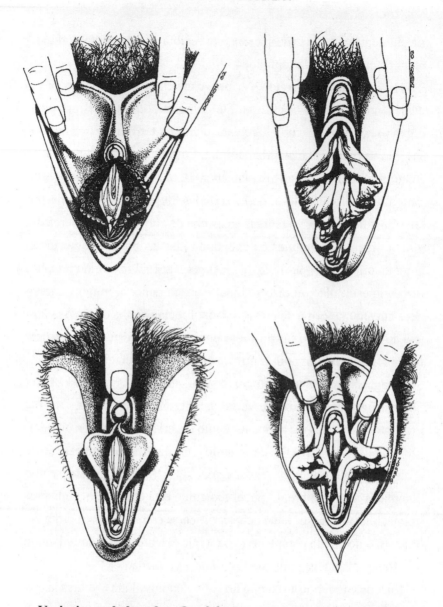

Variaciones de la vulva. *Los labios menores con mayor extensión provocan angustia ya que muchas mujeres creen tener cierta deformación genital. Me refiero a las vulvas con pliegues elaborados en los labios menores tipo Barroco o del Renacimiento. Las vulvas con labios menores simétricos como pétalos pudieron haber inspirado el periodo del Art Déco. Todos reconocemos la vulva en forma de corazón, que quizá sea el verdadero motivo por el que los amantes festejen el Día de San Valentín.*

La siguiente pregunta fue si creía que recibía una estimulación indirecta en el clítoris. No tenía idea.

Esa conversación condujo a una excelente transición hacia mi querida charla sobre el clítoris. De cómo el clítoris es el principal órgano sexual de una mujer, con sus ocho mil terminaciones nerviosas y la vagina es el canal de nacimiento. Aun cuando las hermanas Jennifer y Laura Berman afirman en su libro *For Women Only* (Sólo para mujeres) que el 80 por ciento de las mujeres no tiene orgasmo tan sólo con el coito, yo tenía la sospecha de que la cifra era cerca del 90 por ciento, si tomamos en cuenta a todas las mujeres que fingen tener un orgasmo. A pesar de que el órgano sexual femenino húmedo ofrece la estimulación directa ideal para un pene, la mujer también necesita alguna forma de estimulación directa con los dedos o la lengua de su novio o con sus propios dedos. Si está acostumbrada a usar un vibrador, también podría utilizarlo durante la relación sexual.

Una de las mujeres me preguntó si tal vez sólo por eso podía tener un orgasmo con el sexo oral. Varias asintieron con la cabeza. Otra me preguntó cuándo les iba a mostrar cómo hacerle el sexo oral a un hombre y varias más estuvieron de acuerdo con ella. Apenas empezábamos a discutir sobre el placer sexual femenino y ya querían saber cómo complacer a un hombre. El papel femenino está conectado a una programación tan ancestral que debe codificarse en nuestra estructura celular: ¿Cómo puedo complacerlo para que él mate a un mamut lanudo y lo traiga a la cueva para que los niños y yo comamos?

Busqué en mi bolsa y saqué un consolador realista Cyberskin con una taza de succión en la parte inferior. Lamí la base y lo pegué en la pequeña mesa en el extremo frente a mí. Todas ahogaron un grito de asombro ante el pene erecto de 20 centímetros excepto una de ellas, quien dijo se parecía mucho al pene de su novio. Luego les expliqué que un pene de tamaño promedio era de 14 a 15 centímetros erecto. El estándar siempre es más grande, pero es mejor cuando se fabrican consoladores o los hombres hacen una audición para videos de clasificación X. No obstante, de saberse la verdad, la mayoría de las mujeres prefieren un pene de tamaño promedio. Es una pena que tantos hombres estén obsesionados con el tamaño del pene, creyendo que el suyo es demasiado chico o algo inadecuado. Peor aún, muchos hombres no se dan cuenta del número tan reducido de mujeres que pueden tener un orgasmo gracias a un pene.

En ese momento, una mujer que contínuamente se sonrojaba y se tapaba el rostro, por fin habló. Admitió que al principio le dio mucha pena, pero que ahora quería agradecerme. Durante la última hora había aprendido más del sexo que en toda su vida. Después admitió que a sus 28 años, nunca había tenido un orgasmo. Le aseguré que no era la única y le recomendé que empezara a masturbarse para que conociera su sexualidad. Luego una mujer de nombre Carol se incorporó a la plática diciendo que nunca había tenido un orgasmo con una pareja pero que podía tener uno ella sola. Esos momentos en los que una se libera y revela su verdad son mágicos. A las dos les recomendé que visitaran mi sitio de web y obtuvieran toda la información necesaria sobre cómo proceder.

Mi demo de cómo succionar un pene empezó con la información de que todo hombre es diferente, como las mujeres. Un amante inteligente le pregunta a su pareja qué le gusta. Algunos hombres prefieren que les froten muy suavemente en tanto otros quieren que los tomen con firmeza. Depende de cómo se masturben. Mientras hablaba, me cubrí las manos con aceite para masaje y empecé a demostrarles diferentes caricias con las manos. La risa y las voces de todas hablando al mismo tiempo provocaron un alboroto en la habitación. Incluso tuve que admitir que ver a una abuela masturbar con estilo un pene era bastante extravagante. Sin embargo, yo también era un recordatorio muy necesario de que el sexo no se termina cuando las mujeres cumplen 50, 60 o 70 años.

Mientras continuaba, les dije que era excitante observar la boca y los labios de una mujer, pero que la mayoría de los hombres necesitan mayor estimulación para venirse, por lo cual tiene sentido combinar la boca y la mano. Desde luego que cualquier mujer que tenga la habilidad de hacer sexo oral hasta el fondo de la garganta conducirá a su novio a alturas de placer impredecibles. Una voz dijo, "¿Qué es garganta profunda?" De nuevo supuse demasiado; expliqué que era cuando una mujer "se tragaba" o colocaba el pene hasta el fondo de su garganta. La forma de aprender a hacerlo es aceptando el reflejo del arqueo y saber relajarse ante el mismo. Estaba dispuesta a mostrarles cómo se arquea y relaja una, pero todas pensaron que era demasiado grotesco. Ninguna quiso saber más de la "garganta profunda".

Pobre Linda Lovelace, la estrella de la película pornográfica *Garganta profunda*, tan famosa en la década de los setenta, era como arrumbarla. Incluso la película *Todos los hombres del presidente*, donde se empleó el término de "Garganta Profunda" para el informante durante el escándalo de Watergate, era desconocida para esta generación. Caray, cómo cambian los tiempos.

Después, Brenda preguntó qué era la eyaculación femenina. Ya no supuse nada y pregunté si alguien había leído *The G-Spot* (El punto G). Ninguna siquiera había escuchado de éste. Kitty dijo que había leído en una revista femenina, *Glamour* o *Cosmo*, que la eyaculación femenina definitivamente no era orina. Se parece más al líquido que proviene de la próstata masculina.

La mayoría de las mujeres hoy en día obtienen su información sexual errónea de revistas femeninas, artículos escritos por jóvenes reporteras sin experiencia sexual quienes, a su vez, reciben su información de expertos que básicamente hablan de lo que han leído en libros o han puesto a prueba con una tésis de doctorado que dependen de un cuestionario. Como uno de estos expertos sexuales, las revistas muchas veces me malinterpretan y me citan mal en los artículos. ¿Acaso hay duda de por qué los mitos sexuales y la información obsoleta sea tan desenfrenada?

Cuando les pregunté cuántas de ellas habían experimentado una eyaculación, dos de 20 levantaron la mano. Brenda estaba convencida de que la eyaculación provenía de la vagina. Otra dijo que a su ex novio le encantaba, pero que a ella se le hacía raro, así que no lo hacía con su nuevo amante. Antes de empezar a explicarles, les pregunté a las dos qué tipo de sexo practicaban cuando sentían escurrir el fluido.

Brenda me dijo que tenía que estimular un punto preciso y que sólo ocurría cuando se masturbaba. Al principio pensé que usaba algún juguete para el punto G, pero resultó que sólo estimulaba el clítoris con un vibrador de pilas. El punto exacto era el clítoris, no dentro de la vagina. Sólo le sucedió unas cuantas veces.

Mary, la otra, dijo que eyaculaba cuando su ex novio le frotaba muy fuerte la vagina con los dedos. Cuando le pregunté con qué frecuencia le ocurría, me dijo que con su ex, siempre, pero que ahora su nuevo amante sólo usaba los dedos para estimularle el clítoris. La última pregunta fue si eran mejores los orgasmos húmedos que los secos. Ambas dijeron que no necesariamente.

Cuando saqué los diagramas de *A New View of a Woman's Body* (Una nueva visión del cuerpo de una mujer), les enseñé la estructura interna del clítoris y la ilustración que mostraba un dedo dentro de la vagina presionando contra la parte superior del bulbo uretral. El bulbo impide que las vías urinarias se irriten con la fricción durante el vaivén del pene en la vagina. Dentro del bulbo se encuentra la glándula parauretral, la cual hizo que algunas especularan que era de donde provenía el fluido. Se estableció que el líquido sale de la uretra, no de la vagina. Un estudio donde se cateterizó a mujeres eyaculando concluyó que el fluido se diluía en la orina y venía de la vejiga.

La habitación enloqueció con la idea de que la eyaculación femenina pudiera ser orina. ¡Qué asqueroso! Sin embargo, cuando reconsideraron que se trataba del fluido prostático similar al que eyacula un hombre, lo tomaron como algo deseable porque demostraba que el nivel de excitación sexual de una mujer era tan alto que la hacía "venirse" como al hombre. Por eso las que eyaculan constantemente repiten que: "No huele o sabe a orina". La idea de disfrutar el orinarse durante el sexo era sucia, desagradable y asquerosa, en cambio, la eyaculación sonaba sexy.

A fin de dar crédito a las pocas mujeres que tuvieran una emisión del fluido durante el orgasmo, les expliqué que mientras una mujer tenga un músculo PC fuerte, y no se abrume forzándose a que suceda, el tener un escurrimiento es simplemente parte del orgasmo. También les dije que algunas parejas disfrutan orinarse por diversión y que no había por qué juzgarlas por su preferencia sexual.

Para entonces, la barra ya había circulado, por lo que discutí la importancia de ejercitar el músculo pubococcígeo (PC). Primero les describí cómo localizar el músculo al detener la orina o insertar un dedo en la vagina y presionar el músculo en ésta. Después hice que tensaran y liberaran el músculo varias veces, indicándoles que un músculo PC fuerte mejoraría sus orgasmos. Los novios también sentirían que les oprimen el pene con el músculo durante el sexo en pareja. Les gustó mucho la idea.

Tomamos un descanso para otra ronda de bebidas en tanto Kitty servía el pastel. Ellen, la futura novia, empezó a abrir sus regalos. Lo usual: lencería sexy, algunos regalos de broma, un par de boas de plumas y un álbum para las fotografías de su boda. Yo le dije que mi regalo de bodas sería cualquiera de los juguetes que había llevado. Eligió el consolador Cyberskin. Cuando le pregunté si pensaba hacerle el amor a su novio en la noche de bodas, todas reímos, incluso Ellen, y por primera vez me miró a los ojos. Después cambió de opinión y se decidió por el pequeño vibrador de pilas. Por supuesto, se me hizo una mejor opción. Le dije que, desde el punto de vista sexual, muchas logramos más con la estimulación en el clítoris que con la penetración vaginal. La combinación de ambas es lo mejor.

Cuando nos sentamos a platicar de manera informal, descubrí que Ellen y su novio tenían cuatro años viviendo juntos. Decidieron no tener relaciones desde un mes antes de casarse para que la noche de bodas fuera especial. Una casada le recordó que iba a estar demasiado cansada para tener relaciones después de la boda. Quizá se esperaron e hicieron el amor al día siguiente.

Como en esa época yo estaba escribiendo sobre el matrimonio y la monogamia, por curiosidad le pregunté a Ellen qué haría si descubría que su marido la engañaba. Respondió que se divorciaría de inmediato. Ya había sucedido una vez cuando vivían juntos y él prometió que no volvería a ocurrir. Eran dos niños adorables de veintitantos años con un mínimo de experiencia con otras personas y, sin embargo, la monogamia era una regla rigurosa.

Les pregunté a todas, otra vez por curiosidad, cuál era su tipo de anticonceptivos preferidos. Sólo había dos: pastillas y condones. Varias de ellas vivían con el novio y todavía usaban condones. No tenían idea que se estaban perdiendo de la exquisita sensación de un pene desnudo deslizándose dentro de una vagina resbalosa, pero lo que uno no ha experimentado, no se lo puede perder. Comenté que, como educadora sexual, me dedicaba al sexo seguro pero que, si yo tuviera la opción, los condones estarían al final de mi lista. La pastilla nos afecta a nivel hormonal, así que yo usaría un diafragma y

aceptaría una "unión de fluidos". Para ellas, el diafragma era un anticonceptivo arcaico y nadie conocía el término de "unión de fluidos".

Les expliqué que la "unión de fluidos" era cuando una mujer que
tomaba pastillas, usaba un diafragma o era postmenopáusica acordaba con su pareja no intercambiar fluidos corporales (en especial semen) con otra persona. Si alguno de ellos tuviera sexo con otra pareja,
prometían usar condón siempre. Enfaticé que este acuerdo requería
de confianza y honestidad absoluta. Estas jóvenes veían la monogamia
como un hecho de la vida, por tanto no existía la posibilidad de que
ellas o sus novios pudieran tener sexo con otra persona.

Recuerdo que, a su edad, sentía exactamente lo mismo, pero ni mi
pareja ni yo logramos ser fieles. El engaño era una excusa para terminar y buscar un nuevo amante más excitante.

Después de despedirnos con abrazos y besos, caminé de regreso a
casa pensando en cuán diferente era la vida de estas chicas de la mía
a la misma edad. En las décadas de los cincuenta y sesenta, una mujer tenía que elegir entre estudiar una carrera o tener una familia. En
las siguientes dos décadas, se les dijo a las mujeres que podían hacer
todo, lo cual significaba tener dos trabajos de tiempo completo: una
carrera y la maternidad. La generación que "lo tenía todo" esperó
hasta tener 30 años para embarazarse.

Las dos embarazadas que estaban en la despedida, a la larga, pensaban regresar a trabajar, pero su intención era dedicar tiempo de
calidad a la educación de uno o más hijos. ¿Acaso exaltar la maternidad era una nueva tendencia de la generación x? La verdad, eso esperaba. Educar bien a un hijo quizá era una de las formas de arte más
creativas y debía ser un compromiso consciente, no un accidente.

Otra diferencia de mi generación era que muchas nos casamos
con el novio de preparatoria porque la monogamia sucesiva no era
una opción. Cuando me mudé a la ciudad de Nueva York a los 20

años, todos en mi casa suponían que, si no me casaba al primer año, iba a terminar de prostituta. En la década de los cincuenta, una mujer que tenía una o más parejas sexuales era considerada una prostituta; y vivir con un hombre antes de casarse, era vivir en pecado. Las casadas que asistieron a la reunión habían vivido en unión libre con sus novios antes de hacer oficial la relación y muchas solteras vivían en ese momento con el novio. Ésa era una de las principales diferencias.

Sin embargo, todavía existían muchos mitos sexuales viejos como el que las mujeres tengan un orgasmo de una relación sexual pene/vagina, el que los hombres cumplan su promesa de ser monógamos y vivir casados y felices para siempre. Aun cuando estas mujeres eran expertas en computación y vivían en una de las ciudades más sofisticadas del mundo, la fantasía sexual preferida de todas seguía siendo el romance, amor y matrimonio tradicionales.

Todos esos cursos universitarios, libros, videos, películas y el Internet no han reflejado un impacto en la sexualidad femenina de la década de los cincuenta. Al menos, cuando crecí en Kansas vi perros, gatos, conejos y caballos cruzándose. Ese simple hecho me hizo darme cuenta del salvaje poder del sexo. Estas citadinas tenían acceso a mucha más información sexual que yo, pero en términos del desarrollo de habilidades sexuales y de conocer su cuerpo y sus orgasmos, les llevaba una gran delantera.

En otras palabras, nos falta mucho camino por recorrer, nena. A nivel sexual, nuestra conocida nueva era de la información no superó la prueba. Cada nueva generación tiene que redescubrir de nuevo la rueda. Nos preguntamos por qué hay tanta violencia en Estados Unidos y, sin embargo, muy pocos tenemos el valor de aceptar lo opuesto: el placer sexual.

No obstante, debía reconocer a estas chicas. Invitar a una educadora sexual en una despedida de soltera fue una de las mejores ideas que he escuchado. Dos de las amigas de Kitty querían contratarme para una próxima despedida, por lo que tengo una nueva carrera, si acepto. Justo cuando creo que estoy lista para tranquilizarme y dedicar un poco de tiempo a insignificancias, de nuevo empieza a repiquetear el teléfono. Como hoy en día es bastante raro encontrar una abuelita sexual, parece que la gran demanda continúa. Aun cuando siempre me quejo de que debo terminar muchos proyectos, prefiero estar ocupada que aburrida.

5
Amar a otros

Cómo distender la lucha de poder

El día de mi boda, el ministro le preguntó a mi esposo si prometía amarme, respetarme y *procurarme*. Luego me preguntó si lo amaría, respetaría y *obedecería*. La ceremonia terminó con: "Los declaro marido y mujer". La palabra "mujer" adquiría un nuevo significado, un papel que cambiaría mi identidad, además de contar con un nuevo apellido. Cuando dos personas se enamoran, se convierten en una, el problema es ¿en cuál?

Esta continua lucha de poder existe en casi todos los matrimonios, a menos que uno u otro miembro de la pareja adopte el papel tradicional de la esposa devota. A pesar de que, es cierto, algunas mujeres son felices con el papel de subordinada, eso no significa que esta dinámica funcione para todas. Pocas parejas invierten los papeles, donde el marido se somete a la esposa, una dinámica matrimonial extendida aunque rara vez mencionada que la sociedad finge que no existe porque se considera un comportamiento incorrecto. Un papel relativamente reciente del hombre es el de "amo de casa". Algunos hombres son felices quedándose en casa al cuidado de los hijos en tanto la esposa sale a trabajar. Existen parejas que trabajan y comparten los quehaceres del hogar y el cuidado de los hijos, pero nunca es equitativo, por lo que todavía tienen luchas de poder, aunque menos.

Jamás se me va a olvidar, la primera etapa de representar el papel de "su esposa" cuando ya estábamos casados. Un día me pasé horas limpiando cada centímetro del departamento. Cuando mi esposo llegó en la tarde a la casa, encontró una mesa puesta muy bella y la cena hirviendo en la estufa, al estilo de la revista *Good Housekeeping*. No pareció darse cuenta, así que, feliz, le señalé mi obra de arte doméstica. Él se dirigió a la ventana, pasó el dedo sobre la persiana y me enseñó la mugre que no quité. Me enfureció. Ya había visto a un imbécil hacer lo mismo en una película. Algo estalló en mi interior y desperté de mi sueño de "felizmente casada".

Después de muchas discusiones en las que me decía que mi responsabilidad era la casa porque él era quien ganaba el dinero, por fin le dije: "¡Vete al carajo!" Yo trabajaba a diario en mi estudio de arte, pero a partir de ese momento, compartiríamos los quehaceres de la casa. Su molesta costumbre de dejar los zapatos en la sala terminó cuando los puse en el congelador. Al final de nuestro primer año de casados, cualquier parecido con un matrimonio tradicional se desvaneció. Mis exigencias de igualdad no ayudaron a nuestra ya problemática vida sexual que, con el tiempo, también desapareció. Cuando llegamos a la comezón del séptimo año, nuestro matrimonio estaba destinado al fracaso.

Lo que solía llamar "roles de los sexos" se convirtió en "roles de género". Ambos términos describen las actividades sociales que esperamos que desempeñen tanto hombres como mujeres. Estos papeles, en su mayoría, se dan por un hecho, por tanto rara vez se observan, a menos que alguien ocupe el papel opuesto. Mi amiga Verónica Vera, quien escribió *Miss Vera's Finishing School for Boys Who Want to Be Girls* (*Escuela particular de la señorita Vera para niños que quieren ser niñas*) tiene una de las mejores explicaciones sobre las diferencias entre las estrictas fronteras de la sociedad en cuanto a los papeles de los sexos y el término "género" con el que me topé. Verónica decía que en el pasado reciente, el pensamiento que prevalecía era que el órgano sexual de una persona y la identidad sexual eran una sola cosa y la misma. Jamás se había escuchado el concepto de que una persona pudiera cambiar su identidad sexual, hasta 1952, cuando George Jorgensen se sometió a una cirugía y se convirtió en Christine.

Casi al mismo tiempo, el doctor John Money tomó el término "género" y creó los términos "roles de género" e "identidad de géneros" a fin de aplicarlos en su trabajo en el Johns Hopkins, el primer hospital estadounidense en realizar una cirugía de cambio de sexo. Se volvió en un dios de los géneros, convirtiendo en bebitos con penecitos a niñas, así como retirando quirúrgicamente el gran clítoris de las bebitas. Junto con una comunidad próspera de trasvestis (los que se visten del sexo opuesto) y transexuales (personas que se operaron para cambiar de sexo), tenemos un grupo políticamente activo de intersexuales (personas con genitales ambiguos) que quieren continuar como nacieron.

No es ninguna sorpresa que hombres y mujeres estén contentos de estar limitados por lo que la sociedad llama un comportamiento masculino o femenino "normal" definido por nuestros genitales. Cualquier persona que no se conforme con estos papeles que creó la sociedad, se dice ahora que sufre de "disforia de géneros". En la *Escuela particular de la señorita Vera*, la disforia de género se convierte en "euforia de géneros". Un hombre que se identifica como tal en la vida cotidiana, se toma unas vacaciones de su masculinidad para explorar su lado femenino, y permitirse así ser una persona más completa. Muchos trasvestis son heterosexuales, en tanto que otros son homo o bisexuales. Lo mismo sucede con las mujeres que quieren vestirse como hombres.

Cuando me desligué del papel femenino tradicional a mediados de la década de los setenta, estuve un tiempo con la cabeza rapada y usando traje de faena estilo militar y botas. Con respecto a cuán diferente se comportó la gente conmigo al hacerme pasar por un muchachito fue una experiencia increíble. En los restaurantes esperaba menos tiempo, en general me trataban con más seriedad, recibía mayor espacio físico en público y los hombres ya no se me insinuaban ni me chiflaban. Incluso cuando se me acercaba un gay, su trato era más directo y honesto que los hombres heterosexuales comunes y corrientes que, ansiosos, se comen con los ojos a una chica.

La androginia que tanto me encantaba en la década de los setenta está de regreso. Me dijeron que algunos universitarios utilizan los términos "heteroflexible" y "homoflexible". Un grupo de jovencitas que van a la Universidad de Nueva York me dijeron que eran LHG: lesbianas hasta graduarse. Todo esto me parece muy positivo. Borrar las diferencias entre los sexos proporcionará oportunidades más equitativas en otras áreas. El día que exista una variedad de géneros, tendremos una mayor libertad social y sexual.

La verdad es que todos somos andróginos, con ambos rasgos femeninos y masculinos, incluyendo genes, células, cromosomas y hormonas. En el vientre, los órganos sexuales masculinos se desarrollan a partir de los órganos sexuales femeninos. Podemos representar muchos papeles y disfrutar una variedad de delicias eróticas más amplia, a pesar de las dos dimensiones de "Yo Tarzán, tú Jane" con las cuales una relación sexual heterosexual pene/vagina se considera "normal". Los diferentes papeles sexuales que representan hombres y mujeres no son "naturales", sino creados por la sociedad.

Mi primer papel sexual feminista consciente fue elegir ser una *soltera*, pues reclamé la misma libertad sexual que siempre han disfrutado los solteros. Otras feministas rechazaron mi idea de la liberación sexual y me acusaron de estar "identificada con los hombres". Como liberal sexual, ignoré a las feministas matriarcales. Cuando me di cuenta que podía diseñar mi vida sexual aplicando el mismo proceso creativo que usé para pintar un cuadro, aparecieron muchos papeles sexuales. Cuando me preguntaban mi preferencia sexual, con frecuencia contestaba: "Soy una obra en desarrollo".

Después de la menopausia, quería probar algo nuevo y diferente a nivel sexual. Una amiga mía pertenecía a un grupo de lesbianas y mujeres bisexuales que consideraban el sexo como un intercambio de poder consciente entre dos o más personas. Intrigada, me uní al grupo. Nos disfrazábamos para tener sexo, jugábamos con los papeles dominantes y sumisos, usábamos ataduras eróticas y compartíamos sensaciones intensas de placer. Vaya revelación para una idealista como yo, que todavía luchaba contra la creencia de que podría haber amor entre iguales.

En la mayoría de las relaciones homosexuales o heterosexuales, una de las partes domina y la otra se somete. Yo simplemente no me lo imaginaba. Aun cuando las parejas cambian una y otra vez, la estructura de poder de "arriba y abajo" en cierto grado persiste. De hecho, es bastante práctico. Cuando dos personas están "abajo", sexualmente no sucede mucho porque ninguna toma la iniciativa. Si las dos están "arriba", el sexo en pareja se puede convertir en una ronda de lucha libre para ver quién lo logra primero y tiene que decir "me rindo" antes de que logre tener un orgasmo.

Cuando una pareja elige de manera consciente jugar diferentes papeles, libera y divierte. Eric y yo hemos compartido una variedad de papeles desde que vivimos juntos. Cuando se trata de papeles diferentes basados en el núcleo familiar, nos turnamos. Él es una figura materna maravillosa, asegurándose de que me cuide. Muchas veces es mi papi. Eric es hijo único, mientras que yo crecí con tres hermanos. Soy la hermanita que nunca tuvo, su mami y también su abuelita.

En lo referente a la administración del negocio, estuvimos de acuerdo en que yo soy la jefa pero también admitimos que este papel se confunde con el de "madre" cuando le digo qué hacer. Por ende, cuando trabajamos juntos, sigue existiendo una lucha de poder. Entiendo que sus resentimientos se deben a que lo crió una madre autoritaria, como soy yo con él. El ingrato papel de ser un madre dando órdenes a los hijos es universal. Mi estilo de liderazgo con frecuencia es similar al de una crítica madre dominante. Estoy tratando de convertirme en una abuela inteligente que alaba a su nieto en vez de criticarlo constantemente. Como no horneo galletas, hago hincapié en premiar a Eric llevándolo a cenar una vez a la semana a su restaurante favorito.

Como maestra/o y estudiante, nos turnamos. Eric llegó a mi vida con muchas habilidades sexuales y yo tenía un caudal de experiencia. Esta combinación nos permite descubrir mucho acerca del sexo en pareja juntos. Constantemente experimentamos con posiciones e intentamos distintos ángulos de penetración y estimulación en el clítoris. Como tiene tanta testosterona y energía juvenil, por lo general él inicia la relación sexual y muchas veces yo la termino. Tengo más habilidades sociales y él está aprendiendo a interactuar con otras personas, además de mí.

Como compañeros de cuarto, acordamos en la forma de compartir el trabajo en el departamento sin la tradicional división de labores. Él cocina mejor que yo, pero tengo la responsabilidad de estar al pendiente del agua destilada para tomar que hierve en la estufa porque se le olvida. Cree que tengo un TOC (trastorno obsesivo-compulsivo) por tener todo en su lugar, mientras yo estoy convencida de que él tiene un TSMO (trastorno de "se me olvidó") cuando se le olvida regresar las cosas a su lugar.

Nuestra relación intergeneracional nos permite despreocuparnos y divertirnos. Como no rivalizamos, nuestro juego de fantasía favorito para representar papeles es el de "la Dueña y el Cachorro". Es un juego extravagante que nos divierte y nos hace querernos. Cuando él es mi cachorro precioso, soy su ama senil que le da amor incondicional puro y afecto. Aun cuando conozco personas que abusan de los animales, la mayoría de quienes tienen un perro o un gato conocen el amor ilimitado que existe entre ellos y su mascota. Así como un cachorro o un gatito abre su corazón normalmente protegido hacia las emociones de la ternura, Eric abre el mío cuando es mi perrito. Para mí, la dulzura del amor incondicional y el calor del deseo sexual es una combinación extraordinaria que jamás había experimentado.

La dinámica psicosexual del sexo intergeneracional rara vez se ha explorado con una situación donde la mujer es la mayor y es quien tiene el poder. Gran parte de nuestra compatibilidad se basa en la diferencia de edades, la franqueza respecto al intercambio de poder y la conversión del desequilibrio de poder en un delicioso juego. El reto al que me enfrento es parecido al de un esposo que gana más dinero que su esposa: no abusar de mi poder. El desafío de Eric es no manipularme siendo tan encantador para que yo siempre haga las cosas a su manera. Mientras tanto, seguimos disfrutando en privado o con algunos amigos cercanos el juego de "la dueña y el cachorro". Cuando salimos en plan social, es mi guapo y joven asistente.

Una noche, Eric tuvo un ataque de TSMO y olvidó llamarme para avisar que llegaría a casa al día siguiente. Estuvo jugando cartas con los muchachos y, como se le hizo tarde, decidió quedarse. Habíamos acordado que, si no iba a llegar a dormir, siempre llamaría. Enferma de preocupación hasta que apareció, estaba furiosa y ya no quería nada con él. Le dije que tenía que mudarse y no quise hablarle en todo el día.

Esa tarde, estaba sentada en la cama viendo televisión cuando escuché un ladrido suave. Ahí estaba, desnudo sobre sus manos y rodillas con una rosa en la boca viéndome desde la esquina de la puerta de mi recámara con una mirada lastimera estilo cachorro. Una vez más, el coraje que sentía se convirtió en amor incondicional. Invadida por un perdón súbito, di unas palmadas sobre la cama para que él brincara. Se acurrucó junto a mí y puso su cabeza sobre mi regazo. Conforme acariciaba sus oscuros rizos, se desvanecía mi rabia. Siempre me costó trabajo perdonar a los hombres en mi vida, pero podía perdonar fácilmente a mi cachorro.

No dudo que todas las relaciones en pareja que se disfrutan se basan en el perdón, el compromiso y la aceptación. Los psicólogos Andrew Christensen y Neil S. Jacobson escribieron el libro *Reconcilable Differences* (*Diferencias reconciliables*) que es muy lógico. Su planteamiento es que, en lugar de obligar a que el otro cambie, cosa que siempre hice antes, las parejas deben empezar por aceptar las diferencias del otro y valorar su personalidad y comportamiento individual. Los autores de la *terapia de aceptación* señalaron que cuando las personas se sienten presionadas para que cambien, suelen ponerse a la defensiva y alejarse o se rebelan. Cuando se sienten aceptadas y comprendidas, es más probable que estén dispuestas a cambiar. La aceptación y la compasión unen más a las parejas.

Este ejemplo es perfecto: Al principio, me molestaba que Eric dejara levantado el asiento de la taza del baño después de hacer pipí. Durante semanas intenté diferentes formas de hacer que bajara la tapa porque se veía mejor. Mi primera táctica fue cobrarle un dólar cada vez que dejara la tapa levantada, pero eso significaba que debía anotarlo en cada ocasión. Con el tiempo, se convirtió en un fastidio. Mi siguiente táctica fue pararme en el baño y gemir como sirena hasta que llegara, me tapara la boca y bajara la tapa. Fue divertido durante un rato, pero después también se volvió aburrido. Finalmente, un día me di cuenta que si yo bajaba la tapa, estaba pagando un precio muy bajo por el placer que compartíamos. Cuando le dije que ya no me importaba la tapa del asiento, se acordaba de bajarla con más frecuencia.

Una de las principales luchas de poder entre parejas se basa en el deseo de que el ser amado le pertenezca. Cuando me comportaba bajo el papel femenino tradicional, la monogamia era determinante para tener sexo y los celos eran naturales. Los celos me reducían a una masa gimoteante de lágrimas o me enojaba y competía y pensaba, "Bueno, los dos podemos jugar este juego". En el instante que veía a mi novio observando a otra mujer, coqueteaba con cada hombre que se cruzaba en nuestro camino. Pero la venganza nunca me hizo sentir mejor; de hecho, terminaba sintiéndome tan vil que no me gustaba.

Ese temor constante y suspicaz de que mi novio sintiera una atracción sexual por otra mujer me tenía en un estado de intranquilidad mental al mismo tiempo que vigilaba cada uno de sus movimientos cuando socializábamos. En cuanto intentaba controlar a cada amante, los celos ocasionaban muchos pleitos amorosos violentos con enfrentamientos a gritos, acusaciones, amenazas y lágrimas.

Mi lucha por aprender a amar a alguien sin exigir la monogamia se remonta a la década de los sesenta, cuando Grant y yo empezamos a explorar el sexo juntos. Cuando se me presentó la opción de seguir siendo posesiva y tener sexo con un hombre a la vez o superar los celos y disfrutar el sexo con múltiples parejas, elegí sabiamente la abundancia sexual por encima de la ilusión de la seguridad que, según esto, proporciona la monogamia.

El primer año en que sí luché contra los celos fue una guerra interna que con el tiempo gané. Los frutos de mi lucha emocional reclamaban mi poder sexual y mi identidad personal. En vez de convertirme en la mitad de una pareja, me convertí en una persona completa. Por desgracia, la sociedad hace muy poco por las mujeres sexual y económicamente independientes. El *statu quo* es una amenaza para nosotras.

Cuando cumplí 40 años, amar a otra persona significaba honrar su libertad, no se trataba de tomar un rehén a quien se le debiera cuidar día y noche para tener la seguridad de que continuara siendo de mi propiedad sexual privada. En cambio, mis amantes y yo nos tratábamos más bien como amigos que respetaban la integridad e independencia personal del otro. Aun cuando lo anterior suene como si yo fuera de otro planeta, piénselo por un momento.

Las personas que aman y exploran el sexo no difieren de los entendidos en alimentos, de científicos aplicados o de otros que dedican su tiempo a la búsqueda de un interés en particular. Cuando era una artista que dedicaba largas horas a la pintura, me admiraban y premiaban. En cuanto me interesó ocupar mi tiempo en la búsqueda del sexo, me etiquetaron como "ninfomaníaca" o, en épocas recientes, "adicta al sexo".

Esta parte comprueba que soy terrestre. Después de todos esos años destinados a honrar la independencia sexual de la gente, me impresionó regresar a las emociones puras que provocan los celos cuando empecé mi relación con Eric. Debido a nuestra diferencia de edades, estaba segura de que tarde o temprano encontraría a una joven bonita y saldría corriendo. El hecho de pensar que perdería a mi reciente fuente de felicidad sexual me provocó tal ansiedad que quería terminar con él lo más rápido posible. Por un momento lo empujaba a los brazos de otras mujeres y al siguiente lo recuperaba. Finalmente, mi inteligencia se hizo presente y superó a mis emociones. Dejé de intentar controlarlo. Robarle la libertad de elegir era una forma de abuso, no de amor.

En esa ocasión, mis enfrentamientos contra los celos fueron mucho más desafiantes por varios motivos. Antes, mis amantes y yo teníamos nuestros propios departamentos, dándonos una mayor libertad de llevar una vida separados. Vivir bajo el mismo techo con otra persona crea una serie de patrones cómodos que conducen a muchas más dependencias. Otro punto era mi edad. Era mucho más fácil practicar la monogamia cuando era una mujer guapa de 40 años con muchos años por delante. Como persona mayor, ya veo el final de mi vida, en tanto Eric ve el principio de la suya.

La gracia que me salva es el saber que la mejor forma de tener éxito en una relación en pareja intergeneracional es que la persona mayor no posea sexualmente a la joven. Durante la época en que todo era seguro y estaba al alcance, tuve una vida sexual fabulosa. Eric apenas empieza su viaje sexual y yo tengo la firme creencia de que la experiencia es esencial para el dominio de cualquier arte, incluso el sexo. Quiero que disfrute una vida sexual con mujeres de todas las edades. No siempre es fácil, pero tampoco lo es el proceso democrático. Las libertades civiles incluyen el derecho de una persona a elegir cómo practica el sexo.

Para mí, los celos primero se sienten como coraje, luego bajan en intensidad a dolor y por último, en el fondo, a la inseguridad y el temor al abandono que probablemente se remonta a papi. Es desquiciante porque sé que el concepto de seguridad es una vil ilusión. Mis recientes arranques de celos me hicieron ver que debía relajar el músculo emocional que sufre un espasmo y aprisiona con sentimientos negativos basados en la inseguridad. En vez de tratar cada sentimiento como un factor que dicta mi realidad, como mujer mayor y sabia que soy podía elegir cómo responder.

En cuanto los celos empiezan a rondar mi conciencia, reconozco el sentimiento, pero no le permito que dicte mis acciones o abuse de mi proceso de toma de decisiones. Sentirse culpable o celoso es como una mala costumbre o una droga que crea adicción. Así como lo hice cuando dejé de tomar drogas, me digo que prefiero detenerme. Es parecido a dejar de fumar. Cuando tengo ganas de fumar, digo: "No dependo de la nicotina". Luego repaso mi lista de todas las razones por las cuales ya no fumo. La medida de cualquier compromiso es la lucha entre el sí y el no y cuándo elegir uno por encima del otro.

Mi lista contra los celos es más o menos así: los celos son una emoción destructiva. Tengo el derecho a elegir la abundancia sexual por encima del carácter posesivo. Los celos sólo me lastiman a mí y a la persona que digo amar. Exigir monogamia es la fuente de los celos. Una actitud sexual posesiva no cura el temor a una pérdida. Muchas personas pierden a su pareja en accidentes mortales. Los celos provocan que la gente dañe e incluse mate a otros en nombre del amor. El concepto de tener sexo con una sola persona toda una vida es ridículo para quienes ven la práctica del sexo como una forma de arte.

Muy pocas parejas tomarán en consideración abandonar la monogamia y manejar el caos emocional que resulta de los sentimientos provocados por los celos. Sin embargo, me gustaría recordar a las mujeres que la monogamia se inventó para asegurar la paternidad de un hombre al controlar nuestro comportamiento. Aun cuando todos los hombres pudieran aceptar ser fieles, muy pocos pretenden serlo o, de hecho, lo son. Los llamados maridos monógamos gastan miles de millones de dólares en todo tipo de entretenimiento sexual, incluyendo amantes, prostitutas, salones de masajes, bares con chicas con el torso desnudo y mujeres que les bailen sobre las piernas. Mientras tanto, la sociedad continúa usando a las esposas como la fuerza policial moral no remunerada, responsable de hacer cumplir la fidelidad sexual.

Un amigo mío llevaba 16 años siendo fiel. Justo después de cumplir los 40 años, la calentura lo llevó a una aventura de una noche en una conferencia. Cuando su esposa encontró la tarjeta de presentación de una mujer en su traje, lo enfrentó y, como él se sentía muy culpable, confesó. Durante los siguientes dos años, su esposa lo castigó evitando tener sexo con él y constantemente le recordaba que jamás podría volver a confiar en él. ¿Le suena? Como mujeres, se nos olvida que podemos ofrecer nuestra propia categoría de abuso sexual. A pesar de que afirmamos que nuestro coraje es una respuesta normal a una "traición sexual", en realidad nos regodeamos ante nuestra indignación justificada. En la televisión o el cine, siempre vemos a otras mujeres hacerlo. Nos lavaron el cerebro para hacernos creer que los celos son signo del "amor verdadero".

Uno de los motivos por los cuales los hombres no hablan abiertamente en contra de la monogamia es porque quieren mantener el criterio sexual actual. Mientras estos maridos creen que tienen derecho a acostarse con quien sea, nunca aceptarían que sus esposas reclamen la misma libertad. Después de treinta años de una esposa monógama, una mujer descubrió que su marido la había engañado varias veces durante su matrimonio y decidió que si para él estaba bien, también lo estaría para ella. Suzanne me pidió que la asesorara en su primera aventura amorosa extramarital. Aun cuando tenía poco más de 50 años, se comportaba más como una adolescente teniendo relaciones por primera vez. Su única pareja sexual había sido su esposo.

Mi sugerencia fue la siguiente: como mujer madura, no debía esperar un periodo de tiempo obligatorio antes de tener sexo. Recibir sexo oral sería seguro para su pareja, pero ella tendría que saber más sobre él para ser totalmente recíproca. El sexo manual sería una opción segura. Cuando se tratara de la relación sexual, no debía confiar en que un hombre contara con un condón o pensara que sabría cómo usarlo de manera correcta. Dedicamos toda una sesión para que aprendiera a poner un condón sobre un consoldaor y que practicara hasta que lo hiciera con facilidad. Tuvo una aventura durante un año con un casado. A fin de cuentas, nunca tuvieron relaciones sexuales. El tipo era católico y no quería engañar a su esposa. Así que hicieron todo lo demás, lo cual a ella le funcionó. Descubrió que era muy emocionante tener una aventura y esperaba cada uno de sus viajes de negocios a Europa hasta que se acabó la relación.

A pesar de que Suzanne nunca le dijo a su esposo sobre la aventura, sí le comentó que tenía poco de haber aprendido a tener orgasmos con un vibrador eléctrico y que quería usarlo sólo cuando tuvieran sexo juntos. De hecho, tenía diez años usando un vibrador a escondidas de su esposo porque estaba convencida de que si se enteraba, sería muy difícil para él. En cambio, estaba emocionado con su esposa recién orgásmica y tuvieron un renacimiento sexual.

Contrario a lo que digan los moralistas, una aventura que se mantiene en secreto incluso puede unir más a una pareja. Con frecuencia valoramos mucho más a nuestro cónyuge después de tener relaciones sexuales con otra persona. La idea o fantasía de tener sexo con una nueva persona por lo general es mejor que la experiencia misma.

Muy pocos grupos han intentado evitar la problemática de una persona que le pertenezca a otra en nombre del amor. La comunidad Oneida era un grupo religioso donde se alentaba a que los miembros no tuvieran lazos permanentes porque dividía al grupo. Con el tiempo, se formaron parejas y el grupo fracasó. En las décadas de los sesenta y setenta, había comunas que eran comunidades intencionadas donde los integrantes hacían el esfuerzo de superar la monogamia y de iniciar una mayor libertad sexual. Las parejas casadas denominadas "desinhibidas" siguen teniendo sexo con otras parejas. En fechas más recientes, hay personas que se identifican como poliamorosas. Creen que se puede amar sexualmente a más de una persona. En todas estas alternativas, el sexo sigue siendo un factor.

Hoy en día, muchas personas sostienen que la amenaza de una enfermedad es un riesgo demasiado alto y utilizan el temor a contraer el sida como un motivo o una excusa para ser monógamas. Algunos hombres y mujeres sienten inseguridad cuando se enfrentan a la idea de tener sexo por primera vez con otra persona: les gusta la monogamia. Otros sospechan que son malos en la cama y que tener sexo fuera del matrimonio es una gran amenaza: prefieren la monogamia. Un hombre dijo que era monógamo por flojo.

Como los celos parecen ser tan inevitables como la guerra, la mayoría de las parejas mantienen la política de "Si no preguntas, no te digo". Quizá ésta sea la solución más sencilla para las parejas que se distancian. Una amiga mía tiene un amante de fin de semana y él piensa que ella es monógama. No tiene idea de que disfruta de aventuras sexuales ocasionales entre semana. Muchas esposas dicen tener sospechas de que sus maridos les son infieles, pero no quieren saberlo. Algunas mujeres dicen que no les importa si sus esposos se echen una cana al aire siempre y cuando regresen a casa con ellas. Otras parejas casadas tienen tan mala relación entre sí que no les importa lo que el otro haga sexualmente. Es rara la pareja que se excita uno al otro al describir con detalle su relación sexual extramarital, pero existe.

Ya sea que las mujeres controlen, nieguen o expresen los sentimientos que les provocan los celos, yo espero que aprendan a dejar de enaltecer la emoción como si se justificara y que observen con honestidad qué están haciendo. Estamos programadas para aferrarnos a los celos y alimentar estos sentimientos devastadores de la pérdida y el abandono. El concepto de posesión sexual y los celos no son naturales, como muchos suponen. Los celos son una respuesta aprendida que surge del mito del amor romántico. Se nos promete tener sexo apasionado con otra persona que se dedicará exclusivamente a nosotras por el resto de nuestra vida. Hoy en día, la única alternativa para la monogamia es aceptar una monogamia en serie, donde las personas tienen varios o muchos matrimonios.

Estoy convencida de que los celos se convierten en un cáncer que acaba con nuestra autoestima, fuerza interior y creatividad. A quien le interese manejar el sentimiento devastador de posesión sexual y superar el temor a la pérdida, éstas son algunas acciones que yo tomé para curarme.

1. Cuando los celos son tan intensos que me hacen sentir físicamente enferma, me masturbo hasta tener un orgasmo y reafirmo mi valor sexual con más amor a mí misma.
2. Cuando me siento dolida por creer que me excluyeron, le digo a mi pareja cómo me siento sin enojarme o culparlo.
3. Cuando el comportamiento de mi pareja lastima mis sentimientos, en vez de revirársela y lastimarlo/la, recuerdo que la venganza, el castigo y el desquite es como escupir frente a un ventilador y que te rebote en la cara.
4. Cuando vamos caminando por la calle y a mi pareja se le salen los ojos por una chica tipo estrella de cine, empiezo a ver a otras personas en tanto le hago comentarios de lo bien que se ven.
5. Cuando me imagino que me dejan por alguien más, en vez de ensayar la ruptura de nuestra relación, regreso al momento actual y valoro la alegría que compartimos.
6. Si creo que mi pareja se divierte más que yo, pongo mayor atención a la forma en que puedo mejorar la calidad de mi vida y me disfruto más.

En vista de que es muy probable que el ideal de la monogamia continúe resistiendo o, al menos, sufra un cambio muy gradual, debemos encontrar una forma de perdonar a nuestro ser amado por la transgresión sexual ocasional que pueda provocarnos. El amor tiene la capacidad de liberar. Amar a otros no significa limitar su comportamiento y después castigarlos si rompen una regla moralista que para la mayoría es irreal. Eso no es amar a alguien, es controlar. Tal vez llegará el día en que la gente se ame lo suficiente para eliminar la esclavitud de parejas sexuales. Hasta entonces, prefiero ser optimista mientras practico el sexo sin ser posesiva.

6
¿Te veniste?

El misterio del orgasmo femenino

El orgasmo femenino se ha descrito en incontables baladas románticas y evaluado bajo las brillantes luces del escrutinio científico, pero sigue siendo un misterio. El orgasmo sexual es una de mis metáforas favoritas de la vida: con frecuencia experimento esos elevados momentos de placer en mi cuerpo, mente y alma, pero nunca puedo describir con palabras qué sucede. He tenido algunos orgasmos que apenas son perceptibles, otros se sienten tan bien como un estornudo, y luego están esos orgasmos que me dejan como una masa trémula de máxima delicia en tanto trasciendo en el tiempo y el espacio, encumbrándome por el universo lleno de estrellas. Pero ahí voy con otra descripción del orgasmo que se anexa a los mitos románticos ya existentes.

Después de cuatro décadas de observar a escala social y profesional los orgasmos femeninos, incluso he recurrido a la tediosa pregunta de: "¿Te veniste?" Con razón tantos hombres tienen la misma pregunta en los labios. Una de las razones por las cuales a las mujeres les disgusta la pregunta es porque muchas no tenemos un orgasmo durante el sexo en pareja. A veces, la mujer misma no sabe si se vino o, en algunos casos, finge el orgasmo deliberadamente. Debido a que los hombres con frecuencia miden su capacidad sexual de acuerdo con la respuesta femenina, las mujeres que no tienen orgasmos se preocupan de que sus amantes puedan alejarse. De tal modo que, si mentimos para proteger su ego o admitimos la verdad, sentimos que nuestra respuesta sexual es inadecuada.

No existe una ley donde se establezca que todas las mujeres deben tener un orgasmo. Muchas dicen disfrutar el afecto y la cercanía de la relación sexual sin un clímax. Aun cuando es cierto que una mujer orgásmica no tiene que venirse en cada relación sexual, si a veces no se viene, tarde o temprano visualiza el sexo como una rutina aburrida. ¿Por qué algo tan fundamental como un orgasmo sigue escapándosele a tantas mujeres o se torna un proceso doloroso de aprender? Creo que la respuesta radica en algún punto entre la información romántica errónea de que el enamorarse automáticamente incluye el sexo en pareja con orgasmos, la represión de la masturbación femenina y que a las mujeres no les enseñen habilidades sexuales.

La mayor tragedia para las mujeres en la historia reciente se dio cuando el doctor Sigmund Freud formuló su teoría de que el clítoris era una fuente de placer infantil y que en cuanto una mujer se rinde al acto sexual, la excitación que en algún momento sintió en el clítoris, se traslada a la vagina. Una podría preguntarse cómo llegó a esta conclusión si él no tenía clítoris o vagina. Tal vez la señora Freud fingía de vez en cuando para mantener feliz a su esposito. Aun cuando era un hombre brillante y valiente, su infame teoría ha impedido que un gran número de mujeres tengan orgasmos. A pesar de la amplia evidencia de que el clítoris es la fuente del orgasmo en casi todas las mujeres, el orgasmo vaginal como resultado de la relación sexual a la fecha sigue siendo el tipo de sexo en pareja preferido.

Cuando cumplí mi mayoría de edad en la década de los cincuenta, estaba desesperada por ser "sexualmente madura". Lo anterior representaba excluir la masturbación y recorrer el tedioso proceso de aprender a venirme gracias al pene de un hombre moviéndose en mi vagina. No era nada fácil. Después de muchos aciertos y errores y clímax fallidos, descubrí que si, durante la relación sexual, yo estaba arriba y establecía un ritmo, *a veces* podía alcanzar el clímax. Cuando encontré un amante que podía mantener una erección al menos 15 minutos (que no era sencillo), de todas maneras tardé semanas en sentirme lo bastante segura para tener sexo estando yo arriba. En ese momento, él se convirtió en la fuente de todos mis orgasmos. Al segundo año de relación, uno dejó de interesarse en el otro y terminamos. De nuevo regresé a la masturbación "inmadura" en el clítoris.

Cuando William Masters y Virginia Johnson llamaron la atención hacia la primacía del clítoris en la década de los sesenta, yo ya estaba divorciada y disfrutando de relaciones sexuales combinadas con estimulación manual directa en el clítoris. Masters y Johnson afirmaron que los orgasmos en el clítoris y la vagina no eran entidades biológicas separadas, que independientemente de la fuente de estimulación, todos los orgasmos se centraban en el clítoris. Después, de manera sorprendente, contradijeron sus propios descubrimientos al describir una estimulación indirecta en el clítoris tan extraña, que se degeneró en una versión modificada del orgasmo vaginal. Aseveraron que el vaivén del pene ejercía tracción en el orificio vaginal, sobre todo en los labios menores, ocasionando que la cubierta en el clítoris se mueva con el vaivén y estimule la punta del clítoris. Al final, el señor Pene retuvo su corona como la fuente más legítima del orgasmo de una mujer.

En la década de los sesenta, también descubrí los escritos de Wilhelm Reich, alumno de Freud. En su libro *The Function of the Orgasm* (*La función del orgasmo*), Reich no sólo describe el proceso del orgasmo, sino también la necesidad de experimentar una liberación sexual consistente. Al igual que Freud, él creía que una mujer podía alcanzar el clímax a partir de una relación sexual si el hombre era potente. Freud y Reich nunca llegaron a leer el informe Kinsey, que establece el tiempo promedio de vaivén con una erección total después de la penetración de los estadounidenses en dos minutos y medio. Ese periodo es apenas suficiente para que me interese en el sexo, y ni hablar de tener un orgasmo.

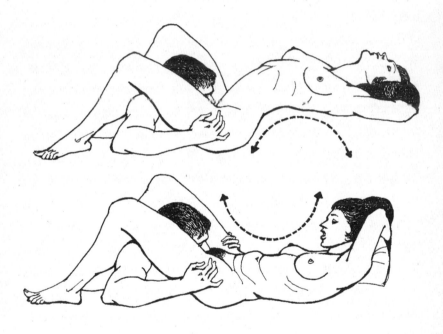

El arco de la histeria. *Wilhelm Reich, el reconocido investigador sexual, describió esta posición. He visto esta posición durante muchos años en una gran cantidad de mujeres. El arco se ve bien y a menudo se describe en forma gráfica en películas y videos porno. Sin embargo, cuando una mujer se mueve y el área genital queda hacia el piso e inclina la cabeza hacia atrás, literalmente reduce gran parte de la sensación de sus genitales. Con el vaivén hacia adelante, cuando la pelvis se encoge para recibir la estimulación en el clítoris y la cabeza encorvada hacia arriba en el otro extremo, representa una respuesta orgásmica más auténtica.*

Aun cuando difiero de Reich en la función del clítoris, estoy de acuerdo con él en muchas otras ideas suyas acerca del orgasmo y el sexo en pareja. En otro de sus libros, *The Sexual Revolution* (*La revolución sexual*), Reich habló de la "heterosexualidad compulsiva" y del "matrimonio monógamo compulsivo" como problemas y no como vacas sagradas, un concepto muy radical que me intrigó bastante puesto que yo había cuestionado ambos términos en mi propia vida.

En 1970, la Comisión Presidencial sobre Obscenidad y Pornografía recomendaba la revocación de todas las leyes que prohibieran la distribución de material sexual explícito para adultos que realizan un acto por su propia y libre voluntad. Las compuertas se abrieron cuando artículos y libros feministas empezaron a pormenorizar los conocimientos tradicionales de la sexualidad femenina, formulados por investigadores varones. El primer artículo que me inspiró a actuar fue "The Myth of the Vaginal Orgasm" ("El mito del orgasmo vaginal") de Anne Koedt. Estaba tan impresionada, que hice una cita para verla y conseguir la reimpresión de su artículo para entregárselo a todas las mujeres en mi grupo de CR.

En 1971, mi arte y mis puntos de vista sobre la sexualidad aparecieron en una entrevista en *Evergreen*, una revista vanguardista publicada por Grove Press. El artículo contenía amplias muestras de mis pinturas eróticas, junto con afirmaciones positivas sobre la importancia de la masturbación en pro de la liberación sexual femenina. Ello condujo a que un editor de la recién formada revista *Ms.* me solicitara un artículo sobre la masturbación. Cuando presenté 17 páginas bajo el título de "Cómo liberar la masturbación", los editores temían que mis puntos de vista provocaran que las mujeres cancelaran su suscripción. Me dijeron que tal vez publicarían mi artículo después, cuando consideraran que era el momento adecuado. Furiosa al pensar que feministas me habían censurado, publiqué varias miles de copias y empecé a distribuir la información por mi cuenta.

Mientras muchas feministas luchaban contra mis conceptos sobre la liberación sexual de la mujer, a los profesionales del sexo les interesó. Ed Brecher, un conocido autor e investigador sobre el sexo, me apoyó en gran medida. Estuvo de acuerdo en que la mayoría de las mujeres podían aprender a tener orgasmos por la masturbación y que después usaran esos conocimientos para tener orgasmos con una pareja. Wardell Pomeroy, que trabajó con Alfred Kinsey, y Albert Ellis, quien escribió cientos de libros acerca del sexo, también apoyaron mis puntos de vista respecto a la importancia de la masturbación femenina. Alex Comfort se desilusionó mucho cuando no quise hacer las ilustraciones de línea para *The Joy of Sex* (*La alegría del sexo*). Sin embargo, sí ilustré *The New Sex Therapy* (*La nueva terapia sexual*) de Helen Kaplan. En esa época, la doctora Kaplan dirigía el programa de terapia sexual en la clínica Payne Whitney del Hospital de Nueva York.

Kaplan vino a mi estudio el día que contraté a un fotógrafo para tomar fotos de posiciones sexuales que habíamos discutido. Mientras Grant y yo hacíamos las poses desnudos, Helen nos indicaba cómo hacer esto o lo otro. Después de mostrarle mi posición preferida de ángulo derecho, donde yo me estimulaba el clítoris durante el coito, le supliqué con pasión que incluyera una ilustración en su libro. Apareció, pero incluía un enunciado sin conocimiento alguno, diciendo que una mujer se estimula hasta cierto punto antes del orgasmo *y se detiene*. Después alcanza su clímax debido al "vaivén vigoroso" del pene de su pareja, teniendo así un "orgasmo coital". Kaplan decía que si una mujer requería de estimulación hasta el orgasmo durante la relación sexual, no necesariamente representaba el fracaso de un tratamiento, pero su parcialidad era tan clara como el agua.

My Secret Garden (*Mi jardín secreto*) de Nancy Friday se publicó en 1973 y, aun cuando el contenido de las fantasías sexuales femeninas alarmaron a muchos, su libro vendió millones de copias. Su gran número de informantes dejaron en claro que las mujeres no sólo se masturbaban, sino que lo hacían con imágenes que eran obscenas y muy impropias de una dama. La revista *Ms.* ni siquiera quiso mandar a revisión el libro de Nancy, pero finalmente publicaron un par de páginas de mi artículo original después de haberlo arrumbado durante más de dos años. En respuesta a su versión tan editada, miles de mujeres escribieron pidiendo más información acerca de la masturbación y el orgasmo femenino.

Al no poder encontrar una editorial que considerara hacer un libro completo sobre la masturbación femenina, en 1974 publiqué y empecé a distribuir *Liberating Masturbation* (*Cómo liberar la masturbación*). Lo mejor de todo fueron las 16 páginas completas de "retratos de los genitales femeninos" en bolígrafo que hice de mis amigas mostrando las diferencias entre los genitales individuales así como la belleza de los órganos sexuales femeninos en general. A pesar de que mi libro se consideró parte de una clandestinidad feminista, yo lo vendía a través de la oficina de correos estadounidense. Yo afirmaba que la masturbación ponía punto final al concepto de la frigidez. Si una mujer puede estimularse hasta tener un orgasmo, sexualmente está sana. "Frígida" es una palabra que los hombres emplean para describir a una mujer que no puede tener un orgasmo en la posición misionera en unos cuantos minutos con el único tipo de estimulación que ellos consideran la correcta.

Lonnie Barbach siguió con su libro *For Yourself* (*Para ti misma*) en 1975. En uno de mis primeros talleres en 1973, ella se paró en la entrada de la puerta para tomar notas. Como Lonnie tenía un doctorado en psicología, su libro ayudó a legitimizar la masturbación, pero diferimos en un punto importante: Yo sentía que la masturbación podría ser suficiente para que una mujer se sienta saisfecha, y ella sólo lo veía como una forma de que las mujeres aprendieran sobre el orgasmo para mejorar el sexo en pareja. Ella también creía en el orgasmo coital, o en enseñar a las mujeres cómo retirar un vibrador para que al menos tuvieran un orgasmo con los dedos de un amante.

El *Informe Hite*, que entró a escena en 1976, fue un estudio extraordinario aunque no científico acerca de la sexualidad femenina. Cuando Shere Hite me mostró su complejo y confuso cuestionario, le insté a que lo simplificara, diciéndole que no había forma de que una mujer se tomara el tiempo de contestar respuestas tipo ensayo. Me equivoqué. Las mujeres que ella contactó a través de los capítulos now y de varias revistas, estaban ansiosas por contar los detalles de su vida sexual. En ese entonces y ahora, su conclusión de que cualquier mujer podría masturbarse fácilmente para tener un orgasmo no aplica para *todas* las mujeres. Ella no tomó en cuenta el prejuicio implícito en su estudio. Las mujeres blancas de clase media y alta que les gustaba el sexo o les interesaba el tema fueron quienes se tomaron el tiempo y la molestia de llenar su cuestionario.

Cualquier investigador sobre sexualidad que tiene el compromiso y la paciencia de reunir información, llevar estadísticas y recopilar cifras, tienen mi eterna admiración. Sin embargo, cuando se trata de presentar sus descubrimientos es de humanos que algunas terminen comprobando su prejuicio subjetivo en aras de la ciencia objetiva.

Como yo terminé mi doctorado en sexología mucho tiempo después, a los 62 años, lo que yo entiendo de la sexualidad femenina se debe principalmente a mi experiencia y subjetividad, con un poquito de objetividad incluida. Durante todos estos años que he impartido talleres sobre el sexo a través de la práctica del mismo, sigo pensando en mí como una artista en vez de una académica limitada por los métodos tradicionales del análisis estadístico. Mi punto fuerte radica en la investigación respetuosa llamada "trabajo de campo". Como una autoproclamada antropóloga sexual, he tenido sexo con originarios de casi todas las ciudades en Estados Unidos y el extranjero. En 1966, cuando empecé a asistir a orgías, me sorprendió ver cuántas mujeres complacían a hombres y fingían orgasmos.

Sin la necesidad de complacer a una pareja, me parece obvio que la masturbación es una ruta más directa para que las mujeres disfruten sensaciones placenteras y orgasmos. Por lo tanto, la forma en que una mujer se masturbe, debe traducirse en sexo en pareja y no al revés. Sé que hay mujeres a quienes no les gusta la estimulación directa en el clítoris. Empiezan y terminan con la estimulación vaginal masturbándose con un consolador. Sin embargo, en todos los años que tengo de observar la sexualidad femenina, jamás vi a una mujer estimularse el clítoris hasta que estuviera por venirse y después tomar un consolador y masturbarse hasta tener un orgasmo.

Aun cuando no hay dos orgasmos exactamente iguales como resultado de la autoestimulación, la mayoría de las mujeres se estimulan el clítoris de forma directa o indirecta, con o sin penetración. El cuerpo responde con movimiento, sin movimiento y diferentes patrones de respiración desde el jadeo hasta contener el aire. Algunas mujeres se mantienen en silencio, mientras otras hacen una variedad de sonidos. La mente puede poner atención a lo que siente una mujer en el cuerpo o enfocarse en sus pensamientos o fantasías sexuales. Durante mis talleres, pocas mujeres ven alrededor del cuarto, en tanto la mayoría mantiene los ojos cerrados, escuchando los sonidos. Después, diseñé un proceso que les permitiera ver lo que estaba sucediendo a fin de poder tener imágenes de diferentes mujeres teniendo sexo.

Tipos comunes de orgasmos

Las siguientes categorías de ninguna forma son las únicas. Representan algunas de las variaciones generales de respuestas sexuales femeninas que he observado a escala social, durante mis talleres y en sesiones privadas. Asimismo, incluí mis propias experiencias. Muchas de estas observaciones también se aplican a los hombres.

Los *orgasmos por presión* por lo general se utilizan en la infancia con algún tipo de estimulación genital indirecta. Todos somos sexuales. En repetidas ocasiones se ha documentado con sonogramas que los nonatos tienen autoestimulación genital. Recuerdo con claridad que desde los cinco hasta los siete años, me mecía jalando una almohada entre mis piernas para tener esa "sensación de hormigueo". Una mujer en un taller dijo que se presionaba el clítoris contra un mueble relleno; otra lo presionaba contra la nariz rígida de un osito de peluche. Algunas pequeñitas juntan las piernas y las aprietan para tener sensaciones agradables y otras continúan haciéndolo en la edad adulta para tener un orgasmo.

El hecho de continuar después de la estimulación indirecta facilitará que una mujer alcance el clímax con el coito. Tal vez por eso se ha negado tanto tiempo el clítoris. En cuanto la mujer tiene un contacto más directo con el clítoris, definitivamente querrá más. Las mujeres que crecieron con una estricta prohibición de tocarse en forma directa hicieron una transición a orgasmos más fuertes al dejar correr el agua de la llave de una tina sobre su clítoris. Otras dicen usar pantalones de mezclilla entallados para excitarse y a muchas más les gustaba el asiento de la bicicleta. De preadolescente, me encantaba montar a caballo antes de que me interesaran los muchachos.

Los *orgasmos por tensión* con fricción genital directa y tensión muscular, son los que la mayoría tuvimos durante la pubertad, en la primera etapa de la edad adulta y, para algunas personas, el resto de su vida. Los orgasmos por tensión dependen de que los músculos en las piernas y los glúteos estén muy apretados y que el resto del cuerpo esté un tanto rígido. Mientras la persona contiene la respiración, durante unos momentos o minutos aplica un movimiento rápido sobre el clítoris o el pene hasta que el orgasmo estalla en una explosión súbita. Debido a que estos clímax son en silencio, muchos de nosotros crecemos masturbándonos así para evitar que nos descubran los hermanos o los padres. A menudo, estos orgasmos rápidos por tensión se presentan en muchos hombres que se vienen con rapidez durante el sexo en pareja.

Un número reducido de mujeres tienen orgasmos sólo con tensión muscular, sin contacto directo genital alguno. Una mujer alcanzó el clímax colgándose de la parte superior de una puerta para crear tensión en todo el cuerpo en tanto se apretaba fuerte el músculo vaginal. Debido a la tensión en sus brazos, tuvo un orgasmo en menos de un minuto. Contrario al hecho de venirse rápido, una amiga mía desarrolló orgasmos por tensión sin contacto en el clítoris en una forma de arte. Ahora que tiene poco más de 50 años, está en excelente forma a causa del ejercicio isométrico que produce al tensarse contra cierto tipo de atadura erótica o manteniendo el cuerpo rígido durante escenas de suspensión elaboradas.

Casi todo mundo está demasiado ocupado para dedicar tiempo al placer del sexo. Por lo tanto, no es de sorprender si digo que los orgasmos por tensión son los más comunes en una gran cantidad de personas. A pesar de que no existe tal cosa como tener un tipo de orgasmo "equivocado", algunos definitivamente son mejores que otros. Cuando una persona dedica más tiempo a la intensificación de la excitación sexual mediante la respiración y el movimiento, y permite que el cuerpo exprese un poco de alegría con sonidos de placer, el orgasmo se convierte en una experiencia más agradable y satisfactoria. El sexo rápido es como la comida rápida; mitiga el hambre, mas no nutre.

Los *orgasmos por relajación* son difíciles de lograr porque es casi imposible estar totalmente relajado mientras uno se autoestimula de cierta forma. Mis primeros orgasmos relajados ocurrieron en la adolescencia con el sexo manual debido al tacto delicado de un novio. Yo era la clásica Bella Durmiente con largas sesiones de besos. Para evitar exhibir cualquier comportamiento de tipo animal, liberaba la intensificación de tensión sexual relajando en repetidas ocasiones todos los músculos. Esto requirió de una mayor concentración, pero sentía que mi reputación estaba en riesgo. Hubo ocasiones en que no pude contenerme y me vencía el orgasmo. Mientras yo no hiciera nada para tener un orgasmo y él no "lo metiera", seguía siendo virgen.

La mejor forma de experimentar un orgasmo por relajación es hacerlo con una pareja. Algunos maestros de técnicas sexuales orientales tienen alumnos que se turnan para dar y recibir sexo manual con una orientación verbal explícita donde les indican a cada uno justo cuándo y cómo variar la estimulación. También les enseñan a no apresurarse, a relajar los músculos pélvicos y a respirar para permitir una intensificación lenta hasta tener el orgasmo. Rajneesh, un maestro tantra de la India, denominó este tipo de clímax como "orgasmo del valle", hundiéndose en la sensación en vez de intensificarlo hasta tener un "orgasmo pico", por lo cual lo llamo un orgasmo por tensión.

Rajneesh le dijo a sus estudiantes que, en el futuro, las personas tendrían un punto de vista diferente acerca del sexo. Él creía que el sexo involucraba más diversión, alegría, amistad y juego que la relación seria de la actualidad. Yo apoyo este concepto de todo corazón y lo incorporé en mi propio planteamiento para enseñar el sexo. Dos de mis héroes, Rajneesh y Wilhelm Reich, terminaron en la cárcel, un indicativo de la forma en que las nuevas ideas sobre la sexualidad amenazan a hombres y mujeres estadounidenses inseguros en puestos gubernamentales.

Los *orgasmos por combinación* son mis preferidos, así que ésta es mi opinión. Estos orgasmos emplean la tensión y la relajación así como cierto tipo de estimulación *directa* en el clítoris con los dedos o un vibrador, además de la penetración vaginal. El orgasmo por combinación es con el que termino las clases en mis talleres de masturbación. Después de unos cuantos grupos, me di cuenta que podía "arrancar" la excitación sexual de mujeres que jamás hubieran tenido un orgasmo con el uso de un vibrador eléctrico. Empecé por enseñarles a aprovechar todo ese poder para tener placer. Incluso mujeres que ya habían tenido orgasmos en forma manual podían llevar sus orgasmos al siguiente nivel conectándose y masturbándose mucho más tiempo que los pocos minutos usuales. La clave para disfrutar un vibrador eléctrico es colocar una toallita doblada encima del clítoris para controlar la intensidad de las vibraciones. Mientras se estimula, retira una capa de la toalla.

Después de tener contacto con nuestro músculo pélvico, hicimos una penetración lenta con un consolador en tanto apretamos y liberamos el músculo PC. Luego, estimulamos el clítoris con un vibrador. Al mecer la cadera hacia adelante y atrás, los músculos corporales se flexionaban y relajaban de forma similar a los de un atleta en movimiento. Continuamos con un vaivén pélvico, rítmico, lento, con respiraciones profundas y sonidos de placer. Justo antes del orgasmo, los movimientos pélvicos de algunas mujeres eran más urgentes, otras redujeron la velocidad y algunas cuantas se detuvieron justo antes del clímax.

La combinación de estos cinco elementos: la estimulación en el clítoris, la estimulación vaginal, las contracciones del músculo PC, el vaivén pélvico y la respiración con sonidos fuertes, provocan el orgasmo por combinación que se traduce en el más sencillo del sexo en pareja. Durante la relación sexual, la mujer o su pareja simplemente incluye el tipo de contacto preferido en el clítoris.

Los *orgasmos múltiples* empezaron a llamar la atención después de que Masters y Johnson documentaron que las mujeres tienen esta respuesta sexual. Cuando leí por primera vez sobre los orgasmos múltiples, al igual que muchas otras mujeres, me dio envidia. Creí que ocurría uno tras otro como un hilo de perlas rompiéndose: pop, pop, pop. Muchas nos sentimos agradecidas por tener un orgasmo durante el sexo en pareja, ni qué decir de muchos. No tenía idea de que se pudiera tener más de un orgasmo, hasta que tuve 35 años. Una noche memorable en la que Grant continuó estimulando mi clítoris después de que me vine y terminé teniendo dos orgasmos fabulosos antes de colapsarme como un bulto de dicha y satisfacción, más allá de mis sueños más salvajes.

Posteriormente, cuando pensé en ello, me di cuenta que cada uno de mis orgasmos requirió de cierta clase de intensificación. Durante la masturbación, momentos antes de tener un orgasmo bonito, mi clítoris siempre estaba hipersensible, así que dejé de tocarme. Después de tener esa primera experiencia de varios orgasmos, me estimulaba el clítoris con suavidad, continuaba con el ritmo e intensificaba de nuevo la excitación. A partir de ese momento, podía seguir disfrutando varios orgasmos. Al cabo de un tiempo, descubrí que a otras mujeres les sucedía lo mismo; ellas también necesitaban cierta intensificación adicional para venirse de nuevo. Cuando empecé a llamarlos "orgasmos en serie" en vez de "orgasmos múltiples", más mujeres identificaban la imagen y quedó en claro otro mito sexual.

Cuando las mujeres hablan de 30 o 40 orgasmos sucesivos, creo que están contando los estremecimientos de placer después de un gran orgasmo. Si la estimulación en el clítoris continúa, estos reflejos auténticos pueden prolongarse durante varios minutos o más. Aun cuando se siente fenomenal, creo que la energía sexual se disipa luego de uno o dos orgasmos completos, no de 30 nuevos orgasmos por separado. Debido a que un gran número de hombres adquieren su autoestima acreditándose la respuesta sexual de una mujer, cada espasmo o estremecimiento del cuerpo de la mujer lo consideran como otro orgasmo. Las mujeres juegan con este concepto sosteniendo la idea de que los orgasmos múltiples suceden uno tras otro. Debido a la confusión y la información errónea acerca de la sexualidad femenina, estoy segura que, cuando algunas mujeres hablan sobre este importante número de orgasmos, están convencidas de que dicen la verdad.

Los *orgasmos del punto G* aparecieron en escena en 1982 con el libro del mismo nombre y regresamos al viejo debate del orgasmo clitoral *vs* el orgasmo vaginal. Los autores afirmaban que las mujeres tenían un punto sensible en la pared superior de la vagina. Encontrar este punto y estimularlo con vigor con un dedo podría conducir al orgasmo. Un avance en esta teoría fue que algunos de estos orgasmos se acompañan de "eyaculación femenina". Así como apoyo cierta estimulación en el clítoris a fin de tener un orgasmo, cuestiono la tendencia de glorificar como mejores, más intensos y satisfactorios los orgasmos del punto G acompañados de algún tipo de fluido misterioso. Si le interesa leer al detalle sobre el punto más delicado de este nuevo Santo Grial del orgasmo femenino, consulte el capítulo 7, "El punto G o mi punto G".

Los *orgasmos de fantasía* o "Mira má, sin manos", son los que algunas mujeres dicen tener a causa de una fantasía sexual. Ya sea que son las mujeres más suertudas del mundo o son "niñas buenas" aguantadoras decididas a nunca tocarse "ahí abajo". ¿Por qué más evitaría una mujer tocarse el órgano sexual? Otra posibilidad es que algunos de estos orgasmos de fantasía sean imaginarios. Conozco a una mujer que ha convencido a su amante rico y casado de que escucharlo hablar con vulgaridad no sólo la excita sino que también le produce orgasmos apasionados. Sin embargo, cuando una fuente importante del sustento depende de hacerle creer a un hombre que es el amante más ardiente del pueblo se entiende el decir algunas mentirillas blancas.

Cada vez que escucho a alguien decir "El órgano sexual más grande está entre nuestras orejas", a veces estoy de acuerdo. A pesar de que me encanta buscar en mi mente imágenes prohibidas que provoquen una mayor excitación, admito estar encariñada con el juego del increíble órgano sexual entre mis piernas. La fantasía sexual definitivamente mejora un orgasmo, pero el hecho de dar importancia a lo creado en la mente se debe al temor de nuestra sociedad a causa de esas sensaciones difíciles de controlar y las sucias funciones físicas que emanan del cuerpo humano.

El *orgasmo de una hora* es el epítome de la campaña sexual. Existen artículos, libros y videos de mujeres que tienen "orgasmos de una hora". Ésta es la fantasía de un hombre respecto a la respuesta sexual de una mujer. Podemos disfrutar de elevados estados de excitación sexual durante una hora y tener una serie de orgasmos durante horas, pero *ningún* orgasmo dura una hora. En un video, un hombre le hace un masaje genital a una mujer que le sigue la corriente lo suficiente para ganar el Premio de la Academia a la mejor actriz. Como comenté, cada estremecimiento que tiene o sonido que hace una mujer es prueba suficiente para convencer a un hombre impulsado por el poder que hace venir a su mujer una y otra vez. Ella lo sigue para llevar la fiesta en paz o mantener su estándar de vida o porque ella también cree que tiene un orgasmo de una hora.

El *orgasmo para derretirse* es una variación del orgasmo por relajación con penetración más la estimulación en el clítoris. Yo lo sentí por primera vez cuando Eric y yo nos juntamos. Con un vibrador cerca del clítoris, se siente como si la suave punta esponjosa de su pene pasara sobre el orificio del útero o presionara con suavidad contra la punta del útero con una penetración lenta y profunda. En lugar de apretar los músculos PC, me relajo por completo. Con cada vaivén profundo del pene, llego al punto en que siento como si el orgasmo se intensificara a su propio ritmo y estoy consciente de que una ola orgásmica arrasará con mi cuerpo. El orgasmo es pleno y satisfactorio, aunque jamás he tenido un orgasmo que no me guste. Algunos son mejores que otros.

La primera vez que tuve un orgasmo como éste, me moría por volver a tenerlo. La siguiente ocasión que tuvimos sexo, no encontré por ningún lado esas sensaciones y supe por qué, pues mentalmente estaba concentrada en cualquier indicio del "éxtasis inminente". Es parecido a querer tener orgasmos simultáneos, es bonito cuando sucede, pero si lo busco, lo espero o intento tenerlo, me pierdo. La actividad sexual continúa siendo una de mis mejores maestras. No puedo ordenarle a mi cuerpo que tenga un éxtasis orgásmico. Debo confiar en mi cuerpo, dejar de pensar y permitir que mis sentidos dominen. En cuanto pienso que me estoy tardando o que él está a punto de venirse o me pregunto si sentiré esa ola orgásmica, observo el interior de mi cuerpo desde afuera. Tengo que estar dentro de éste y concentrarme en las sensaciones de placer.

El sistema nervioso autónomo

Éste es la clave para tener orgasmos. Además de todas las versiones románticas o comerciales del orgasmo femenino, estoy de acuerdo con la teoría de Wilhelm Reich sobre las dos fases del control voluntario e involuntario del orgasmo. El reflejo del orgasmo es parte del sistema autónomo. A nivel consciente, podemos controlar la forma de intensificar la excitación sexual, mas no el orgasmo mismo.

El sistema autónomo maneja las funciones motoras de todos los órganos internos y los músculos lisos de intestinos, glándulas, vasos sanguíneos, glándulas linfáticas. Así como no puedo tomar la decisión de estornudar, no puedo obligar a mi cuerpo que tenga un orgasmo. Pero me puedo hacer cosquillas en el clítoris o la nariz hasta que mi cuerpo responda a un orgasmo o un estornudo, los cuales son reflejos autónomos.

En muchos de mis grupos Bodysex, hicimos una posición que llamo la pose de la diosa, en la que se estiran los músculos internos del muslo en tanto se abre la base del músculo pélvico. Unimos las plantas de los pies y las acercamos a nuestro cuerpo, dejando caer las piernas abiertas. Después de respirar y relajar los músculos de las piernas estando en esta posición al menos de tres a cinco minutos, vamos acercando poco a poco las piernas, 2.5 cms a la vez. A todas les temblaban las piernas en diferentes grados conforme liberaban la presión. Éste fue un ejercicio para aprender a confiar en nuestro cuerpo en vez de siempre tratar de controlarlo con la mente. El temblor automático de la pierna era una demostración del sistema nervioso autónomo, que es de donde provienen nuestros orgasmos.

Existen muchas formas de estimulación sexual. Para una mujer, es una lengua en el clítoris; otra quiere un vaivén vaginal profundo que presiona contra el útero; otra más prefiere dedos dentro de la vagina porque su pareja tiene mayor control; y muchas quieren nada más un vibrador en el clítoris mientras otras quieren combinar un vibrador con la penetración vaginal. Algunas mujeres con un mayor desarrollo sexual quieren al mismo tiempo las penetraciones anal y vaginal junto con un vibrador para estimular el clítoris. Un número reducido de mujeres tiene un ligero flujo cuando se vienen, unas cuantas tienen orgasmos al estimularse los senos y una persona con una lesión en la columna vertebral puede desarrollar un nuevo lugar para desencadenar un orgasmo.

Algunas mujeres gustan de representar papeles y de utilizar amarres eróticos y a otras les gustan unas cuantas nalgaditas antes o durante el sexo en pareja. ¡Ay, casi se me olvida el orgasmo por cosquillas! Sabemos que las personas cosquilludas probablemente estén condicionadas a responder así debido a que uno de sus padres les hacía cosquillas cuando eran chiquitas. Varios hombres y mujeres me han dicho que sus amantes los limitaban o amarraban a la cama para estar indefensos y les hacían cosquillas hasta agotarse de risa. Después, apenas con unos cuantos movimientos de una mano sobre el pene o una pluma sobre el clítoris, tenían un gran orgasmo. Agotamiento es igual a entrega, que es igual a orgasmo.

Sin duda, no incluí otras miles de formas que mujeres y hombres disfrutan para tener un orgasmo, ya sea solos o con su pareja. Sin embargo, de una cosa sí estoy segura: de entre toda esta variedad sexual, en cuanto una mujer descubre qué la excita y puede dejar en claro su placer, en vez de la pregunta "¿Te veniste?", su amante o esposo le preguntará "¿Te quieres venir otra vez, mi amor?"

7
El punto G o mi punto G

Reafirmando el clítoris

A principios de la década de los ochenta, sucedieron muchas cosas extrañas que dieron fin a una buena parte de la libertad sexual que muchos de nosotros disfrutábamos desde la década anterior. Todavía existen en circulación teorías sobre qué ocurrió para que se redujeran nuestras libertades sexuales. Algunos dicen que la propagación del virus del sida entre la comunidad homosexual hizo que el sexo fuera sinónimo de muerte. Otros afirman que los hombres reaccionaron al exceso de libertad sexual femenina. Muchas voceras feministas se quejaron de que la revolución sexual sólo beneficiaba a los hombres. Cuando se formó el grupo "Mujeres contra la pornografía", algunas feministas tomaron el camino equivocado y apoyaron esta organización que contaba con buenos patrocinios, lo cual revivió el llamado a censurar las imágenes sexuales. En conjunto, me sentía atrapada en medio de un desastre sexual que parecía estar manipulado en forma magistral por alguna agencia gubernamental secreta, tal vez la CIA.

Como si no fuera suficiente, en 1982 se publicó *The G-Spot* (*El punto G*) de Alice Kahn Ladas, Beverly Whipple y el doctor John D. Perry, en el cual se pregonaba el regreso de un nuevo tipo de orgasmo vaginal, en el que la mujer eyaculaba. El libro estaba repleto de maravillosos testimonios sobre reseñas apasionadas de orgasmos con eyaculación. Su teoría afirmaba que el punto G nos daba la libertad de no pensar en el orgasmo vaginal vs. el orgasmo clitoral. Así como existen dos formas de que un hombre llegue al clímax, a causa del pene o de la próstata, lo mismo sucede con las mujeres. Podemos tener un clímax al estimular el clítoris o los puntos G. Los autores señalaron que aun cuando es fácil que una mujer se toque el clítoris, necesitaba de una pareja para estimular su punto G. Lo mismo sucede con los hombres. Para un hombre es fácil estimularse el pene, pero necesitaba de una pareja para alcanzar la próstata. Es obvio que ellos no estaban conscientes de que tanto el hombre como la mujer se pueden estimular con un consolador.

La época en que se publicó el libro fue perfecta. Mientras las parejas regresaban a una monogamia más estricta para evitar morir a causa del sexo casual, tenían un nuevo juego qué compartir. Podían buscar el punto de cada uno: el de ella, en la vagina; y el de él, en el recto. Justo cuando pensé que el clítoris había recuperado su importancia, hombres y mujeres empezaron a investigar dentro de la vagina en busca de algún punto mágico.

Las cuatro ideas básicas presentadas en *The G-Spot* era información que ya se había publicado, pero olvidado. La primera era el punto Grafenberg, la segunda era la eyaculación femenina, la tercera era la importancia del tono muscular pélvico y la cuarta era la continuidad de la respuesta orgásmica. Apoyé las ideas del tono muscular pélvico y la de varias respuestas orgásmicas, pero, desde mi punto de vista, los puntos eróticos dentro de la vagina no tenían sentido. Había un motivo para que el clítoris, con sus ocho mil terminaciones nerviosas, fuera más relevante que el canal de nacimiento, y la idea de que las mujeres eyacularan al igual que los hombres, era rara.

Después leí que cada mujer tenía un punto G, mas no todas respondíamos a la estimulación de éste. Bueno, si yo tenía uno, ¿por qué no podía responder al mismo? Los autores decían que tal vez se debía a que mi músculo PC estaba débil o crónicamente tenso. Quizá tenía una eyaculación retrógrada y después la eliminaba mediante la orina, o reprimía mis eyaculaciones pensando que era orina. Por último, también podía ser el resultado de la menopausia; "mi punto" estaba seco debido a la falta de hormonas. Al leer todos los entusiastas recuentos de hombres y mujeres que platicaban de estos efusivos orgasmos de éxtasis debido a la estimulación vaginal me hicieron sentir tanto a mí como a otras mujeres como unas inadaptadas taradas que pensábamos en el clítoris.

Una vez que viajé a San Francisco para dirigir un taller, le pregunté a mi amiga Carol Queen qué pensaba acerca de los puntos G y de la eyaculación femenina. En ese entonces, ella trabajaba en la tienda de artículos eróticos Good Vibrations (Buenas vibraciones). Me respondió que estaba aprendiendo a hacerlo junto con otras mujeres. Cuando le pregunté qué hacía exactamente, dijo que se estimulaba la vagina con un consolador al mismto tiempo que sostenía un vibrador sobre el clítoris. Justo antes de venirse, retiraba el consolador y pujaba con el músculo PC para tener flujo. Como estas mujeres eran más jóvenes, hice un esfuerzo por no criticarlas. Después de todo, yo era una postmenopáusica de más de 50 años y tal vez mi forma de hacer las cosas se estaba rezagando un poco.

Durante ese mismo viaje, fui a una presentación nocturna de varios videos eróticos producidos por lesbianas. Uno de los videos, *Clips* (*Broches*), presentaba a una esposa aburrida que no lograba interesar sexualmente a su esposo, por lo que terminó por masturbarse con un consolador. Tardé varios minutos antes de darme cuenta que el tipo que estaba sentado en la esquina del cuarto leyendo un periódico era una mujer vestida de hombre. Luego de varios "vaivenes muy vigorosos", la esposa retiraba el consolador y lanzaba un chorro de entre sus piernas con la fuerza de una manguera para incendios. Me encantó el video y me reí a carcajadas, pero en ningún momento creí que tuviera un orgasmo auténtico. Para mí, todo el video era una estupenda tomada de pelo sobre los papeles de rudo/fémina y la heterosexualidad.

La mujer resultó ser Fannie Fatale, quien después filmaría el video *How to Female Ejaculate* (*Cómo lograr la eyaculación femenina*). Era evidente que Fannie tenía un músculo PC fuerte, con lo cual me podía identificar. Yo hacía la técnica de la ducha en la que me llenaba la vagina de agua y después la forzaba a salir. El chorro de agua abarcaba el largo de mi tina, pegando en la llave del agua que estaba a un metro de distancia. Yo me imaginaba que o se llenaba la vagina con agua y luego cortaban a su secuencia del orgasmo o bebía mucha agua antes, y después orinaba.

Cuando mis amigas insistieron que eyaculaba, llegué a la conclusión de que cualquier cosa que hiciera estremecer las fantasías de una chica, por mí estaba bien. En lo que a mí concernía, la eyaculación femenina nada más era un nuevo truco sobre la vieja rutina de las "lluvias doradas" de orinarse por diversión. A ese aspecto, estaba totalmente fuera de ritmo con la mayoría de las lesbianas y mujeres bisexuales de San Francisco.

En la década de los cincuenta, antes de que las feministas lesbianas clasificaran los papeles de rudo/fémina como políticamente incorrectos, mi mejor amiga era lesbiana de lápiz labial. A las dos nos encantaba dibujar desnudos, así que compartimos el costo de una modelo una vez a la semana en mi estudio de arte. Un día, Lois me dijo que aprendió a orinar justo después de tener un orgasmo para que su ruda amante, Fran, no se enterara de en qué momento se había venido. Yo pensé que era muy considerada de su parte y le pregunté cómo lo hacía. A Lois le gustaba tener sexo con la vejiga llena porque tenía una mayor sensación durante el sexo oral y con los dedos. Inmediatamente después del orgasmo, pujaba y se forzaba a eliminar orina. Hoy en día, yo llamaría eso la fantasía de representar un papel en vez de la eyaculación femenina.

En cada uno de mis viajes a la costa Oeste, seguía cuestionando a mis amigas, conocedoras sexuales, acerca de la eyaculación femenina. En algún momento, Carol Queen y su pareja, Robert Lawrence, me preguntaron si quería disecar los genitales femeninos en un cadáver en una escuela en Oakland. Acepté sin dudar. Luego de algunos arreglos, los tres partimos una tarde soleada a nuestra aventura. Estar de pie en un cuarto grande con cadáveres tendidos en bolsas negras no me molestaba. Después de todo, he sido estudiante de arte que ha dibujado desnudos así como estudiado libros de anatomía. Me sentía como en casa.

Mientras observábamos con atención, Helen, nuestra anatomista con 20 años de experiencia, retiró despacio las delgadas capas de tejido de los genitales del cuerpo de una mujer. Finalmente, destapó una glándula que dijo era igual a la de una próstata masculina, aunque mucho más pequeña. Lo que vi fue una bolita verde como encurtida que podía ser cualquier cosa. Ella comentó que era la primera vez que disecaba genitales femeninos, lo cual era la información más fascinante de todo el experimento. De otro modo, nuestra disección sólo hubiera dado pie a más preguntas.

Estuve de acuerdo con los autores de *The G-Spot* (El punto G) respecto a que hombres y mujeres tienen más en común de lo que se sabe. Luego de ver muchos libros de anatomía, vi por mí misma que la próstata masculina se originaba en el embrión femenino no diferenciado. La próstata en los hombres segrega un fluido alcalino que se descarga con el esperma para mantenerlos sanos. Yo podía ver cómo

Ilustración 1
El hueso pélvico muestra la
posición de los genitales.

Ilustración 2

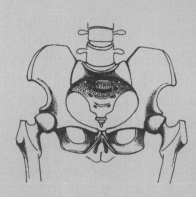

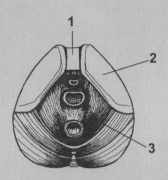

El músculo PC, o pubococcígeo,
rodea el ano, la vagina, la uretra y el
clítoris y se une al pubis. Determina
la salud y el placer de la función
sexual masculina y femenina.

Ilustración 3

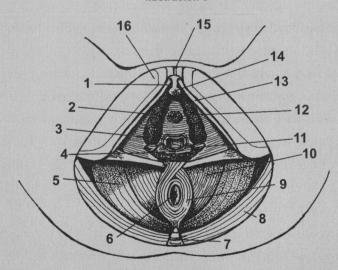

Vista frontal del tejido eréctil de los genitales femeninos. Las glándulas del clítoris contienen cerca de ocho mil terminaciones nerviosas. El tejido y la cruz son bandas largas y delgadas de tejido firme que se llenan de sangre durante la excitación sexual. La cruz del clítoris se ensancha hacia afuera a lo largo del pubis. El vestíbulo del clítoris es un cuerpo esponjoso formado por tejido elástico que se encuentra debajo de los labios mayores y sufre una erección. Otro cuerpo esponjoso rodea a las vías urinarias. Como en los libros de texto no hay un nombre para esta estructura, las feministas la llaman el bulbo uretral. Las glándulas de Bartolin o vulvovaginales de cada lado del orificio vaginal segrega uns cuantas gotas de fluido durante la excitación sexual.

Ilustración 2

1. sínfisis
2. pubis
3. músculo PC

Ilustración 3

1. tejido clitoral
2. bulbo uretral
3. orificio vaginal
4. bulbo perineal
5. músculo iliococcígeo
6. ano
7. coccix
8. gluteus maximus
9. esfínter del ano
10. músculo pubococcígeo, o PC
11. glándulas de Bartolin
12. vestíbulo del clítoris
13. cruz o extremo del clítoris
14. glande del clítoris
15. ligamento suspensorio
16. pubis

La Ilustración A *muestra el clítoris, el bulbo uretral y la vagina, que es un espacio colapsado hasta que es penetrado. El bulbo uretral se llena de sangre durante la excitación sexual y protege a las vías urinarias de la fricción que provoca el vaivén del pene dentro de la vagina durante el coito.*

1. cruz
2. bulbo
3. glande del clítoris
4. orificio uretral
5. orificio vaginal
6. vagina
7. vejiga
8. útero
9. pubis

En la Ilustración B *vemos un dedo entrar en la vagina y presionar contra el bulbo uretral o lo que se denomina como el "punto G". Esta área esponjosa es más bien un borde que un punto específico. Algunas mujeres consideran este tipo de presión en la pared vaginal sexualmente excitante, muchas otras no.*

En la Ilustración C *vemos la glándula parauretral dentro de la uretra sin el bulbo que le rodea. Estas glándulas en la mujer permanecen del tamaño de un feto varón de cinco meses, pero en el hombre se siguen desarrollando mucho más hasta ser la próstata. Algunos creen que las glándulas parauretrales en las mujeres son la fuente de la emisión del fluido femenino. También vemos la posición de los diminutos orificios de las glándulas de Skene.*

1. orificio uretral
2. conductos parauretrales (o de Skene) izquierdo y derecho
3. vagina
4. uretra
5. glándula periuretral

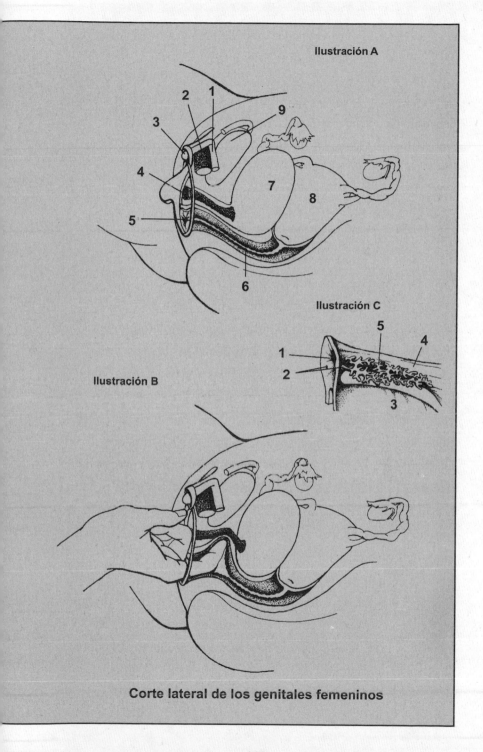

Ilustración A

Ilustración C

Ilustración B

Corte lateral de los genitales femeninos

una pequeña cantidad del mismo líquido alcalino podía ser descargado por una glándula parauretral femenina.

La primera persona en describir con detalle la próstata femenina fue el anatomista holandés del siglo XVII Reinier de Graaf, quien también tomó en consideración sus aspectos eróticos. A finales del siglo XVIII, al doctor Alexander Skene sólo le interesaba drenar las varias glándulas alrededor de la uretra femenina cuando se infectaba. Hoy en día, las glándulas uretrales femeninas se conocen como las glándulas de Skene. En 1950, el doctor Grafenberg (la "G" del punto G) observó que algunas mujeres liberan un fluido durante el orgasmo que él pensaba provenía de las glándulas uretrales. Los autores de *The G-Spot* no mencionaron las glándulas de Bartolin, que son del tamaño de dos habas a cada lado del orificio vaginal.

Las personas de autoayuda feminista que escribieron *A New View of a Woman's Body* (*Una nueva perspectiva del cuerpo femenino*), publicado en 1981, llamaron a las glándulas vulvovaginales, las glándulas de Bartolin. En éste, afirmaron que las glándulas no parecían tener función alguna que no fuera segregar unas cuantas gotas de fluido durante la excitación sexual. Asimismo, denominaron al tejido esponjoso que rodea a las vías urinarias femeninas como el bulbo uretral; el cual tenía una red de diminutos ductos dentro de la llamada glándula parauretral. La trama se complica y es más confusa cuando diversos investigadores asignan diferentes nombres a las mismas partes de los genitales femeninos internos.

En la década de los noventa, los orgasmos del punto G causaron furor en San Francisco. Una lesbiana joven, que se identificaba como una "educadora sexual", escribió un artículo en el boletín de Good Vibrations anunciando: "Ahora que hemos redescubierto el punto G, ¡los orgasmos vaginales de nuevo están de moda!" Asimismo, afirmaba con orgullo que muchas lesbianas habían estado al frente del movimiento para reclamar el lugar del punto G. Incluso llegó al grado de describir la eyaculación femenina como "vomitando cubetas de líquido", creando a lo estúpido otro mito sexual y provocando en quienes no eyaculan que se sintieran poco menos que disminuidas sexuales.

La eyaculación femenina debe tener el nombre más preciso de: emisión de fluido femenino. Sí, creo que algunas mujeres, por naturaleza, tienen esta respuesta. Con cada contracción del músculo pélvico, un ligero rocío sale del orificio uretral sin esfuerzo alguno o sin pujar conscientemente. A lo largo de la historia, se ha escrito sobre la emisión del fluido femenino. Sin embargo, como en la mayoría de la literatura erótica o los testimonios personales, el sexo se describe en términos exagerados y ardientes. Se llama licencia poética. Además de lo anterior, existe la idea de que durante las últimas dos décadas, se prohibía que las personas, en especial una mujer, dudara del testimonio anecdótico de otra mujer. Si alguna mujer lo cuestionaba, se le consideraba antifeminista o que estaba en contra de las mujeres.

El péndulo siempre se columpia demasiado lejos en ambas direcciones. Por ejemplo, como resultado de por fin mencionar el abuso sexual contra las mujeres, nos desbordamos por completo. La industria del abuso creció en torno a las acusaciones de mujeres de ser violadas, alentadas por terapuetas que posteriormente se descubrió que creaban falsos recuerdos en sus pacientes. Creo que es similar a la creación de una industria del punto G. Ahora contamos con juguetes para el punto G así como libros y videos sobre el tema. ¿Entonces que incluye un nombre? Todo, cuando lo convertimos en la moda sexual más reciente, confundiendo aún más a la gente acerca del orgasmo femenino.

Muchas personas suponen que la palabra "eyaculación" es sinónimo de o acompaña a la excitación sexual y el orgasmo, lo cual no es cierto para las mujeres que tienen esta respuesta. Muchas amigas que son artistas del espectáculo admiten que su capacidad de "disparar fluido" no tiene nada qué ver con la excitación sexual, ni es el resultado de tener un orgasmo. Lo hacen porque sienten que es fantástico, divertido y tiene mucho valor de entretenimiento.

En una de las sesiones fotográficas de Annie Sprinkle, observé a Shannon Bell arrodillarse, introducirse el dedo en la vagina y moverlo con rapidez hacia adentro y afuera durante unos momentos. Después pujó para expulsar fluido. Lo hizo varias veces mientras Annie le tomaba fotos. En un descanso, mientras Shannon tomaba una cerveza, le pregunté si durante sus múltiples eyaculaciones tenía sensaciones sexuales. Ingenuamente, respondió que no, que sólo lo hacía para la cámara. Shannon es una lesbianita andrógina adorable, además de una escritora muy inteligente. Apareció en el video *How to Female Ejaculate* (Cómo lograr la eyaculación femenina) donde la protagonista era Fannie Fatale, junto con Carol Queen y Baja, una mujer que nunca conocí.

Carol es una artista de espectáculos que desde entonces se convirtió en una autora reconocida y tiene el doctorado en educación sexual. Durante otra de nuestras tantas conversaciones sobre sexo, de nuevo le pregunté cómo se imaginaba que todo ese fluido pudiera provenir de un pedacito de tejido esponjoso o de la próstata femenina que habíamos descubierto. Ella especuló que después de un par de flujos, lo más probable es que escurriera orina de la vejiga. "¿Y qué? Se siente fabuloso", comentó. Por fin había escuchado la declaración de una mujer que eyaculaba y a quien yo le creía. Debido a nuestra herencia puritana y al malestar religioso acerca de los fluidos corporales, orinarse por diversión no es válido, pero "eyaculación" suena sexy, así que está bien.

En una de sus presentaciones en escena, mi amiga y ex vecina Annie Sprinkle hizo una entrada majestuosa con un grupo de nosotras que esperábamos en la fila para ver su espectáculo. Sonriendo, levantó una botella grande de agua y dijo, "¿Adivinen qué voy a hacer esta noche?" Creo que Annie, quien era una estrella pornográfica, eligió el nombre artístico de Sprinkle (llovizna) por las lluvias doradas, que sigue siendo la imagen sexual preferida de muchos hombres. Annie se volvió un icono sexual que amplió el concepto de la gente en cuanto a las estrellas pornográficas y las prostitutas como víctimas, al convertirse en una exitosa fotógrafa, escritora y artista del espectáculo. Se doctoró en sexología en el Instituto de Estudios Avanzados sobre la Sexualidad Humana en San Francisco.

Kim Airs, otra amiga, es dueña de una tienda de artículos eróticos en Boston que se llama Grand Opening! (¡La gran abertura!). Es muy inteligente, además de buena empresaria. Al igual que Annie, gracias a su inteligencia ha logrado que la gente se relaje y se ría del sexo. Kim dirige en la actualidad eventos y talleres. Mi taller preferido es "Cómo desnudarse", pero no me gusta que enseñe sobre la eyaculación femenina. Kim tiene un maravilloso sentido del humor. Puede tener un flujo en cualquier momento, donde sea y le encanta hacerlo. Mientras la fastidio por orinarse en mi alfombra, ella se ríe y me dice que estoy celosa. Dice que su eyaculación no sabe ni huele a orina. Ahí es cuando le pregunto quién es su experta respecto al sabor de la orina y cuál es su importancia. Si no me equivoco, le prometí que podía empaparme con su jugo del amor desde la cabeza hasta el clítoris.

Estos contínuos diálogos con mis amigas, que principalmente son bisexuales y disfrutan de una vida sexual activa, siempre son informativos. Están en el negocio del sexo porque les gusta el sexo. Todas saben que cuestiono la viabilidad de enseñar a una mujer a que genere flujo mientras tiene un clímax sexual. A veces terminamos acordando que estamos en desacuerdo.

Hasta donde yo entiendo a la fecha, el reflejo del orgasmo es parte del sistema nervioso autónomo que la mente no puede controlar. El pujar conscientemente para emitir fluido requeriría de que la mente dominara al cuerpo. En teoría, una puede tener un orgasmo y *después* hacer el esfuerzo de emitir el fluido. Pero el pujar justo antes de un orgasmo sería como sonarse la nariz durante un estornudo interrumpiendo el reflejo autónomo. Otra posibilidad es que una fricción vaginal fuerte con el dedo o con un consolador actúa como un catéter y provoca que la vejiga se vacíe justo antes del orgasmo. A pesar de que pueda ser una sensación excelente, no creo que los orgasmos húmedos sean más deseables que los secos, a la antigüita.

Las maestras de la eyaculación femenina contradicen por completo la descripción de cómo hacer los ejercicios de Kegel para fortalecer el músculo pélvico. A sus estudiantes les dicen que pujen o empujen durante la masturbación o el coito. No es la mejor forma de utilizar los músculos pélvicos. Las mujeres que, de forma consciente, pujan como si estuvieran dando a luz cuando quieren tener un orgasmo, parecen perder el recubrimiento de la vagina, con el útero a punto de seguirle. Este protuberante vestíbulo vaginal no indica la existencia de músculos pélvicos fuertes, sino lo contrario. ¿Cómo sé? Me he sentado junto a miles de mujeres para reflejarnos en el mismo espejo mientras vemos juntas sus genitales. Tal vez termine en el *Libro de records Guinness* por ver el mayor número de genitales femeninos de cerca y en forma personal.

Una de mis clientas, postmenopáusica, dijo que su novio y ella aprendieron sobre el punto G en un taller de Tantra. Lo llamaban el punto sagrado. Aun cuando Louise no estaba segura de si alguna vez tuvo un orgasmo, aprendió a "eyacular". Para que su amante dejara de frotarle dentro de la vagina porque sentía dolor, se arqueaba y orinaba un poco, además de dar un grito desgarrador. A pesar de que él se emocionaba, ella seguía sintiendo que debía existir más acerca del orgasmo y vino a verme. Descubrimos que su músculo PC era demasiado débil. Iba a tardar unos cuantos meses de práctica entrenar de nuevo sus músculos pélvicos a fin de que se levantaran durante la excitación sexual. Salió con un vibrador eléctrico, la barra de Betty y mis instrucciones sobre cómo estimularse el clítoris mientras practicaba sus Kegel de modo que fuera placentero y la motivara a hacerlo con más frecuencia.

La idea de venirse a partir de la estimulación vaginal sigue siendo el fetiche número uno en Estados Unidos y ahora podemos agregar empapar las sábanas como el número dos. Las revistas femeninas siguen publicando artículos acerca de la eyaculación femenina y esa misma información se incluye de forma automática en cada libro nuevo sobre sexo. Internet está lleno de videos caseros y para adultos que presentan a mujeres disparar grandes chorros de fluido, afirmando que es eyaculación femenina. Muchas mujeres insisten que estos nuevos orgasmos vaginales húmedos son el hilo negro. Hombres y mujeres que visitan mi sitio de web me siguen preguntando cómo encontrar el punto G y a una que otra mujer le gusta permanecer acostada sobre un charco.

Una chica de 20 años dijo que cuando usa un vibrador sobre el clítoris, a pesar de que empieza a excitarse y se siente bien, pierde el control de la vejiga y se orina. A los pocos minutos tiene un orgasmo. A ella no le preocupa mucho ya que sus orgasmos bien valen la pena, pero ¿qué sucede cuando está con un amante? ¿Qué hace para aliviar este problema? Mi respuesta es que observe la forma en que utiliza los músculos pélvicos. Ella necesita empezar a usar mi barra y hacer los ejercicios de Kegel para fortalecer el músculo PC o aprender a relajar el músculo, si es que está contraído crónicamente.

Muchas otras amigas se oponen a la idea de estimular el punto G para poder tener un flujo. Una mujer más joven aprendió a eyacular observando el video, pero sólo se estimula el clítoris manualmente. Dice que eyacular es como llorar a gusto. Una amiga mayor sólo ha tenido un flujo tres veces en su vida usando un vibrador sobre el clítoris, pero sigue enamorada de un punto húmedo de casi 28 centímetros que dejó en su cama hace años. Yo le pregunto de broma si las mujeres terminarán midiendo el grado de placer en relación con el tamaño del punto húmedo que dejan en la cama.

En 1995, Gary Schubach estuvo en mi casa una noche y empezamos a discutir si el fluido era de naturaleza prostática o si era orina. Él estaba dedicado al concepto de las nuevas posibilidades eróticas de la estimulación manual y ofreció demostrarme la estimulación del punto G con su novia. Según observé, él usaba una fricción rápida con los dedos dentro de la vagina en tanto ella pujaba como si estuviera dando a luz. Mi objeción fue que, a mi parecer, estaban más orientados hacia una representación que al placer.

Dos años después, en 1997, Gary hizo un experimento como parte de su tesis de doctorado a fin de determinar si la eyaculación femenina provenía del bulbo uretral o de la vejiga. Hizo una prueba con siete sujetos, todas mujeres que eyaculaban. Antes de estar sexualmente excitadas, se reunieron muestras de orina de cada mujer. Se autoestimularon la vagina con los dedos o un consolador curvo o la penetración de los dedos de una pareja. Nunca se mencionó el clítoris. Luego de una hora, cuando las sujetos se sintieron listas para eyacular, les insertaron un catéter. Se les drenó la vejiga y se cambiaron las bolsas de recolección. Después tuvieron lo que cada una y el equipo médico consideraron como un orgasmo eyaculatorio.

La conclusión del experimento fue que la mayor parte del fluido provino de la vejiga. A pesar de que se les drenó la vejiga antes de la eyaculación, aún así expulsaron de 50 a 900 mililitros de fluido. El líquido era una combinación del fluido de las paredes de la vejiga y de nueva producción del riñón. La clara inferencia fue que el líquido expulsado era una forma alterada de la orina con una concentración reducida de urea y creatinina.

Al cabo de los años, cada vez que veo a Beverly Whipple en una conferencia sobre sexo, le digo: "No encuentro mi punto G, pero lo sigo buscando". Ella se ríe y mueve la cabeza como si la exasperara. Es una mujer muy dedicada y siempre tiene cientos de proyectos al mismo tiempo. En 1998, Beverly fue presidenta de un grupo de la Sociedad para el Estudio Científico de la Sexualidad en el que yo participé. Empecé mi segmento diciendo que por fin había encontrado mi punto G, que era mi bulbo uretral o mi pequeña próstata. La parte inferior de mis vías urinarias era la parte superior de mi vagina pero, a pesar de que disfrutaba cierta presión en esa área con un dedo, un consolador o un pene, nunca "eyaculé". Mi punto era la combinación de estimular en forma simultánea la vagina y el clítoris, la cual me producía fabulosos orgasmos. Lo mejor era que lo podía hacer sola.

En 2001, otra amiga y terapeuta sexual, la doctora Joanna Whitcup, me retransmitió un intercambio de correos electrónicos entre varios miembros del Foro de Función Sexual Femenina (FFSF). Estaban discutiendo un caso en el que la estimulación del clítoris producía orina. El doctor John Perry, uno de los autores de *The G-Spot* (*El punto G*), señaló que el tema actual candente sobre la eyaculación femenina es si la expulsión de grandes volúmenes de fluido, que por lo general se consideran o se estudian y determinan como orina diluida, deben incluirse como una variante normal de la eyaculación femenina. Según todos los reportes, las mujeres que aprenden cómo hacerlo, insisten que se siente fabuloso. Perry dice que los autores originales de *The G-Spot* (*El punto G*) insisten que sólo la producción de las glándulas parauretrales femeninas (equivalente a la próstata) deben con-

127

siderarse como la eyaculación femenina y que, cuando mucho, nunca es más de un par de cucharaditas.

Cuando se trata de la respuesta sexual femenina, sigue existiendo una enorme confusión, incluso para mí. Mientras algunas mujeres emiten una pequeña cantidad de fluido con el orgasmo, la amplia mayoría no lo hacemos. En lo personal, no tengo problema en sumar los orgasmos con orina a mi larga lista de cosas que me hacen sentir bien. No estoy en contra de quien haga algo por excitar a las mujeres, siempre y cuando no dañe a nadie ni sea consensual. Hoy en día, mi mejor orgasmo es con la estimulación directa en el clítoris junto con la penetración. Sin embargo, ningún orgasmo persiste por sí mismo como el pináculo de la respuesta sexual femenina para todas las mujeres. El placer manda.

8
Masturbación para parejas

La compatibilidad sexual

Uno de los mejores cimientos para crear y sostener la compatibilidad sexual y los orgasmos mutos se basa en aceptar la masturbación individual. En una sociedad donde se acepta el sexo, ambas partes en una pareja empezarían con cierto nivel de actividad sexual para obtener habilidad antes de intentar el sexo entre los dos. Una vez que establecen un compromiso en su relación, entienden que la masturbación será un proceso continuo durante su vida juntos. Saben que la sexualidad de uno mismo es una forma en que cada uno explora en privado su pensamiento erótico a través de las fantasías. Los dos aceptan que compartir la masturbación en presencia del otro es la piedra angular para desarrollar un nivel de intimidad sexual aún más profundo.

Aun cuando todo lo anterior parezca un escenario futurista para el año 3000, parejas sofisticadas de todo tipo de orientación sexual viven hoy en día así, incluso yo. Debido a las restricciones de censura, este punto de vista más liberal del sexo en pareja nunca sale a la luz. En cambio, nos presentan una conformidad sexual del señor y la señora normales, felizmente casados, que son sexualmente compatibles, monógamos, educan al menos a un hijo y siguen juntos para siempre. Esto sólo es cierto en una reducida minoría, por lo que la mayoría debemos apretar un poco más. Todos tenemos derecho a realizarnos sexualmente.

Los cambios son inevitables; son una parte natural de la condición humana. Más de la mitad de la población tendrá varios matrimonios. Para muchos, la variedad sexual sigue siendo la sal de la vida. Hay quienes eligen ser célibes; otros prefieren la sexualidad consigo mismos. Conozco a una pareja mayor que dicen disfrutar todavía el sexo en pareja después de cuarenta y tantos años de matrimonio y que nunca se han masturbado. Así que ni siquiera la inclusión de la masturbación está grabada en piedra a fin de ofrecer la felicidad en pareja.

Al principio de mi primer relación posterior al matrimonio con Grant, decidí ya no mentir acerca de mi masturbación como adulto. Le platiqué abiertamente sobre cómo la masturbación me mantuvo cuerda durante el matrimonio. Él también admitió que la masturbación lo satisfacía. Poco a poco, empezamos a platicar sobre nuestras diferentes experiencias con la masturbación. Esto requirió de confianza. Debía confiar que la persona a quien yo decía amar podría manejar la verdad acerca de mi historia de masturbación, la cual se centraba en estimularme el clítoris. Eso puso un final a la idea de que nunca había podido transferir con éxito mi placer sexual del clítoris a la vagina; ¡y después hablan de venirse con el pene de Romeo!

Compartiendo historias de masturbación

Mi primer recuerdo fue en el asiento trasero del carro de mi familia cuando tenía cinco años. Mi papá tenía un nuevo empleo en California y nos íbamos a reunir con él. La aventura estaba en el aire. Mientras mamá platicaba con mi hermano mayor en el asiento delantero, mis dos hermanos chicos estaban dormidos junto a mí sobre un montón de cobijas en el asiento trasero. En ese momento, debí pensar que lo más seguro era ponerme una almohada entre las piernas y mecerme hacia adelante y atrás hasta que desapareciera "la cosquilla".

Cuando tenía más de 40 años, mientras escribía mi primer artículo sobre la masturbación, le hablé a mamá para confirmar este recuerdo. Sí, ella se acordaba muy bien del incidente porque me vio por el espejo retrovisor. Me dijo que no había sido la primera ni la última vez que me había visto ponerme una almohada entre las piernas. Le dije que todavía dormía con una almohada entre las piernas, pero que ahora me masturbaba con un vibrador. Poco después de esa conversación, le mandé una Varita Mágica para aliviarle los músculos adoloridos. Después me dijo que la máquina que le regalé era verdaderamente maravillosa para "ya sabes qué".

Hoy en día creo que mi feliz masturbación infantil dio forma a aspectos en mi vida. En primer lugar, no me castigaron por el inocente hecho de complacerme. Tal vez relacionar mi primer recuerdo a la seguridad que sentía de mi familia explica por qué pude presentar las pinturas de gente masturbándose, enseñar sobre la masturbación en talleres y escribir varios libros dedicados a este tema que, en otras circunstancias, sería tabú. Para mí, el estimularse uno mismo era una acción natural hasta que aprendí lo contrario cuando empezó el acondicionamiento social en la escuela.

Nuestros inicios sexuales nos ofrecen la valiosa oportunidad de comprender tanto a los demás como a nosotros mismos. El que las parejas puedan hablar de sus primeros recuerdos de su masturbación, del tipo de técnica que usaron y lo que sintieron, es muy informativo. Grant no tiene un primer recuerdo de haberse masturbado. Se acuerda de que se le endurecía el pene y que sentía muy agradable al frotarlo. Sin embargo, su primer orgasmo a los 13 años lo recuerda tan claro como el agua; el cuarto, los muebles, la hora y lo que sintió al expulsar su primera eyaculación. Por otro lado, yo no recuerdo mi primer orgasmo. Para mí, era una cosquilla que desaparecía hasta que la sensación era cada vez más intensa.

El que un padre o un hermano nos descubra jugando con nuestros órganos sexuales puede ser traumático. A los niños que controlan, castigan, regañan o humillan con severidad pueden desarrollar problemas sexuales de por vida. Una amiga creció con un serio tabú acerca de la masturbación. Cuando tenía entre dos y cuatro años y su madre la arropaba para dormir, colocaba rollos de cartón de papel de baño en sus manitas para evitar que se tocara "ahí abajo". Le costaba trabajo decir en voz alta la palabra "masturbación". Se podía masturbar cuando su esposo y ella estaban separados, pero nunca pudo hacerlo en su presencia. Luego de escuchar su horrible historia, su esposo la entendió.

Otro amigo tenía una nana que colocaba una sábana de hule para proteger el colchón sobre su pequeño pene y lo frotaba, que es una actividad aceptable en algunas culturas para calmar a un niño que llora. De adulto, tocar o usar hule le provoca una fuerte carga erótica. Por fortuna, hoy en día la moda ha normalizado el uso de muchas prendas tipo fetiches como la piel y ropa hecha de látex de alta calidad. Otra amiga recuerda entrar a la recámara de sus padres cuando ellos no estaban y masturbarse usando ropa de seda de su mamá. A la fecha, si usa seda, se excita.

La masturbación marital

De las muchas parejas que han compartido conmigo la verdad acerca de su vida sexual, las que se sienten más a gusto con la monogamia por lo general disfrutan de la masturbación para tener una variedad sexual. Incluso las parejas que comparten el sexo con otras personas, ya sea en forma abierta o a escondidas, están de acuerdo respecto a la importancia que representa la masturbación a fin de mantener sanos los intereses sexuales en una relación primaria. Los conocedores del erotismo saben cuán relevante es continuar con la masturbación, en tanto los sexualmente tradicionales piensan que no hay necesidad de tener sexo solos cuando se cuenta con una pareja.

Durante una conversación que tuve con Don Macho, que a los 40 años ya se había casado tres veces, dejó muy en claro que él nunca tuvo que masturbarse. Sin embargo, también afirmó que era fiel a cada mujer que amaba. Cuando le pregunté qué hacía cuando se separaba de su novia durante un mes, me dijo que sólo conseguía que alguien le hiciera sexo oral y continuaba siendo monógamo. Para él, la masturbación era señal de debilidad o de fracaso sexual. Siempre existirán los hombres que piensan que en cuanto se comprometen con una relación o se casan, la masturbación ya no figurará en su vida.

Masturbarse estando comprometido con una relación soluciona un sinfín de problemas como los periodos de separación temporales, el nacimiento de un hijo, asuntos de salud y viajes relacionados con el trabajo. Por un gran número de razones, nuestros patrones de deseo también difieren en gran medida. No hay dos personas que quieran tener sexo de manera consistente al mismo tiempo y con la misma frecuencia año con año. Tal vez una mujer disfrute tener relaciones sexuales dos veces a la semana en tanto su esposo quiere tenerlas a diario. Quizá al principio ella haga un esfuerzo por adaptarlo, pero con el tiempo, los resentimientos aumentarán. Si él tiene la libertad de masturbarse durante los cinco días que ella no está interesada en tener relaciones, ambos disfrutarán del sexo de igual forma cuando lo hagan juntos. También podría ocurrir lo contrario: que ella quiera tener sexo con más frecuencia que él. La masturbación permite que cada pareja satisfaga sus propias necesidades y apetitos sexuales individuales.

El año en que Eric y yo empezamos a vivir juntos, tuvimos sexo casi a diario. En el segundo año, yo estaba a gusto con tener sexo en pareja una o dos veces a la semana. Él aún quería tener uno o dos orgasmos al día. En las noches, a veces veía películas pornográficas en su cuarto y se masturbaba. En el día, le gusta masturbarse en el piso del baño, una costumbre que desarrolló en la universidad, donde el baño era el único lugar donde había privacidad. Desde que vive conmigo, rara vez cierra la puerta. Cada vez que paso por el baño y lo veo sentado en el piso jugando con su pene, me inunda el amor incondicional. Estoy muy agradecida de tener una relación donde ambos aceptemos sin reserva alguna la masturbación. Nos brinda una gran libertad y bienestar sexual.

Tengo años de escuchar a mujeres dicirme que cuando descubren que su esposo se masturba, piensan que les roban algo o se sienten sexualmente fracasadas. Si lo descubren viendo videos pornográficos, observando imágenes en línea de mujeres desnudas, entrar a salas de charla en Internet mientras se masturba, terminan en un ataque de celos. Esta definición tan estricta de la fidelidad sexual destruye cualquier oportunidad de que un hombre disfrute un poco que variedad sexual inofensiva mediante la masturbación y la fantasía. Lo mismo ocurre con los hombres que se sienten amenazados cuando sus esposas disfrutan un orgasmo masturbándose con un vibrador.

Este tipo de posesión se basa en una gran inseguridad sexual. ¿Acaso nos sentimos tan sexualmente desadaptadas que, cuando nuestra pareja tiene unos momentos privados de placer erótico a solas, creemos lo peor? ¿Acaso está a punto de botarnos por alguien que es mejor en la cama?

El sexo con uno mismo tiende a ser más sencillo que el sexo en pareja cuando se trata de tener un orgasmo, un hecho que pocos queremos reconocer. No todas las parejas desean el sexo con penetración todo el tiempo. Tal vez ella tenga su periodo. Quizá él está cansado y prefiere tener un clímax más tranquilo con la masturbación que una relación sexual. Probablemente una enfermedad reciente afectó su energía y la idea de hacer el amor le parece demasiado esfuerzo.

A un gran número de hombres les han hecho creer que el tener sexo es la culminación del erotismo y que la masturbación es cosa de niños que no vale la pena. Mentira. Tener un orgasmo con uno mismo con frecuencia puede ser el sexo más satisfactorio de todos. Las mujeres saben que la masturbación les da una mayor sensación, pero esa información no la quieren compartir por temor a ser vistas como frígidas o, en fechas más recientes, como sexualmente disfuncionales.

Parejas que comparten la masturbación

Revelar nuestro ser erótico en presencia de otra persona ocasiona que la timidez, la vergüenza y la pena, tres de las barreras más grandes para la intimidad sexual, disminuyan en forma paulatina. Cuando a mí me disgustaba tocarme los genitales frente a mi pareja, era porque la inhibición limitaba mi capacidad de disfrutarme por completo. Cargar con la imagen romántica tradicional de que mi príncipe me despertaría sexualmente, ¿qué pensaría él si me viera tocándome con rapidez? Eso destruiría por completo cualquier semejanza con un romance. O al menos así lo pensaba yo.

Mi curación sexual fue por etapas. Primero, Grant y yo admitimos que una gran parte de nuestros orgasmos dependieron de la masturbación marital, a escondidas y culposa. Aun cuando nos queríamos masturbar juntos, tardamos varias semanas en aceptar que "ésta es la noche", pero lo cancelábamos en el último minuto y teníamos relaciones. Antes de que yo reuniera el valor de compartir una actividad que escondí toda mi vida, primero debía observarme masturbándome frente a un espejo a solas. ¿Qué esperaba? Tal vez me imaginé que me veía rara, pero lo que vi fue una mujer intensa y sexual. Como artista que pinta desnudos, vi una imagen que sabía que debía captar en algún momento.

En cuanto logramos superarlo, nuestra intimidad fue más profunda. Pudimos ser más honestos sobre el momento y la forma en que queríamos compartir el sexo juntos. Cuando menstruaba o a él le dolía la espalda, nos podíamos masturbar juntos. Al eliminar el concepto de que siempre debíamos complacer uno al otro durante el coito, nuestra vida sexual fue mucho más relajada. Esa exigencia con frecuencia torna el sexo en pareja en una representación a fin de mantener feliz a la otra persona.

También aprendimos la forma en que cada uno manejaba sus propios genitales, lo cual mejoró nuestra técnica del sexo manual. Durante el coito, si él se venía antes que yo, me podía hacer sexo manual casi tan bien como yo. O yo me masturbaba mientras él platicaba de algo muy erótico. También ocurría lo contrario. Si él necesitaba una estimulación más directa para tener un orgasmo, no tenía que esforzarse por tener sexo más rápido ni fuerte para lograrlo. Yo se lo podía hacer con la mano.

Observar a un amante masturbarse puede ser muy excitante. Turnarse para estar de mirones en tanto la pareja da un espectáculo erótico en vivo es excitación de primera clase. Acostarse uno junto al otro y masturbarse simultáneamente o pararse los dos frente a un espejo de cuerpo entero y observarse a uno mismo y al otro, supera cualquier pornografía. Sentarse en las sillas de la sala uno frente al otro dejará recuerdos sexuales que persistirán en el lugar. Acostarse en la cama uno frente al otro haciendo contacto con los pies entre sí inspira una pequeña plática ardiente en tanto intensifican las miradas eróticas. Una de mis favoritas es acostarse uno al lado del otro con la cabeza opuesta a la mano con la que se masturba para ver más de cerca. Me encanta observar el pene de un hombre expulsar con fuerza una descarga de semen.

Compartir la masturbación puede ser un gran desafío para muchas mujeres. Por ejemplo, un hombre me escribió acerca de una mujer inhibida de cuarenta y tantos años y me decía que tanto él como su esposa se masturbaban en privado. A pesar de que ella por fin pudo platicar con él, no se masturbaba en presencia de él porque le daba pena. Me preguntó si podía ayudarles.

Le sugerí que la próxima vez que tuvieran relaciones sexuales, le diera un masaje en el clítoris con los dedos bien aceitados. Después de hacerlo en varias ocasiones, que colocara la mano de ella sobre el clítoris y la alentara a estimularse mientras él continuaba moviéndose con lentitud dentro de la vagina. En cuanto ella se sintiera a gusto tocándose el clítoris durante el sexo en pareja, el que se masturbara frente a él no sería tan grave. Varias semanas después, me escribió para agradecerme porque había funcionado.

Cómo mantener en privado el sexo a solas en una relación

Es importante que cuando dos personas que viven juntas y se masturban por separado, permanezcan como parte de la vida sexual del otro. Aun cuando es cierto que la masturbación en privado quizá no ocurra durante los primeros meses o el primer año cuando el sexo todavía es una novedad ardiente, con el tiempo las cosas se enfrían a pesar de lo mucho que querramos a nuestra pareja. El reanudar el sexo con uno mismo beneficiará a la relación. Esos momentos de soledad sexual nos permite enfocarnos en nuestras propias sensaciones de placer sin tener que estar conscientes de la otra persona.

A fin de tener un crecimiento y desarrollo sexual, este viaje interior en privado es un momento para explorar nuestra mente erótica en la soledad. Quizá algunos quieran practicar la masturbación como una meditación sexual para aquietar la mente. Quienes están aprendiendo nuevas técnicas, prefieren practicarla a solas, como el bailarín que se ejercita en la barra. Después de todo, la pareja es nuestro público, por lo que el sexo para dos es semejante a una representación. En lugar de denigrar el concepto de "representar", yo opino que mejore su habilidad de tener sexo y disfrute el aplauso de un amante entusiasta.

Para aquellas mujeres que están en busca de su primer orgasmo luego de muchos años de casada o de tener una relación estable, les recomiendo que primero lo practiquen a solas. Es esencial que una mujer se concentre por completo en lo que siente. No importa cuán bien intencionado sea su pareja, existe una buena probabilidad de que sea una distracción. Las mujeres se han dedicado a cuidar de los demás durante años, por lo que es difícil para la mayoría de nosotras ponernos en primer lugar. El otro problema es que los hombres están programados para ser los proveedores del sustento familiar y del placer sexual de la mujer, de modo que es casi imposible para ellos continuar siendo el apoyo sin tener cierto grado de control. Cuando estamos solas, siempre existe una mayor libertad de concentrarnos en la práctica de cualquier forma.

Una cliente finalmente aprendió a tener un orgasmo con un vibrador eléctrico a los 70 años. De acuerdo con mi sugerencia, su esposo y ella hablaron sobre la necesidad de que tuviera más practicas a solas. Cuando cerraba la puerta de su recámara, el esposo respetaba su privacidad. Un año después, recibí una llamada de su esposo para agradecerme. Me dijo cómo incorporaron el vibrador a su vida sexual. Aun cuando ella nunca se masturbó frente a él debido a sus inhibiciones, se masturbaba mientras su esposo estaba sentado afuera de la recámara. El zumbido del vibrador era muy excitante y él también se masturbaba. Cuando tenía un orgasmo, decía el nombre del esposo en voz alta, después de lo cual él entraba con una erección y penetraba la vagina ya preparada para que él tuviera un orgasmo. Estaban extasiados con su nueva vida sexual orgásmica.

Masturbación asistida por la pareja

Algunos de mis mejores orgasmos han sido el resultado de que me masturbo mientras mi amante hace cosas maravillosas en mi cuerpo. A veces lame o succiona mis pezones; en otras me penetra lentamente con los dedos o un consolador. Tener a un amante que se haga cargo del consolador es verdaderamente placentero, en especial para mujeres de brazos cortos como yo. O la suma de dos manos más acariciando todo mi cuerpo mientras uso mi vibrador es como estar en el cielo. La persona que asiste ve a su pareja consumirse en una combinación de sensaciones.

A veces, cuando Eric me quita la bata con los dientes como un perrito y me empuja hacia la cama, es irresistible. Dejo de hacer lo que sea y lo acompaño. Si no estoy de humor para tener una relación sexual, la masturbación asistida por la pareja siempre es divertida. Para cuando alcanzo el aceite para masaje, él ya tiene una erección. Él se empuja contra su espalda y yo le empiezo a aceitar el pene y los testículos. Mientras él se hace cargo de su pene, le doy un masaje, le lamo los testículos o le froto el ano en tanto él se masturba. Estar cerca del agrio olor de sus testículos y verlo expulsar una gran descarga me da más energía que tomarme un descanso para beber café.

Con mi primera amante constante, la masturbación asistida por la pareja nos ayudó a superar nuestros sentimientos experimentales. Las dos éramos novatas en cuanto a tener sexo con mujeres, pero éramos unas masturbadoras expertas. En vez de tener sexo oral o de utilizar un consolador, que sería una forma más avanzada del sexo lésbico, nos turnábamos para intensificar la masturbación de la otra. Durante nuestra relación de cinco años, Laura y yo terminamos haciendo de todo. Resultó que nuestra forma preferida de intimidad sexual era compartir horas de masajes y masturbación. El contacto sensual, sin exigencias, del masaje y ser las responsables de generar nuestros propios orgasmos nos curó de años de sentir que debíamos complacer a nuestros amantes aun cuando ello significara sacrificar nuestro propio placer.

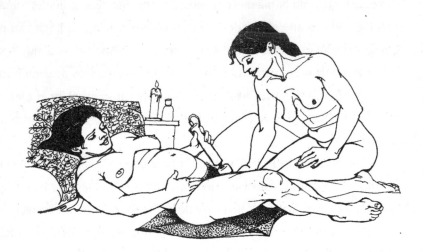

Masturbación asistida por la pareja. *Una mujer utiliza el vibrador para estimularse el clítoris en tanto su pareja agudiza la experiencia de su orgasmo con algunas caricias eróticas anales o vaginales o con la penetración.*

La libertad de satisfacer los deseos sexuales individuales da a hombres y mujeres la voluntad de estar más cerca y en mayor contacto con el otro, tanto en forma literal como figurativa. Cuando se trata de las caricias afectuosas, nunca es suficiente. Una amiga desea que su esposo le brinde la mitad del afecto que le prodiga al perro. Otra duda en abrazar a su esposo por temor a que él malinterprete su muestra de afecto como una invitación a tener sexo. En cuanto las parejas incorporan la masturbación en su sexo en pareja y ambos están conscientes de que tienen la libertad de tener un orgasmo en cualquier momento, las muestras de afecto con caricias, abrazos y besos pueden durar toda la vida.

La historia de la masturbación

Seríamos inteligentes si nos preguntáramos por qué a las personas les aterra tanto la masturbación. Si tomamos en cuenta toda historia registrada de la humanidad, el tabú de la masturbación es relativamente reciente. El tocarse uno mismo los genitales como una satisfacción sexual es una práctica que existe desde la edad de piedra. Pequeñas figuras de barro masturbándose que datan de esa época demuestran la aprobación de esta actividad humana. La cerámica griega de los siglos v y v a.C. describen tanto a mujeres como hombres masturbándose alegremente junto con imágenes gráficas del uso de un consolador.

En el Egipto antiguo, el mito de la creación más popular se basaba en el ritual diario de la masturbación que ocurría en los templos de Karnak construidos hace más de cuatro mil años, una información que durante mucho tiempo reprimieron estudiosos y autoridades religiosas debido a la vergüenza que aún provoca. El texto a continuación se obtuvo de un muro en Karnak:

"Al principio era el caos. El caos era oscuridad, las aguas del abismo. El primer dios, Amón, se elevó de las aguas usando sólo su propia fuerza para darle forma a su cuerpo. Amón existió solo. Todo era suyo. El ayer y el mañana le pertenecían. Solo, tomó su pene con una mano. Le hizo el amor a su puño. Creó su placer exquisito de entre sus dedos y, con la llama de la explosión furiosa que él encendió con su mano, se formó el universo."

Cada amanecer, sacerdotes y sacerdotisas atravesaban los pasillos de procesión que unían los tres templos hasta llegar al último cuarto, en el que se encontraba el sepulcro de Amón Ra. Ahí, representaban la creación original de la masturbación divina a fin de hacer ascender al dios sol para tener otro glorioso día. Estos egipcios antiguos a diario creaban por sí mismos la fuente de su propia fuerza espiritual por medio de la masturbación divina. Vaya diferencia con la mayoría de las religiones, que profanan el cuerpo humano y toda forma de placer sexual.

En la antigua Irlanda, la palabra gaélica para masturbación significaba "amor a sí mismo", pero con la llegada del cristianismo cambió de la noche a la mañana por "abuso a sí mismo". Los líderes religiosos convirtieron con éxito una actividad humana natural en un pecado por el que Dios castigaba. La historia bíblica de Onán, quien derramó su semilla sobre la tierra y Dios lo mató con un rayo, se interpretó como una advertencia contra la masturbación. Sin embargo, años después, estudiosos reinterpretaron la historia de Onán y concluyeron que su crimen fue desobedecer la orden de Dios de cumplir con su deber y engendrar un hijo con la esposa de su hermano. En realidad, la masturbación jamás se menciona en el Antiguo y el Nuevo Testamento.

Tanto en Europa como en América, a las curanderas se les acusaba incorrectamente de ser brujas y las quemaban en hogueras. Conforme la brujería perdió con el tiempo su reputación como la causa principal de locura, los médicos tomaron el control y establecieron que la masturbación era el siguiente síntoma de la demencia. Obviamente, estos nuevos sacerdotes de la ciencia médica tenían el único remedio. Para evitar que niños y adultos se tocaran los genitales por placer usaban crueles dispositivos de limitación, toques eléctricos, las inyecciones mortales y circuncisión en hombres y mujeres. El siguiente hecho parece de *Ripley, aunque usted no lo crea*: no fue sino hasta 1972 que la Asociación Médica de Estados Unidos declaró la masturbación como una actividad sexual normal.

Mientras la política puede ser un arte o una ciencia y la religión una forma de desarrollar principios espirituales, hace poco ambas se han utilizado para manejar a la gente de un modo oportunista, manipulador y hambriento de poder. Cuando una persona se da cuenta de la forma en que la prohibición de la masturbación se ha usado como una estrategia para controlarnos, es evidente por qué las personas están sexualmente reprimidas. Muchos católicos, judíos, mormones, protestantes y musulmanes siguen creyendo que la masturbación es un pecado. Cierto número de estas personas legislan y apoyan leyes que afectan directamente nuestra libertad sexual.

La queja más común de la lista en la mayoría de las parejas casadas es la incompatibilidad en los impulsos sexuales. Si yo pudiera aprobar una ley donde se dispusiera que todas las parejas deben realizarse una prueba de compatibilidad sexual antes de casarse, lo haría. También incluiría una cláusula donde se estableciera que los y las jóvenes deben tener sexo con al menos media docena de parejas antes de elegir con quién casarse. Casi todas las parejas jóvenes de hoy que han estado casados diez años vivieron con el temor de contraer sida, por lo que terminaron con un compromiso constante hasta los 30 años. Tuvieron muy poca oportunidad de experimentar con diferentes parejas.

Encima de todo, los niños crecen con un mal criterio sexual acerca de la masturbación. Se espera que los niños eyaculen como parte de una necesidad biológica. Mientras tanto, a las niñas se les reprime sexualmente y jamás se les menciona o alienta a la masturbación porque las niñas pueden tener un embarazo no deseado al llegar a la pubertad. En cuanto una mujer se casa, se supone que llega una hada sexual quien ondea su varita mágica y la convierte en un punto sexual, pero la falta de masturbación le impide tener orgasmos durante el sexo en pareja. La única varita mágica con la que me he topado se conecta a un enchufe. Mi sugerencia a los hombres casados cuyas mujeres tienen poco interés en el sexo es conseguir una Varita Mágica junto con mis libros y que los lean juntos, y platiquen sobre cómo incluir la masturbación en su vida.

Conforme me acerco a los 40 años de enseñar y defender la aceptación y el progreso de la masturbación, muchas personas siguen considerando la idea como algo histéricamente divertido, y algunas piensan que es totalmente desagradable. Sin embargo, cada vez más personas adoptan la masturbación para parejas. Están de acuerdo en que la represión de la masturbación de hecho es la base de la represión sexual, y que la práctica desinhibida de la misma con frecuencia puede invertir esta asfixiante tiranía sexual. Cuando nos sintamos más cómodos con nuestro cuerpo sexual, disfrutaremos de una forma más despreocupada el placer en nuestras relaciones.

Comparta las buenas noticias con sus amigos más cercanos: adoptar la masturbación es la base de un sexo en pareja con orgasmos mutuos. Esa afirmación al menos dará pie a una conversación interesante, se lo juro.

Ella quiere más. *Después de una hora de sexo en pareja ardiente, ella todavía está excitada y quiere tener otro orgasmo. Él le frota los genitales mientras ella utiliza el vibrador para tener otro orgasmo. Quizá él tenga otra erección y tendrán una nueva ronda de sexo pene/vagina.*

9
Juguetes eróticos

Para parejas que quieren divertirse

Una tarde en 1965, el peluquero le daba a Grant un masaje en el cuero cabelludo con un vibrador eléctrico cuando pensó: "¡Este aparato sería excelente para estimular el clítoris!" Ese mismo día fue a una tienda de suministros para peluquerías y compró uno. La siguiente tarde me presentó al vibrador Oster. Después de aplicarme aceite para masaje y de excitarme manualmente, con toda calma sujetó el vibrador a la parte superior de su mano. Al principio yo no estaba segura de tener una máquina eléctrica en la cama con nosotros, pero sus dedos eran los que vibraban. De todas maneras era piel sobre piel, así que pensé que quizá no había problema. Tuve un orgasmo absolutamente maravilloso y poco a poco acepté el vibrador como un juguete erótico con el cual practicar de vez en cuando.

En 1970, presenté como parte de mi segunda exhibición de arte el cuadro de una mujer usando el mismo vibrador Oster. El resultado fue la censura en los medios por parte de los críticos y mi relación con la galería se terminó. Convencida de haber descubierto que la base de la represión sexual es la represión de la masturbación, decidí dejar en forma temporal el mundo de las artes e involucrarme en el feminismo y la liberación sexual femenina. Empecé a escribir artículos muy directos sobre el uso más eficaz de vibradores eléctricos y a enseñar a las mujeres en mis talleres cómo aprovechar toda esa energía para el placer sexual.

Durante la primera gran conferencia NOW sobre sexualidad en 1973, tuve el privilegio de presentar los vibradores eléctricos a feministas para su beneficio orgásmico. Durante mi conferencia, había gente hasta en el pasillo. Un año después, publiqué el primer libro feminista dedicado por completo al tema de la autocomplacencia: *Liberating Masturbation: A Meditation on Selflove* (La liberación de la masturbación: Una reflexión sobre el amor a uno mismo). En ese entonces, tenía problemas para encontrar artículos eléctricos para masajes para mis talleres, así que convencí a mi amiga Dell Williams que empezara un negocio en casa de pedidos por correo para vender vibradores eléctricos junto con mi libro. Los ingredientes esenciales para cada taller era una caja de vibradores eléctricos, cables de extensión y frascos de aceite para masaje para un masaje genital y una penetración vaginal con los dedos o consoladores en forma de pepino.

En 1975, Dell abrió la primera boutique erótica para mujeres en Estados Unidos llamada el Jardín de Eva. Desde entonces, han surgido tiendas de objetos eróticos propiedad de mujeres en Estados Unidos y Europa. Estas tiendas se han convertido en un refugio seguro donde las mujeres pueden adquirir vibradores, consoladores, lubricantes, libros, videos y demás información que necesitan para explorar su sexualidad.

Luego de varios años de alabar los vibradores eléctricos, me di cuenta de la predisposición que existía en contra de su uso por parte de las mujeres. A veces dudé y me pregunté si yo estaba provocando que las mujeres se acostumbraran a los orgasmos eléctricos. Y si ése fuera el caso, ¿qué quería decir? La publicidad en contra de los vibradores llegó de diversas fuentes. La primera fueron las mujeres que dudaban de incluso probar un vibrador por temor a que fuera la única manera de poderse venir. Muchas de estas mujeres no tenían orgasmos con una pareja o consigo mismas, y sin embargo les preocupaba acostumbrarse a un juguete erótico. Convencidas de que sus orgasmos deben ser el resultado del contacto con un amante, de una lengua o de un pene, preferían esperar a que apareciera el hombre adecuado que las hiciera tener un orgasmo.

Otro segmento de disidentes que me advirtieron en contra del uso de vibradores eléctricos en la década de los setenta fueron las psicólogas que daban terapia sexual. Casi todas estaban dedicadas al concepto de que si una mujer aprendía a masturbarse con la mano, el hombre de su vida podría ayudarla a tener un orgasmo manualmente, satisfaciendo así en cierta forma la imagen romántica. Hoy en día, los terapeutas sexuales rara vez dudan en recomendar un vibrador de pilas o eléctrico para ayudar a que una mujer supere su incapacidad para tener un orgasmo, por tanto hemos logrado cierto avance.

El último grupo en armar un gran escándalo fueron los hombres que llegarían hasta la últimas consecuencias para eliminar los vibradores eléctricos y los consoladores vibrantes. Algunos creían que los juguetes eróticos eran instrumentos del diablo que destruirían a sus dos vacas sagradas preferidas: la maternidad y la familia. Otros, chapados a la antigua, no tienen intenciones de competir con una máquina que, en cuanto se conecta, puede seguir por tiempo indefinido. La sola idea de que las mujeres quisieran tener sexo en pareja para obtener un orgasmo significaba que los hombres tendrían que cambiar su forma egoísta. Ya no podrían simplemente eyacular en la vagina, después voltearse y dormirse. Sentían que los vibradores eran una amenaza.

Pero siempre hubo hombres inteligentes que consideraron a los vibradores sus aliados, algo que les aligeraba la responsabilidad de hacer que ella tuviera un orgasmo ya fuera manual u oralmente. Ellos eran los que compraban los vibradores y los invitaban a su cama. Querían que sus esposas y novias se excitaran más y pudieran disfrutar del sexo en pareja con mayor plenitud.

Hasta que Joani Blank, fundadora de la tienda de objetos eróticos Buenas Vibraciones, tuvo una exhibición de vibradores antiguos en la década de los ochenta, yo no tenía idea de su vasta historia. A finales del siglo XIX, los médicos trataban a las "histéricas" haciéndoles sexo manual como una parte continua de su práctica. La masturbación femenina estaba prohibida y como el sexo marital estaba limitado a la penetración vaginal que rara vez producía un orgasmo, la frustración sexual de las mujeres se catalogó como "histeria" y se clasificó como una condición crónica con muchos síntomas como ataques de depresión, desmayos, nerviosismo y por lo general la destrucción de una armonía familiar (en especial la de su esposo) debido al mal genio.

A fin de mantener la penetración de pene/vagina como una sexualidad "normal" y salvaguardar la autoestima sexual del hombre, estas mujeres malhumoradas o deprimidas que no tenían orgasmos acudían al médico para curarse de su "enfermedad". Los médicos les daban masajes en los genitales para que tuvieran un orgasmo, pero ellos lo denominaron "aliviar su paroxismo histérico". En respuesta a las necesidades médicas, el primer vibrador eléctrico se inventó como un aparato médico. Estas máquinas redujeron el tiempo requerido para que una mujer tuviera un orgasmo de una hora a diez minutos, lo cual, para las prácticas clínicas de los médicos, era mucho más lucrativo. *The Technology of Orgasm* (*La tecnología del orgasmo*) de Rachel Maines detalla los antecedentes de la histeria y la invención de los vibradores.

Con el tiempo, las mujeres pudieron comprar vibradores eléctricos para usarlos en su casa antes de que se inventaran las planchas eléctricas y las aspiradoras. Los vibradores se vendían por catálogo y se anunciaban en revistas femeninas respetables. Pero cuando empezaron a aparecer en las películas pornográficas en la década de los veinte, los retiraron del mercado. En mi opinión, simplemente eran los hombres que de nuevo protegían su autoestima sexual. Los vibradores no sólo eran una forma de competencia, sino que su uso ponía en duda la definición de la sociedad sobre la "sexualidad normal" y era un verdadero revés para el amado orgasmo vaginal de Freud. A partir de entonces, los vibradores eléctricos se vendían principalmente como máquinas de masajes para aliviar músculos adoloridos o estimular el cuero cabelludo de los hombres y así evitar la calvicie.

Hoy en día, los juguetes eróticos se han convertido en un negocio multimillonario. No obstante, todavía existe una predisposición en contra del uso de una máquina eléctrica o de pilas para orgasmos más placenteros porque este tipo de sexo hace resaltar al clítoris. Algunos estados en Estados Unidos prohíben la venta de consoladores y vibradores. Imagínese el tipo de inseguridad egoísta que existe en un hombre que no puede soportar la idea de que su esposa reciba un poco de placer sexual del clítoris en vez del pene.

Conforme el clítoris se abre paso en la definición de la sexualidad femenina saludable, con frecuencia me preguntan cuál es la edad adecuada para que una mujer empiece a usar un vibrador. Si no hubiera represión sexual, cada mujer experimentaría un progreso sencillo del contacto en el clítoris. De niña, exploraría sus genitales manualmente y le asignaría un nombre al clítoris. Las jovencitas disfrutarían autoestimularse del mismo modo que los jóvenes. Las adolescentes explorarían que el novio o la novia les tocara el clítoris con los dedos. Después de conseguir algún anticonceptivo, las chicas a quienes les gustan los muchachos, empezarían a tener sexo de pene/

vagina. La estimulación manual en el clítoris durante el coito sería algo natural. A la edad de 30 años, las mujeres podrían usar un vibrador de pilas o eléctrico. A los 40, le darían la bienvenida a los vibradores eléctricos para estimularse el clítoris.

Por desgracia, este tipo de adelanto natural rara vez sucede. Si una mujer se acerca a los 30 años y su experiencia con la masturbación es mínima o nula, le recomiendo que eche a andar su respuesta sexual con un vibrador de pilas. Si no funciona, que por supuesto use uno eléctrico. No veo nada de malo en que las jóvenes empiecen a masturbarse con un vibrador, excepto que podría molestar a su obtuso amante que necesita ser la fuente de sus orgasmos. Qué más da el tipo de estimulación en el clítoris que prefiera una mujer, siempre y cuando funcione, ya sea que use su mano, la de su amante, un vibrador eléctrico, un chorro de agua en la tina o el ciclo de exprimido mientras se recarga contra la lavadora.

Desde la década de los setenta, recomiendo la Varita Mágica Hitachi para masajes y placer sexual sin cobrar por la promoción. Aun cuando otras compañías de vibradores me han propuesto un negocio, siento que la calidad de su producto no es la misma. Oficialmente, la Varita Mágica se vende para masajes corporales, y es excelente para el alivio de músculos adoloridos. Sus vibraciones terapéuticas proporcionan un nuevo suministro de sangre al área de masaje, incluyendo el congestionamiento en los genitales. El distribuidor actual en Estados Unidos es Vibratex. Los propietarios dijeron que el hijo del señor Hitachi está consciente del papel que he representado en la popularidad de su vibrador. Me han dicho que pretenden hacerme partícipe del equipo de diseño para la siguiente generación de Varitas Mágicas.

Aunque no tengo nada en contra del uso de aceite para masaje y de nuestras manos para estimular el clítoris, las mujeres que no se masturban constantemente dicen que se cansan antes de sentir alguna excitación sexual, por lo cual la estimulación manual rara vez funciona. El uso de un vibrador de pilas o eléctrico sustituirá los años de privación sensorial. Para una mujer en busca de su primer orgasmo como adulto, la Varita Mágica hará despertar a un clítoris adormecido al producir una estimulación fuerte y constante todo el tiempo que ella lo necesite justo donde lo sienta mejor. El vibrador también hace maravillas en una mujer interesada en aumentar la intensidad de sus orgasmos. Tal vez su deseo es tener varios orgasmos durante una sesión de sexo a solas o quiere disfrutar de orgasmos más fuertes durante el sexo de penetración con una pareja. Un vibrador eléctrico es obligatorio para postmenopáusicas que quieren revitalizar su libido en decadencia.

Para aprovechar la poderosa energía del vibrador, mi sugerencia es empezar con varias capas de una tela suave o algo parecido. Conforme el clítoris se adapta a sensaciones más fuertes, se pueden retirar las capas de tela durante un periodo de diez a 20 minutos hasta terminar con una capa. Yo envuelvo la punta del vibrador con una toalla y la sujeto con una liga. Algunas mujeres sostienen el vibrador arriba, abajo o a un lado del clítoris. A otras les gusta usarlo directamente sobre el clítoris para tener un clímax rápido, pero el tomarse de media a una hora generará mayor tensión sexual y producirá un orgasmo más completo. Sin embargo, no existe ley alguna en contra del rapidín ocasional para aliviar la tensión. Yo les digo "orgasmos de mantenimiento". Siempre es bueno experimentar.

Desde mi punto de vista, la Varita Mágica es para las mujeres lo que el Viagra para los hombres. Jamás he escuchado a un hombre disculparse por tomar Viagra para disfrutar de sus orgasmos. Si un senador saliera en televisión y dijera al mundo que toma Viagra, ninguna mujer tendría que disculparse ante nadie por usar un vibrador eléctrico. Nosotras también tenemos derecho a disfrutar de nuestros orgasmos y reclamar nuestra definición de placer sexual femenino, que muchas veces incluye el uso de un vibrador para estimular el clítoris.

Hoy en día, ya no me preocupa la adicción al vibrador, del mismo modo que dudo de muchas de las acusaciones respecto a la adicción al sexo o a la pornografía de una persona. En muchos de estos casos, creo que quienes acusan están celosos porque creen que la otra persona se divierte más que ellos. No me preocupa la adicción al sexo sino la pobreza, el racismo, el negar los derechos de igualdad a las mujeres, la falta de educación sexual, el acceso a los anticonceptivos y el derecho a elegir el aborto.

Muchas personas todavía visualizan las baratijas de plástico en forma de pene cuando escuchan la palabra "vibrador". Estos vibradores de pilas primero llegaron al mercado en la década de los sesenta y se vendían en farmacias por millones. Ahora están a la venta en cualquier tamaño y color imaginable. Como tienen la forma de pene, mucha gente cree que son para penetración vaginal, pero casi todas las mujeres sólo los utilizan para estimularse el clítoris. Algunas prefieren las vibraciones más suaves de un vibrador de pilas. Los vibradores de pilas pequeños más populares no son más grandes que un estuche para lápiz labial. Mi preferido es el Water Dancer (El bailarín de agua). Ofrece una vibración fuerte y sólo requiere una pila AA. Es excelente para los viajes. En la actualidad, muchas mujeres tienen varios vibradores: de pilas, eléctrico y recargable.

Los vibradores japoneses de pilas se venden muy bien porque llaman la atención. El mango gira, da vueltas y vibra en tanto perlas ruedan detrás de un plástico transparente en medio del consolador. Un conejo pequeño con orejas que vibran con rapidez está sentado en la base y se cree que estimula el clítoris. Sin embargo, a mí no me funciona la ubicación de las orejas del conejo en cuanto el mango está dentro de mi vagina. El mango no gira tanto en el caso de músculos vaginales fuertes. Después de intentarlo, terminé usando nada más las orejas del conejo en mi clítoris. Una compañía captó este hecho y ahora se vende un juguete erótico que sólo son las orejas de conejo que vibran. Si le gusta uno de estos juguetes japoneses, perfecto, disfrútelo.

A pesar de que parece una excelente idea tener penetración vaginal y estimulación en el clítoris en un solo juguete; luego de años de experimentar, yo prefiero mantener por separado la penetración vaginal, del vibrador que me estimula el clítoris. Así tengo la opción de usar distintos ritmos con cada uno. El vibrador se puede mover con rapidez sobre mi clítoris al mismo tiempo que me masturbo lentamente con un consolador o viceversa.

Algunas mujeres prefieren los vibradores eléctricos en forma de pistola porque no hacen tanto ruido. Estas mujeres se sienten más seguras con una vibración sin sonido cuando alguien más está en la casa. Sin embargo, los vibradores de pistola tienen una bobina electromagnética que va a gran velocidad. Es el mismo motor que se utiliza en rasuradoras eléctricas y, para mi gusto personal, vibra demasiado rápido. Los pequeños aditamentos estimulan con mucha precisión, cosa que a mí me molesta, aunque a otras les gusta. En mi opinión, la amplia punta de goma en los "vibradores de vara" extiende mejor las vibraciones y el motor crea una vibración más lenta. De nuevo, si tiene una aventura ardiente con el vibrador de bobina, continúe disfrutando sus orgasmos.

También existen vibradores inalámbricos para brindar movilidad. Los hay de larga duración de carga, que es fabuloso para viajes en carretera o una tarde en una playa desierta. Un verano, una amiga y yo nos llevamos nuestros vibradores recargables a la playa y encontramos una enorme roca plana a orillas del mar. En la tarde, nos acostamos sobre la suave y cálida superficie bajo los rayos del sol y tuvimos nuestros orgasmos mientras las olas bañaban la orilla debajo de nosotras y escuchábamos el sonido del oleaje mezclado con los chillidos de las gaviotas. Existe algo muy especial en estar desnudas y masturbarse en la sala de la Madre Naturaleza bajo un cielo azul brillante y unas cuantas nubes suspendidas.

Una mujer que me envió un correo electrónico estaba preocupada por si usaba un vibrador como una opción mecánica rápida para una satisfacción instantánea. Su pregunta era: que en cuanto lo usara, ¿cómo aprendería a no usarlo? Y me pide una respuesta. ¿Quién tiene el derecho a decidir si una mujer debe aprender a *no* usar un vibrador? ¿Su amante, la sociedad, la religión, el gobierno? Siempre he dicho que no existe una forma "correcta" para tener un orgasmo. Dada la historia persuasiva de la represión sexual femenina, yo diría que cada mujer merece toda la ayuda que pueda obtener. Aun cuando algunas personas le llamen a un vibrador eléctrico un apoyo, yo digo que es una bendición. Intente convencer a un hombre que el Viagra que toma no es un apoyo.

Una mujer de 47 años que tuvo su primer orgasmo con un vibrador no sabía cómo agradecerme. "El buscar tener un orgasmo ha sido un problema de toda la vida y ahora me quité un gran peso de encima. Los orgasmos que ahora tengo son sumamente intensos y placenteros. No tenía idea de que me sentiría así."

Otra mujer que durante los últimos años usa un vibrador eléctrico, quería empezar a tener orgasmos vaginales con su nuevo novio: "Estamos muy enamorados y, por primera vez en mi vida, quiero que él me haga tener un orgasmo. Él tiene orgasmos durante el coito y a mí también me gustaría tenerlo. ¿Qué hago?"

Mi porcentaje de éxito enseñando a una mujer cómo tener un orgasmo durante el coito es de cero, así que la insté a que incorporara el vibrador en su relación sexual. Algunos terapeutas recomiendan retirar el vibrador y después pasarse los siguientes seis meses aprendiendo a masturbarse con la mano. Esto permitiría que su amante fuera la fuente de su orgasmo con la estimulación directa en el clítoris o con sexo oral. Más que a menudo, una mujer termina por desanimarse y regresa al uso del vibrador, pero en esta ocasión lo siente más como un fracaso. Aún así, conozco algunos casos de mujeres que aprenden a estimularse manualmente de modo que las parejas hagan que tengan un orgasmo. ¿Cuál es el truco? Ellas me dicen que sus orgasmos no son muy fuertes, pero emocionalmente se sienten más satisfechas porque sus esposos son más felices.

Tenía un par de amigas que durante algunos años usaron un vibrador y después decidieron regresar al uso de las manos. Ya tenían una historia de disfrutar la masturbación manual, de modo que regresar a los dedos no fue gran problema para ellas. Preferían un tipo de orgasmo menos intenso y la libertad de no tener que conectarlo a un enchufe. Fue una opción que funcionó. Sin embargo, una mujer que tuvo sus primeros orgasmos con un vibrador y que continúa usándolo durante años, es poco probable que aprenda a emplear una forma de estimulación más ligera.

Eric, al igual que otros hombres, aceptó que al principio le molestó la idea de ser superado por un vibrador. Pero en lugar de sentirse amenazado o fuera de uso, después de leer mi libro *Sex for One* (Sexo para uno), decidió formar una alianza con el vibrador. Al concentrarse más en ampliar el arte del placer sexual, aprendió que la experiencia orgásmica de una mujer sería mayor si combinaba su participación erótica en tanto la mujer controlaba la estimulación en el clítoris. El vaivén lento del pene en la vagina con el vibrador en el clítoris en tanto él le acaricia los pechos y el cuerpo, superaría el uso del vibrador. Las vibraciones que él pudiera sentir en el pene también se agregaban a su placer. La cooperación en vez de la competencia era la respuesta a un sexo superior tanto para él como para cualquier novia que prefiriera tener un orgasmo con un vibrador.

Hoy en día, cuando Eric platica con sus amigos de veintitantos años, les dice: "Oigan, ¿cómo creen que se sentiría una mujer que constantemente tiene orgasmos con un vibrador si ustedes le dijeran que no puede llevar esa cosa a la cama con ustedes? Si así lo hacen, entonces están demostrando que el ego de su pene es más importante para ustedes que el placer de ella". Termina diciéndoles que si un hombre incluyera un vibrador durante su relación sexual, podría ser el gran amante que se imaginó ser. Es un principio muy simple. Cualquier hombre que ofrezca placer sexual al incorporar el clítoris sin condiciones será recompensado, entre otras cosas, con el afecto y aprecio real de la mujer.

La carta a continuación hace referencia al conflicto que sufrió una mujer sexualmente sofisticada cuando descubrió el sexo con un vibrador:

"Soy una mujer de 48 años sin compromisos. Hace poco, quise probar un vibrador pues jamás lo había usado. Con la idea de poder integrar el vibrador Hitachi (¡me encanta!) a mi repertorio, empecé a tener los orgasmos más increíbles en mi vida. Son mucho más intensos. En cinco minutos o menos, tengo tres clímax rápidos antes de poder tranquilizarme para que dure más y desarrollar una fantasía. El problema es que ya no lo puedo soltar y, de hecho, tengo miedo de que ningún hombre me satisfaga de nuevo".

Ella dice que con el vibrador tiene los orgasmos más increíbles de su vida y, sí, eso es convincente. En cuanto a que un hombre la satisfaga, los orgasmos más increíbles de su vida en una relación sexual están a la vuelta de la esquina en cuanto utilice el vibrador en el clítoris durante el coito. El punto ciego universal para hombres y mujeres es combinar el vibrador o la estimulación manual en el clítoris durante el sexo de pene/vagina.

Repito: El vibrador eléctrico es para las mujeres lo que el Viagra es para los hombres. Las compañías farmacéuticas gastan miles de millones de dólares en medicamentos para la disfunción eréctil; les toca a las mujeres. Imagine a todas las esposas postmenopáusicas teniendo que soportar a los millones de hombres con erección gracias al Viagra además de los torpes intentos de los maridos durante la relación sexual luego de años sin acción, sin habilidades sexuales y la acumulación de resentimientos maritales. Muchas de ellas sentirían alivio al terminar con el sexo en pareja. Estas parejas mayores necesitan desesperadamente un curso actualizado sobre cómo tener relaciones sexuales donde se incluya información referente a la importancia de que las mujeres utilicen un vibrador eléctrico para estimular el clítoris, además de abundante lubricante vaginal, un aceite para masaje y quizá una crema hormonal.

Los vibradores eléctricos también pueden ser la delicia de los hombres mayores. Un hombre de 60 años dijo que una tarde tomó el vibrador eléctrico de su esposa, se metió bajo las cobijas y empezó a moverlo sobre y alrededor del pene. En poco tiempo comenzó a tener sensaciones fabulosas y tuvo un gran orgasmo. Luego descubrió que podía mantener la vibración con o sin erección. El vibrador lo mantenía por tiempo indefinido en un estado constante de elevada excitación sexual. Otro señor de 70 años me dijo que debido a sus problemas de salud, no podía tomar Viagra. Me agradeció por recomendarle a su esposa la Varita Mágica. Él descubrió que podía tener un orgasmo sin erección o eyaculación usando el vibrador de su esposa en tanto veía videos pornográficos. Pidió una segunda Varita para él.

Un consolador está diseñado sólo para penetración y puede estar hecho de diferente material como madera muy pulida, acero inoxidable, plástico, vidrio o látex. Algunos artistas incluso han tallado consoladores con piedras semipreciosas como el jade u ónix. Muchos tienen forma de pene. Mis consoladores favoritos los tengo orgullosamente como obras de arte en una repisa del librero de mi sala. Los veo como objetos de poder que retienen las vibraciones de cada orgasmo que he tenido cuando los uso. Mi patrón es enamorarme de un consolador durante cierto tiempo y, cuando me doy cuenta, ya estoy buscando uno nuevo. Es una especie de amor romántico. Cuando se termina el amor, busco el siguiente. A veces hago el amor con uno viejo preferido y recuerdo los buenos momentos que compartimos.

Muchas mujeres me preguntan cómo determinar el mejor tamaño de un consolador. En lo personal, prefiero diversos tamaños. Pero si está buscando a Don Perfecto, compre un pepino o una calabaza y tállelos poco a poco, introdúzcalo en la vagina en diferentes etapas hasta encontrar el tamaño que le haga sentir mejor. Luego mida la longitud y el diámetro y compre en línea o en una tienda de artículos eróticos su elección hecha en el cielo. Hágase un favor y compre un consolador hecho con el material de la mejor calidad: látex, silicón, vidro, acero u otro material de calidad. El Cyberskin de hecho se siente como carne. Los consoladores de colores brillantes y translúcidos, tipo gelatina, queman el interior de la vagina de algunas mujeres, incluyendo la mía. Algunas tiendas de artículos eróticos recomiendan su uso con un condón, pero puede ser muy latoso.

La barra de Betty es uno de mis consoladores favoritos. Finalmente logré diseñar un juguete erótico con doble función porque también ejercita la vagina. Usé el prototipo en mis talleres y sesiones privadas, comprobando así sus beneficios antes de producirlos y venderlos a través de mi sitio de web. El diseño es similar a una barra pequeña con una bola grande en un extremo y otra más pequeña en el otro. Está hecho de acero inoxidable muy pulido, es indestructible y muy atractivo. La suave superficie se siente de maravilla al deslizarse dentro y fuera de una vagina bien lubricada. La barra de Betty pesa cerca de medio kilo y mide 17 centímetros de largo. Una vez insertada en la vagina, el peso la mantiene en su lugar, permitiendo que ambas manos estén libres de modo que pueda mantener un vibrador en plena actividad sobre el clítoris en tanto aprieta los músculos pélvicos.

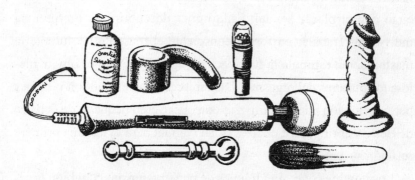

Juguetes para amantes. *Estos son mis juguetes eróticos preferidos. En www.bettydodson.com, mi sitio web, podrá encontrar instrucciones sobre la mejor forma de disfrutarlos. El consolador en la parte inferior derecha es una calabaza italiana adaptada con un pelapapas. Aumentar de modo gradual el tamaño de su económico consolador de verdura es una forma segura de que una joven practique la autopenetración.*

A veces se nos olvida que un cuerpo sano es el mejor juguete erótico en el mercado. Localizar y ejercitar el músculo pélvico mejorará los orgasmos a solas así como durante el sexo en pareja. El mismo músculo también asegura el control de la vejiga y mantiene una salud vaginal. Lo mismo sucede con los hombres. El músculo pubococcígeo, o PC, es como un cabestrillo que se sujeta a la parte anterior del pubis y atraviesa el músculo pélvico que rodea el ano. Una forma de localizar el músculo PC es detenerse en forma abrupta y empezar el flujo de orina. Una forma más dramática es insertarse un dedo en la vagina y apretar el músculo PC. Para ejercitar dicho músculo, *levante* y relaje, no puje.

La barra de Betty es un dispositivo de resistencia que aumenta el beneficio de hacer lo que por mucho tiempo se ha conocido como los ejercicios de Kegel. La forma más segura de tener una continuidad es combinar el ejercicio con la masturbación y terminar con un orgasmo usando la barra como consolador. En cuanto se asocie el ejercicio con el placer sexual, cada mujer descubrirá su preferencia individual. Trabajar en forma consciente el músculo PC durante la masturbación estimula la lubricación vaginal y, como es obvio, mejora los placeres del orgasmo. Las mujeres jóvenes que son vírgenes por penetración pueden empezar con el extremo pequeño de la barra de Betty y abrir poco a poco el canal vaginal para evitar una primera relación sexual dolorosa.

Los hombres que son vírgenes de penetración anal también necesitan empezar con el extremo pequeño y adaptarse al tamaño en forma gradual, pero cuidado: lo que se introduzca en el ano debe ser un consolador con bolas o un tapón anal con una base ensanchada en el extremo. Eso es para que el pequeño intruso no se pierda en los oscuros y recónditos lugares de la parte inferior de los intestinos. De modo que, si utiliza mi barra en el ano, asegúrese de sujetar bien un extremo. Es sorpredente lo que algunos tipos se introducen durante el ajetreo de alguna relación anal seria. ¿Recuerda las baratijas de plástico en forma de pene que le comenté? He visto radiografías donde se muestra uno de ellos alojado en el colon descendente de un hombre; lo tuvieron que retirar quirúrgicamente.

La penetración con un consolador ofrece una sensación vaginal o anal agradable que muchas personas disfrutan. Cuando se haga el amor sola, recuerde usar mucho lubricante para tener una penetración más sensual. Muy a menudo, las mujeres tienen la idea de que su propia lubricación debe ser suficiente. Es ridículo. A veces, estoy excitada y la humedad es mínima y en otras ocasiones, estoy lavando los platos sin pensar en el sexo y de pronto siento humedad en la vagina y me doy cuenta que estoy lubricando. En esta cultura, pensamos que un órgano sexual femenino húmedo es sinónimo de una erección en los hombres, pero el clítoris también tiene erección cuando la mujer está excitada. Constantemente le digo a la gente que usen mucho lubricante para masturbarse o durante el sexo en pareja. Como dijo mi amiga Isadora Alman, la educación sexual se puede resumir en dos palabras: lubricación y comunicación.

En cuanto a la masturbación o el sexo manual, yo prefiero mejor un lubricante de aceite que uno de agua. Para las parejas que no usan condón, el aceite es más sensual para todo tipo de sexo con penetración. La mayoría de los aceites para masaje que se venden en tiendas naturistas son seguros. Evite las mezclas comestibles, ya que pueden provocar una infección vaginal. Se dice que los productos hechos de petróleo, como la vaselina, se acumulan en las membranas mucosas. Yo uso un aceite para masaje hecho de aceites naturales que está a la venta en mi sitio de web. Aun cuando no tengo nada en contra de la saliva para la penetración, por lo general se seca demasiado rápido.

Para las parejas que usan condón, deben usar un lubricante de agua a fin de no romper el látex. Existe un número de marcas de las cuales puede elegir, pruebe algunas y elija la de su preferencia. La tecnología más reciente es un lubricante de silicón llamado Eros, pero no estoy segura de cuán seguro sea. Según yo, todavía no se conocen los efectos a largo plazo del silicón líquido dentro del cuerpo. A mí me gusta el Probe más espeso, que tiene un conservador cítrico. Cuando un lubricante de agua se pega, puede recuperar su consistencia resbaladiza con unas cuantas gotas de agua o saliva. Si se adelgaza mucho, agregue más lubricante. Algunas mujeres son alérgicas a lubricantes de agua y al látex.

Durante diez años fui miembro de la mesa de asesoría de Xandria, uno de los distribuidores más grandes de juguetes eróticos. Hicieron un estudio llamado "Juguetes en las sábanas" acerca de quién compraba en su catálogo. Contrario al mito de que los juguetes eróticos son fetiches de perversión para personas que viven bajo el grupo marginal sexual, el estudio demostró que la mayoría de las personas que los usan son del centro de Estados Unidos. La típica usuaria de los juguetes eróticos de Xandria era una mujer casada, monógama, graduada de la universidad, de tez blanca, cristiana, de 30 años y republicana. Tenía niños en casa y un ingreso familiar superior a los 40 000 dólares anuales. Hubo una gran variedad de personas que usaban los juguetes eróticos y casi la mitad eran hombres. El estudio incluía todas las razas, religiones (excepto la musulmana), niveles de ingresos y edades desde adolescentes a gente de edad avanzada. Cuando vi que sólo el nueve por ciento de los compradores usaban juguetes eróticos durante el sexo en pareja, supe cuál era la dirección que debía tomar mi trabajo.

A la fecha guardo un baúl grande plateado en la sala lleno de todo juguete erótico imaginable a la venta. Cuando lo abro y les muestro a amigos o clientes el contenido, se vuelve en un tema de conversación excelente. Dedicamos cierto tiempo a mi baúl del tesoro mientras les hablo de y demuestro físicamente la variedad de juguetes para adultos a la venta. Tengo los costosos vibradores japoneses con animalitos a un lado. Todos son de pilas y de distintas velocidades. Uno de los juguetes es un huevo vibrador que cabe en la vagina y el amante lo puede manejar a control remoto. Existe un consolador doble que pueden usar dos mujeres, dos hombres o un hombre y una mujer. Le doy un minuto para que se imagine cómo.

Hay tapones anales desde chicos hasta bastante grandes y algunos vibran. Existen varias cuentas de látex enlazadas de distintos tamaños que se extraen lentamente del ano conforme la persona tiene un orgasmo. Hay anillos para penes hechos de piel, plástico, hule y metal que algunos hombres utilizan para lucir las erecciones y otros los usan porque se ven bien. Hay una bomba para el pene. Tengo antifaces de seda, amarres suaves y una serie de sábanas deportivas con velcro integrado a la sábana. Hay unos latiguitos muy lindos y uno muy caro hecho de tiras de ante suave que produce un sonido maravilloso mas no un dolor intenso. Todo esto, además de al menos una docena de varitas mágicas. Hay una caja de bailarines de agua, una caja de pilas, varias docenas de barras de Betty y mucho aceite para masaje marca Charlie Sunshine. Cuando se trata de llevar un regalo de último minuto, nunca tengo problema.

Todos sabemos lo confuso que puede ser comprar un juguete erótico en un sitio web con una enorme variedad de artículos. Disculpe el comercial, pero si quiere simplificarlo, asegúrese de visitar mi sitio web donde tengo una serie de productos que probé y elegí personalmente, junto con mis videos y libros de educación sexual erótica. Asimismo, estoy enlazada a mis tiendas en línea favoritas que cuentan con todos los juguetes eróticos imaginables, además de artículos de novedad. La vida es demasiado corta para privarse de momentos de placeres adicionales y delicias terrenales que están a un clic de distancia.

Aun cuando constantemente recomiendo el uso de lubricantes para el sexo, también me aseguro de que los clientes y visitantes al sitio web se enteren que el sexo manual solo o la asistencia a la pareja durante la masturbación es mucho más sensual con aceite para masaje que con un lubricante de agua. *La única ocasión en que recomiendo un lubricante de agua es con el uso de condones.* Entiendo muy bien y apoyo la importancia de los condones para tener sexo seguro cuando uno sale a citas. Sin embargo, cuando la pareja es monógama y la mujer utiliza otro tipo de anticonceptivo o es postmenopáusica, pueden adoptar la sensualidad del sexo desnudo y húmedo empleando el aceite para masaje. Cuando pienso en las jóvenes parejas que son monógamas y siguen usando condones con lubricante de agua, me parten el corazón. Cuando pienso en todas las erecciones producidas por el Viagra penetrando miles de vaginas postmenopáusicas sin aceite para masaje, podría llorar.

A pesar de que siempre sugiero el no usar lubricantes de petróleo, si está usando vaselina para masturbarse, no se preocupe, no se le va a caer el clítoris o el pene. Mi objeción principal de la vaselina es que se arrastra con lentitud, en vez de deslizarse. Cualquier aceite de nuez o vegetal es mucho más sensual.

Muchas amigas y yo vivimos la revolución sexual de la década de los sesenta teniendo relaciones y sumergiendo los dedos en unos botes rosas de un producto que entre sus ingredientes tenía vaselina. Casi todas mis amigas tomaban pastillas anticonceptivas. En ese entonces, yo usaba un diafragma cubierto de un gel espermicida con nonoxinol-9 que mataba las bacterias. Disfruté múltiples parejas y nunca tuve una ETS y mi diafragma se mantuvo intacto. En los setenta, cambié por un aceite para masaje de almendras basado en la fórmula de Edgar Casey. Mi diafragma no se deterioró y jamás me enfermé. Ahora uso el aceite para masaje sin aroma de Charlie Sunshine hecho de aceites vegetales de clasificación para alimentos. Eso significa que uno puede succionar un clítoris o un pene cubierto con este aceite que no sabe mal. La penetración vaginal o anal con dedos, consoladores o penes siempre es más delicioso con un aceite vegetal o de nueces nuevo para parejas monógamas o que no usan condón.

10
Orgasmos para dos

La relación sexual con estímulo en el clítoris

Cuando mi terapeuta me dijo que debía esforzarme para que funcionara mi matrimonio, odié la idea. De haber estado casada con el hombre correcto, todo, incluyendo nuestra vida sexual, habría encajado en la sección de: "vivieron felices para siempre". O al menos eso me hicieron creer desde que era niña. Para mí, en lugar de crecer con la idea de los cuentos de hadas, hubiera preferido escuchar la verdad: las relaciones no funcionan y la vida no es justa. En cuanto una pareja acepta esta verdad, pueden acordar sentarse y hablar sobre qué pueden hacer para que funcione su relación. Además de negociar continuamente a fin de manejar los cambios existenciales, otro elemento importante para disolver el conflicto natural que existe en cada relación, es la capacidad de una pareja para que ambos disfruten un orgasmo.

Si existiesen momentos curativos que fuesen universales, creo que serían los sentimientos de ternura que comparten entre sí las parejas después de tener relaciones y ambos tener un orgasmo. Mientras están recostados uno en los brazos del otro, ambos agradecen el placer que persiste en su cuerpo, renovando el aprecio por el otro. El que realmente nos guste nuestra pareja y se lo demostremos con mucho afecto durará más allá de la breve vida en anaquel de todas esas versiones idealizadas del amor romántico combinadas.

Aprender a compartir los orgasmos involucra habilidades que deben aprenderse y después practicarse. Permítame hacer una analogía entre el amor de pareja orgásmico y el baile de salón. Sin instrucción alguna, una pareja estará en la pista de baile y se moverá de un lado a otro en un lugar con poco estilo o gracia. El tango es un baile sensual y fabuloso que a todo mundo le encanta ver y tener fantasías de lo que están haciendo, pero la chispa llega con el entrenamiento. No se puede esperar que una pareja pueda bailar tango "por naturaleza" nada más porque están enamorados. En algún momento necesitan que alguien les enseñe algunos pasos básicos.

Continuando con la analogía, en el baile de salón tradicional, el hombre es quien dirige, pero en el sexo en pareja, pueden llegar a un acuerdo y turnarse. Lo importante es que deben determinar con anticipación quién dirige, quién sigue y en qué momento se turnan. Cuando un hombre dirige, aprende a colocar los brazos y las manos para indicar a su compañera con una presión sutil antes de moverse. Ella aprende a captar sus indicaciones y a seguirlo con facilidad. La música determina el ritmo. También saben de antemano si van a bailar salsa o country. En cuanto aprenden los movimientos básicos, su confianza les permite dejarse llevar por la alegría de moverse juntos al compás de la música.

Al igual que en la elección de un estilo de baile, lo mejor es experimentar con diferentes posiciones sexuales a fin de descubrir cuáles les gustan a ambos. Uno debe asegurarse de que la posición incluya el tipo de contacto en el clítoris que prefiera la mujer. Quizá quiere estimularse con la mano, con un vibrador de pilas o con uno eléctrico. Si puede alcanzar el clímax con una estimulación indirecta en el clítoris, ciertas posiciones serán mejor para ella. Para las parejas que prefieren que el hombre toque el clítoris, la mujer tendrá que darle instrucciones hasta que él se familiarice con el patrón de masturbación de ella.

Si una mujer quiere presentarle algo nuevo a su amante, no es conveniente discutirlo justo antes de tener sexo. Una clienta que aprendió a tener orgasmos con un vibrador, tuvo muchas dificultades porque no sabía cómo usarlo durante el sexo en pareja mientras su amante estaba acostado con una erección anhelando con vehemencia un orgasmo. Él estaba tan frustrado que apenas escuchó lo que ella dijo. Una vez que él se vino, pudieron hablar acerca de lo que ella quería intentar con él. Varias horas después tuvieron sexo otra vez. En esa ocasión, ambos se sintieron extasiados cuando ella tuvo un gran orgasmo usando el vibrador mientras tenían sexo.

Uno de mis recuerdos más gratos son las ocasiones en que sostuve conversaciones muy profundas con un amante después de tener ambos un orgasmo. Cuando uno de los dos hacíamos algo diferente y ambos disfrutábamos la sensación producida, el repasarlo cuando los detalles aún estaban frescos en la memoria significaba que podíamos mejorar nuestros movimientos para mejorarlo aún más en la siguiente ocasión. Los abrazos y besos tiernos, el sexo manual u oral, la penetración lenta, el baile erótico mismo y después el acurrucarse valen la pena como para pasarse una o más horas y disfrutar el sexo en pareja con orgasmos mutuos. Una de mis preferidas es una tarde de fin de semana de cuatro horas.

Las posiciones que funcionan mejor dependen de la edad, el tipo de cuerpo y la clase de movimiento de la pareja. Un buen planteamiento es jugar, ser creativo y experimentar en tanto ambos hablan con libertad. Un requisito importante para cualquier posición es la comodidad. Cuando aparece el cansancio, duele algo o se tensa un músculo, la excitación sexual del hombre o la mujer inevitablemente se desvía. Algunas de las posiciones a continuación también funcionan en el caso de lesbianas que se sujetan un consolador.

El hombre arriba

La vieja y buena posición misionera es lo que la mayoría de las personas consideran como sexo "normal". Mientras a mí no se me requiera tener un orgasmo así, puedo disfrutar la etapa de excitación del sexo en pareja recostándome sobre la espalda mientras mi pareja me da un masaje en los genitales.

En cuanto él tiene una erección completa, la penetración superficial es erótica, sobre todo cuando él juguetea apenas introduciendo y retirando la punta del pene en el orificio de mi vagina, intensificando mi nivel de deseo de una penetración más profunda. Cuando un hombre se recarga hacia adelante sobre sus brazos para penetrar con mayor profundidad, todavía hay suficiente espacio para que una mujer se alcance a tocar el clítoris con los dedos o con un pequeño vibrador de pilas. Cuando una pareja está vientre contra vientre y el hombre está arriba, algunas mujeres tienen una estimulación indirecta en el clítoris y pueden alcanzar el clímax al hacer presión contra el cuerpo de su pareja.

Una pareja con la que trabajé gustaba del vaivén vigoroso porque era lo único que conocían. Ambos creían que ella debía tener un orgasmo mientras la penetraba con el pene en la posición del misionero. Durante los últimos 30 años, hemos visto en películas y pornografía este estilo de sexo nauseabundo. Aun cuando ella tenía una estimulación indirecta en el clítoris con cada vaivén, no era suficiente para que tuviera un orgasmo. En cuanto ella pudo incluir su propia estimulación en el clítoris y lo hicieron con más lentitud, surgieron sensaciones eróticas más sutiles. Él se sigue moviendo más rápido justo antes de tener un orgasmo, pero ella descubrió que era mejor cuando ella se movía más despacio justo antes de tener el orgasmo.

Cuando un hombre hace el sexo oral como preludio y después se acuesta sobre la mujer para penetrarla con fuerza y rápido, lo llamo el sexo a la antigua. Creo que el coito imperioso con un vaivén vigoroso es parte de nuestra carencia cultural de habilidades sexuales y conocimientos sobre el contacto directo en el clítoris durante el acto sexual. Para algunos hombres, el sexo con fricción rápida es la continuación de un patrón de masturbación de la infancia. Algunos tipos son sádicos y disfrutan usar el pene como un arma, como si intentaran perforar a la mujer en una demostración egoísta de la fuerza masculina.

En algunos videos de clasificación X, muchas veces vemos a los hombres empujar las piernas de una mujer hacia atrás y por arriba de su cabeza para tener un mayor acceso a su vagina. Aun cuando es una buena toma de la cámara, ella está literalmente inmovilizada. Si el no poderse mover excita a una mujer, no hay problema. Sin embargo, muchas mujeres sienten que esta posición es incómoda de resistir durante el menor periodo. Una alternativa sería que la mujer rodeara la espalda del hombre con las piernas y las cruzara a la altura de los tobillos. Cuando hago esta posición, es como si visitara a un viejo amigo. Es divertido, siempre y cuando no deba tener un orgasmo así.

La mujer arriba

Las mujeres que pueden alcanzar el clímax con una estimulación indirecta en el clítoris, con frecuencia dicen que, para ellas, lo mejor es estar arriba. A los 22, 23 años, descubrí que también podía alcanzar el clímax consistentemente si estaba arriba. Un verano que fui a visitar

171

a mi familia en Kansas, acababa de empezar con una nueva relación. Él también estaba en la universidad y fue de visita a casa de sus papás por lo que no teníamos privacidad. La posición más cómoda era cuando me sentaba encima de él, presionando mi clítoris contra su cuerpo cada vez que empujaba mis caderas hacia adelante. La primera vez que vi la palabra "autoerótico", pensé que significaba tener sexo en el carro.

Cuando abundó el sexo casual en las décadas de los sesenta y setenta, yo desafié el criterio sexual al liberarme de las viejas reglas respecto al comportamiento sexual adecuado de las mujeres. Se fomentaba que, en el aspecto sexual, los hombres fueran agresivos mientras se suponía que yo debía ser pasiva. Ellos podían tener múltiples parejas, en tanto yo debía elegir a un hombre. Al ya no estar cegada por el amor romántico y como feminista sexual en rebelión, me di permiso de reclamar la misma libertad sexual que disfrutaban con éxito los solteros. Con razón a tantos hombres les encanta el sexo como deporte. Era emocionante y aun si el sexo no era tan bueno, en cada ocasión aprendía algo nuevo acerca de la sexualidad humana y de mí misma.

Un descubrimiento importante fue darme cuenta de que mientras el hombre controlara la forma en que teníamos sexo, yo dependía de su técnica. Pero si yo estaba arriba de él, yo dirigía la relación, yo me estimulaba el clítoris y el sexo en pareja casual era más placentero. Estar arriba me permitía aceitar los genitales de ambos para tener una sensación sensual resbalosa y una penetración lenta. Cuando él intentaba penetrarme muy profundo, yo controlaba la profundidad de su vaivén levantando la cadera. También podía establecer un movimiento agradable y pausado para disminuir el ritmo de aquellos hombres que pensaban que el buen sexo era más rápido y fuerte. La mayoría de ellos me agradecían el que les dijera o demostrara mis preferencias sexuales y controlara la estimulación en mi clítoris. Unos cuantos se sintieron amenazados y de vez en cuando uno de ellos se enojaba, pero nunca fue un problema porque siempre había suficientes hombres en las orgías.

Esta posición también facilita el que un hombre utilice los dedos o el pulgar para estimular el clítoris. Asimismo, ella tiene la facilidad de usar los dedos o un vibrador de pilas o eléctrico sobre el clítoris durante el coito mientras con los músculos de las piernas se mueve hacia arriba y abajo sobre el pene. Como ella está sentada y está totalmente a la vista, no puede cohibirse con la apariencia de su cuerpo. A las mujeres que nos les gusta cómo se ven sus senos o estómago, pueden usar lencería sexy. Créame, a la mayoría de los hombres les importa poco cómo se ve el estómago de una mujer mientras ella vibra sobre su pene. Él también estará ocupado amando la intensidad de la excitación auténtica de la mujer en tanto ella lo conduce en todo momento hasta tener un orgasmo.

Posición del ángulo derecho

Esta posición es muy cómoda para mujeres y hombres. Ella se recuesta sobre su espalda con las rodillas dobladas en tanto él se recuesta a su lado con el cuerpo en un ángulo de 90 grados hacia ella. Las posiciones de las piernas variarán entre las parejas, pero por lo general ella tiene una pierna debajo de él y la otra encima. El hombre o la mujer pueden estimular manualmente el clítoris mientras tienen relaciones. También está perfecto si ella quiere usar un vibrador tipo barra con mangos más largos. Él alcanza con facilidad los senos para darle un masaje o jugar con los pezones. Asimismo, quedan cara a cara y ambos tienen la libertad absoluta de mover la pelvis con facilidad.

Esta siempre será una de mis posiciones preferidas ya que es como experimenté por primera vez que me tocaran el clítoris durante la relación sexual. Jamás olvidaré la carga sexual que recorrió mi cuerpo cuando Grant palpó ligeramente con los dedos mi clítoris en tanto deslizaba su firme pene dentro y fuera de mi ansiosa vagina. Conforme me excitaba cada vez más, la sensación era increíble, succionando aire hasta que gemí al tiempo que mi cuerpo se convulsionaba con el orgasmo más grande que había experimentado. Era mucho mejor cuando yo controlaba la estimulación de mi clítoris, porque podía disminuir o aumentar el ritmo según quisiera o lo necesitara para tener un orgasmo.

Otra posición que nos encantaba cuando mi cama estaba como a 35 centímetros del piso, era cuando yo me acostaba boca arriba sobre la cama y Grant se arrodillaba en el piso a orillas de la misma. Yo podía relajar las piernas dobladas y abrirlas. Cualquiera de los dos podíamos estimular con facilidad el clítoris manualmente mientras teníamos sexo y observar el cuerpo del otro responder al placer. Muchas camas hoy en día necesitan de una pequeña escalera para subir. Cuando una cama es muy alta, recargo la parte superior de mi cuerpo sobre la orilla y disfruto de la penetración vaginal por detrás. Un futón sobre el piso fue testigo de casi toda la acción sexual en mi departamento hasta finales de los noventa, cuando regresé al uso de la cama, que ahora está a 60 centímetros del piso.

Posición de lado con una pierna arriba

Pensé llamarla "El flamenco horizontal" por el ave que se para sobre una pata. Esta posición es muy buena para un vibrador de barra. La mujer se recuesta sobre un lado con la pierna que quedó arriba recogida hacia el pecho lo suficiente para exhibir los genitales. La pierna de arriba descansa sobre una o dos almohadas. La pierna de abajo queda estirada entre las piernas de la pareja en tanto él se arrodilla sobre la cama con el cuerpo erguido. La Varita Mágica se puede colocar entre las almohadas de apoyo. Esto requiere de probar un poco a fin de encontrar la mejor posición y el ángulo para el vibrador en relación con la altura de las almohadas. En esta posición, el hombre usará principalmente los muslos para penetrarla despacio, de modo que deberá contar con cierta fuerza en las piernas.

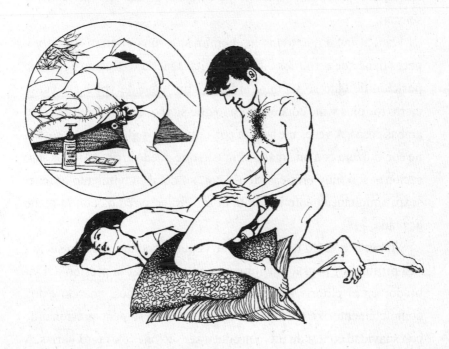

Posición lateral con una pierna arriba. *La mujer se recuesta sobre su lado con la pierna de arriba recogida hacia el pecho y apoyada en dos o más almohadas. La pierna de abajo queda estirada entre las piernas de su pareja. Él se arrodilla en la cama y se acerca a la altura de las almohadas. La Varita Mágica está entre las almohadas mientras ella sostiene el mango con una mano. Las almohadas se colocan para dar comodidad.*

Esta posición tiene poco tiempo de formar parte de mi repertorio de relaciones sexuales con Eric. Los dos consideramos la penetración con la posición de lado exquisita y muy intensa. Lo platicamos y él cree que se debe a que el estar recostada sobre mi costado cambia el contacto entre su pene y mi vagina. Cuando estoy boca arriba, la curva de su pene es igual a la curva de mi vagina. Sobre mi costado, las curvas quedan opuestas, lo cual crea una sensación totalmente diferente, provocando que nuestro contacto genital sea intensamente sensual.

Eric, al igual que todos los hombres, es una criatura visual y a veces tiene que cerrar los ojos para evitar tener un orgasmo porque la posición de lado se ve muy ardiente. En lugar de voltear a verlo, cierro los ojos y me concentro en lo que siento, en mis fantasías o en ambas cosas. A veces me separa con cuidado los glúteos o me sostiene con dulzura con una mano el muslo que quedó arriba. Ambas sensaciones son muy eróticas. Junto con su dócil movimiento al tener sexo, simultáneamente me frota el trasero en círculos con la mano aceitada.

Mientras levanto un poco la pelvis para encontrarme con su vaivén profundo y pausado, también puedo controlar la presión del vibrador en el clítoris. Más allá de tener relaciones, cuando estoy completamente excitada, la esponjosa punta de su pene presionando con suavidad contra mi útero produce sensaciones extraordinarias. A veces aprieto y relajo mis músculos PC y en otras me concentro en mantener los músculos pélvicos muy relajados. Es un verdadero reto no apretar los músculos cuando se siente tan rico pero si me mantengo relajada, con frecuencia tengo sensaciones eróticas mucho más exquisitas. Sin embargo, conforme me acerco al clímax, los músculos se aprietan de forma incontrolable.

A veces, cuando él está a punto de venirse, en vez de retirarse, me penetra de manera profunda y se queda quieto. Esto impide una fricción adicional en el sensible borde del glande mientras a mí me permite que el clítoris siga vibrando y cargarme mientras estamos unidos. En ese punto, me puedo retorcerme sobre su pene erecto al tiempo que me hago presión con mi vibrador para mantener la excitación. De hecho, me he podido venir de esta forma. Cuando pasa el momento de sus sensaciones orgásmicas y empieza de nuevo con el vaivén, me elevo de nuevo hacia más delicias sexuales y tengo un orgasmo, o me dejo llevar por las olas del placer de mi primer orgasmo en tanto él alcanza el clímax. El flamenco horizontal permanece en los primeros lugares de nuestra lista de posiciones favoritas para tener sexo de fantasía con una Varita Mágica.

Posición de penetración vaginal por detrás

Muchas mujeres tienen problemas con esta posición porque sienten que es muy "animal", pero justo por eso me gusta. Después de todo, somos animales racionales. Cuando una mujer está sobre sus manos y rodillas, con frecuencia se le llama la posición de perrito. Esta permite una penetración más profunda, de modo que un hombre debe ser gentil y cuidadoso de no penetrarla por completo de inmediato, sobre todo si está bien desarrollado. El problema más importante es si la mujer está sobre sus manos y rodillas porque cualquier tipo de contacto en el clítoris significa que tendrá que sostenerse con un brazo y se cansará muy rápido.

Una versión de esta posición de perrito que no me gusta es donde el hombre se inclina sobre la espalda de la mujer, estira los brazos y la rodea tratando de tocarle el clítoris o de penetrarla con mayor profundidad. Ella no sólo tiene que soportar el peso de él, sino que también limita sus movimientos. Cuando el cuerpo del hombre choca contra el de ella, coarta los movimientos pélvicos de ella. La posición de perrito es mucho mejor cuando hay cierto espacio entre los cuerpos de modo que ambos tengan oportunidad de moverse. Si yo estoy detrás de mi pareja penetrándola, a veces mantengo inmóvil el consolador y procuro que él/ella se mueva, así puede lograr la profundidad y el ritmo que desea. Es igual en el caso de un hombre que se mantiene firme y deja que la mujer haga el vaivén sobre su pene en lugar de siempre hacerlo él.

La posición rodillas-pecho

Esta posición, con la penetración vaginal por detrás, permite que una mujer recargue la parte superior del cuerpo sobre la cama. Con la cabeza hacia un lado, puede usar una almohada para apoyarse. Esto permite que ambas manos estén libres y le facilita alcanzarse entre las piernas con una mano para estimularse manualmente o con un vibrador de pilas. Sin embargo, con el vibrador de varita, es un poco difícil manejar el mango más largo cuando la mujer está sobre la cama o el piso. En cuanto solucionamos el problema de cómo manejar el mango más largo del vibrador de varita, la siguiente posición se convirtió en otra de nuestra favoritas. Aun así, ésta depende de la altura de la cama así como de cuán largas tenga las piernas el hombre.

La posición rodillas-pecho en la orilla de la cama

El hombre se para detrás de la mujer mientras ella se arrodilla en la orilla de la cama con las piernas en el aire a la altura de media pantorrilla. El mango de la varita se mantiene afuera de la cama hacia el piso. Así, la mujer puede sujetar el vibrador con una o las dos manos en tanto logra el movimiento adecuado para estimularse el clítoris. Se necesita de cierta resistencia por parte de la mujer a fin de mantener esta posición durante un periodo extenso, pero si se cansa, pueden cambiar de posiciones. Ella puede ajustar la altura de su vagina separando las piernas o juntándolas. Él puede faciltar la penetración al ajustar su altura, angostar o ensanchar su postura y doblar las piernas.

La posición rodillas-pecho sí permite cierta libertad de movimiento pélvico, pero yo, por lo general, me concentro más en utilizar el músculo pélvico con el vaivén lento del pene en mi vagina. Eric se mece con suavidad hacia adelante y atrás manteniendo la cadera en todo momento a una altura inferior a la suya. No se mueve con la espalda para crear el tradicional vaivén. En cambio, todo su cuerpo está en movimiento, empleando el menor esfuerzo y manteniendo un mayor nivel de control. Como siempre, me da un masaje en el trasero con las manos aceitadas. De nuevo, para él es fácil abrirme los glúteos en esta posición, haciéndome sentir deliciosamente vulnerable. La combinación de estas dulces sensaciones me convierte en una cerdita sexual que nunca se conforma.

Durante nuestro periodo de excitación, me gusta que penetre mi vagina por detrás y empezar con una penetración superficial que poco a poco se torna más profunda. Aun cuando lo hemos discutido, a veces presiona por accidente la punta del pene contra mi útero demasiado pronto y no me gusta. Cuando esto sucede antes de que esté lista, sólo me inclino hacia adelante y me alejo de él. Pero en cuanto la excitación sexual bombea sangre en la piel que cubre mi útero, éste se levanta creando más espacio. Ahí es cuando quiero recibir de él todo lo posible. En ese momento, puedo responder a su vaivén apoyándome en su pene erecto. Él siempre mantiene un ritmo mesurado.

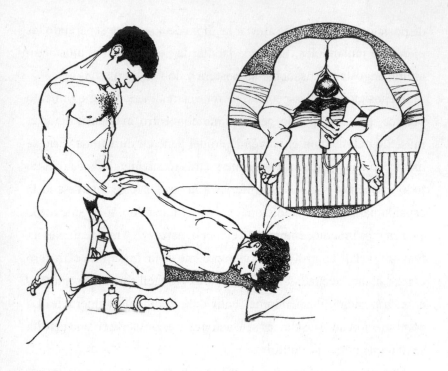

En la orilla de la cama. *Dependiendo de la altura de la cama, una mujer arrodillada en la orilla de la cama permite que la penetración anal o vaginal sea sencilla y sensual. Si quiere, puede colocar una almohada para apoyar la cabeza y el cuello. Una toalla ayuda a proteger el cubrecama y las sábanas. El inserto muestra el mango del vibrador sostenido fuera de la cama.*

Por tradición, los hombres tienden a acelerarse en forma dramática y se excitan sobremanera cuando creen que una mujer está a punto de venirse. Este comportamiento interrumpirá que ella logre un orgasmo. Lo que antes funcionaba cambió y ahora ella se siente obligada a tener el orgasmo. El tener un vaivén constante permite que ella se acelere justo antes de su orgasmo. En el sexo, los cambios que se realizan poco a poco por lo general funcionan mejor que los cambios súbitos.

Después de sentirme totalmente satisfecha, le digo que él continúe y tenga un orgasmo cuando esté listo. En ese punto, él suspende toda forma de control y busca lo que quiere. En cuanto está por tener un orgasmo y justo antes de eyacular, puedo sentir cómo se dilata su pene. Cuando se viene con fuerza, aúlla como una terrible bestia conforme su orgasmo explota en mi interior. Su jovial energía es excitante y muy intensa. En unas cuantas ocasiones, sus orgasmos dramáticos me excitan tanto que presiono el vibrador contra mi clítoris y logro unas cuantas emociones más porque ya estoy preparada para el placer.

Cucharas

Mi amiga llegó con un nombre alterno para "cucharas" porque es una de sus preferidas. Le dice "perrito cansado". Aun cuando esta posición tiene tiempo de no estar en mi repertorio, muchas parejas duermen frente contra espalda. Le decimos cucharas porque así guardamos el juego de cubiertos en el cajón.

Más de una mujer se despierta porque una erección firme le pica por la espalda. Ella se aleja molesta o se empuja hacia él como muestra de interés. Si él tiene un pene bastante largo, la penetración vaginal se puede lograr con mucha facilidad en esta posición. De lo contrario, ella tendrá que doblarse hacia adelante para que él tenga un mejor acceso a sus genitales. Ella puede colocar la mano entre las piernas y presionarse el clítoris o puede levantar una pierna para utilizar un vibrador de pilas. Algunas mujeres usan esta posición como tipo de excitación antes de cambiar al que les proporcione el tipo de estimulación en el clítoris que prefieran.

Estas posiciones, al igual que muchas otras, como pararse o sentarse en una silla o una mujer arriba de espaldas a su pareja, ofrecen una variedad infinita. En todas se pueden incluir un vibrador de pilas o eléctrico. También existen diferentes tipos de libertad de acción en el sexo que son excelentes, en especial para las embarazadas o las personas de edad con dolor de articulaciones en la cadera o de espalda. Lo más importante es intentar distintos movimientos hasta que ambos encuentren la posición más comoda para el cuerpo. Ninguna posición tiene una magia específica, casi todas las parejas descubren varias que les funcionan y después las van rotando. Si una pareja es plenamente feliz con una posición y siempre les produce orgasmos mutuos, no tiene nada de malo continuar siendo fiel a lo antiguo. En ocasiones, cambiar a algo nuevo da un nuevo sabor al sexo en pareja, pero no siempre.

La mayoría de las parejas tienen un problema de sincronización. Las mujeres invariablemente tardan mucho más en excitarse y tener un orgasmo. A veces yo me tardo 15 minutos o más con el vibrador antes de que Eric y yo tengamos sexo en pareja. De esa forma, puedo tener mayor tiempo de calidad haciendo el amor con él cuando estoy en un estado elevado de excitación. De otro modo, podemos tener sexo durante una hora o más y justo cuando él está a punto de eyacular, empiezo a alcanzar el éxtasis. Ese pequeño inicio ocasiona que el tiempo en el que tenemos relaciones juntos sea más ardiente. Cientos de veces he escuchado a mujeres decir: "Justo cuando me empiezo a sentir bien, él se viene". Yo les sugiero que se exciten antes de empezar la relación sexual.

Un número reducido de parejas aprendieron a tener orgasmos simultáneos consistentes. Sin embargo, si esperan que suceda en cada ocasión, puede provocar mucha presión en la mujer. Sabemos que la mayoría de los hombres están más o menos seguros de venirse durante el coito, mientras para las mujeres es mucho más difícil alcanzar el clímax. Si su sincronización no es perfecta, ella será la que no alcance el orgasmo.

Dos mujeres

Existe una variedad de formas en que las mujeres puedan compartir orgasmos para dos. En la década de los setenta, teníamos mucho sexo oral, pero en cuanto había una obstrucción dental o se requería algún tipo de protección como el papel de contacto, yo prefería el sexo manual o con un vibrador. Aún así, muchas amigas lesbianas que tienen pareja estable y no se preocupan de los temas de salud dicen que prefieren el sexo oral. Lo anterior también ocurre con muchas mujeres heterosexuales y bisexuales. El sexo oral bien hecho ofrece una forma ideal de estimulación directa en el clítoris, que es suave y húmedo. De igual modo, permite que una mujer se concentre por completo en lo que está sintiendo sin que exista una reciprocidad simultánea haciendo algo a cambio para su pareja.

Sesenta y nueve

En esta posición, ambas hacen el sexo oral a la otra al mismo tiempo. A mí siempre me funcionó mejor con mujeres que con hombres. Aun cuando el sesenta y nueve de vez en cuando puede ser divertido, yo con frecuencia me olvidaba de mi propia excitación y empezaba a concentrarme en mi pareja. O si estaba a punto de venirme, se me olvidaba seguir haciéndole el sexo oral a mi pareja. En un par de ocasiones funcionó bien cuando los dos estábamos en total sincronía hasta tener orgasmos simultáneos, que fueron espectaculares. Sin embargo, para la mayoría, el sesenta y nueve es confuso con muchas cosas por hacer en todo momento.

Mi forma preferida de compartir orgasmos con una mujer es a través de la masturbación con un vibrador en tanto nos turnamos para producir el orgasmo de la otra con masaje y penetración vaginal o anal. Cuando queremos usar el mismo vibrador, decidimos quién lo controlará primero. La que está abajo empieza por colocar el vibrador donde ella siente que es mejor y continúa con lo que ella quiera. La mujer que está arriba tiene que seguir el vibrador y colocar el clítoris a fin de obtener lo que desea. Luego se intercambian de lugar. Para las mujeres que están muy condicionadas a sacrificar el placer por agradar a sus parejas y "evitar ser egoístas", compartir el mismo vibrador es una excelente forma de sentirse plenas.

El concepto de turnarse es sexualmente curativo para las mujeres. Uno de los principios más importantes de los orgasmos para dos es la capacidad de concentrarse por completo en lo que siente mi cuerpo sin preocuparme de mi pareja cuando estoy a punto de venirme. Si es mi turno, debo tener la capacidad de aprovechar el momento sin reservas. Antes de hacerlo, debo confiar en que mi pareja hará lo mismo cuando sea su turno de tener un orgasmo.

Dos hombres

En su mayoría, los hombres gay son el grupo sexualmente más sofisticado en lo que se refiere a sus deseos y necesidades en el sexo en pareja. Durante la revolución sexual en Estados Unidos, mis amigos homosexuales muchas veces fueron mi inspiración para disfrutar formas avanzadas de expresión sexual. Con lo anterior no quiero decir que los hombres gay sean sexualmente desinhibidos. Algunos sufren los mismos problemas contra los que todos luchamos, desde los temas del autoestima hasta las ilusiones sobre el amor romántico y encontrar a Don Perfecto. Mientras ellos se sientan cómodos con su propia sexualidad, casi todos los homosexuales están interesados en tener múltiples parejas. Sin embargo, existen parejas que prefieren ser monógamas, sobre todo desde la aparición del sida. En la década de los setenta, durante el auge de las orgías, ver a dos hombres teniendo sexo era cautivador. Yo también quería que el sexo en pareja fuera un intercambio entre dos iguales sexualmente motivados moviendo el cuerpo como bailarines profesionales hasta tener un orgasmo.

Al recordar mi historia en la que combinaba la estimulación en el clítoris con la relación sexual, hubo muy pocos hombres, como Grant, que me motivaron a que me masturbara. Estoy consciente de lo difícil que es para una mujer lograr el progreso de usar sus dedos sin el apoyo inicial de su pareja. En la década de los setenta, cuando tenía sexo casual con hombres, en las orgías, algunos me quitaban la mano. Yo nada más me levantaba y me iba. No obstante, incluso cuando salía con un hombre que aceptaba la estimulación manual en el clítoris, seguía siendo un reto el usar un vibrador eléctrico. Tal vez se debía a que era una máquina con apariencia más amenazante que los dedos. Era mucho más sencillo ver el sexo como una estimulación erótica y usar mi vibrador después de tener relaciones sexuales y de que él ya tuviera un buen rato de haberse ido. Cuando tuve mi primera aventura con una mujer, los vibradores ya eran conocidos y los adoptamos como parte de nuestra forma de compartir el sexo.

Cuando Eric apareció en mi vida, yo ya no tenía remordimientos de conciencia sobre incluir un vibrador eléctrico la primera vez que tuvimos sexo. Él también estaba a favor del vibrador. El hecho de que él sea mi aprendiz, me da mucho más poder sexual del que tienen la mayoría de las mujeres en sus relaciones y matrimonios. Su instinto de concentrarse para desarrollar y perfeccionar diversas formas de crear placer, combinado con mi experiencia sexual y años de dar clases sobre el placer sexual, generó una oportunidad extraordinaria. Hemos podido explorar con libertad absoluta la heterosexualidad combinando el uso de un vibrador eléctrico, considerándolo como algo deseable y natural. Sé de miles de mujeres que dudan en incorporar sus vibradores eléctricos al sexo en pareja. Inténtelo, le encantará y a él también.

Luego envíeme una nota con los detalles de su placer recién descubierto.

Cuando ya no se separe a la sexualidad de otros aspectos sociales, el flujo libre de la información sexual poco a poco establecerá los orgasmos para dos dentro de todos los géneros sexuales. Contrario a lo que dice una canción, "Hoy en día, es difícil encontrar a un buen hombre", depende de cada mujer saber qué quiere y cómo lo quiere. En cuanto podamos definir nuestros deseos sexuales, primero ante nuestra pareja, luego ante los amigos y por último ante quien esté interesado, descubriremos que: "Hoy en día, un buen hombre se crea".

11
Especialmente para hombres

Los amantes de talla mundial

A cada hombre inteligente que alguna vez preguntó: "¿Qué quieren las mujeres?", sólo puedo responderle que los deseos sexuales serán la diferencia entre una y otra mujer y dependerá de su edad. Cuando a mis veintitantos años era una adicta al romance, tenía sexo de cualquier tipo con cada novio, siempre y cuando estuviera guapo y me dijera que me quería. Cuando me casé, estaba más preocupada por la seguridad económica y por una relación amorosa que por el sexo. Después de que me divorcié y empecé a tener un poco más de experiencia sexual con diferentes hombres, pude darle un nombre a las diversas cosas que disfrutaba del sexo. Cuando cumplí 40 años, era una mujer sexualmente sofisticada que buscaba cualidades específicas que indicaran si una persona sería un buen amante.

Aun cuando la sociedad no premia a las mujeres con experiencia sexual, en lo personal, me satisface mucho saber qué quiero en cuanto al sexo. Es un placer estar con un hombre seguro y confiado en su capacidad de tener una erección y mantenerla lo suficiente para disfrutar la danza del amor erótico. Si no es un lujurioso, domina las habilidades del sexo oral y manual. Su tacto es delicado y nunca duda en preguntar cómo me gusta que me toquen el clítoris. Nunca tiene prisa. Antes de tocarme el clítoris, siempre se aplica algún tipo de lubricante. Cuando me penetra, disfruta que sea lento. Me apoya durante mi orgasmo sin reclamarlo como de su creación y acepta por completo que yo controle la estimulación en el clítoris. Si quiero usar un vibrador, no se siente amenazado. Cuando deseo que me penetre mientras uso el vibrador, a él le agrada complacerme usando el pene, un dedo o un consolador. Luego de compartir los orgasmos, le gusta tener tiempo de calidad estando abrazados. Le agrada hablar de sexo y explorar formas para mejorarlo, además, está dispuesto a platicarme algunas de sus fantasías.

Desde luego que puedo seguir con páginas y páginas que abarquen una multitud de cualidades no sexuales que valen su peso en oro como la inteligencia, la atención, el sentido del humor, el ser afectuoso y la capacidad de compartir aspectos de su vida interior. En cuanto a la apariencia, el hombre más guapo se puede volver feo muy rápido debido a su egoísmo y un hombre sin pretensiones puede ser precioso gracias a su espíritu generoso. Conforme maduré, me interesaban cada vez menos los pectorales y traseros musculosos que cuando era joven.

Hoy en día, cuando se trata de discutir sobre el sexo, la palabra "técnica" prácticamente se convirtió en una majadería. Las mujeres prefieren hablar del amor y los hombres actúan como si lo supieran todo. Algunos me han dicho que cuando usan la palabra "técnica", sus novias los acusan de ser "demasiado analíticos". Las mujeres dicen que cuando les sugieren a sus novios leer un libro específico de sexo, se ponen a la defensiva. Qué tiene si discutimos de unas cuantas habilidades sexuales como si platicáramos sobre la forma de mejorar su swing de golf o su tiro de tres puntos. Después de todo, a los golfistas o basquetbolistas no les molestaría dedicarle más tiempo a la práctica o tomar clases para estas actividades.

Empecemos con lo que considero el primer requisito básico para un amante masculino de talla mundial: la capacidad de tener una erección con facilidad. La masturbación consciente es la clave para lograr y mantener una erección. Ésta rara vez es un problema para la mayoría de los hombres cuando son jóvenes y rechazan el masturbarse. Pero conforme crecen, las arterias se angostan, la sangre se espesa y necesitan un poco más de tiempo y esfuerzo para tener una erección. Si tiene veintitantos años, los rapiditos lo entrenan a tener un orgasmo con rapidez, lo cual no interferirá con su capacidad de disfrutar al máximo el amor erótico. Si tiene más de cuarenta años, esas masturbaciones matutinas de dos minutos en la regadera no hacen circular en su totalidad la energía sexual.

Wilhelm Reich una vez afirmó que la forma en que una persona se sienta con respecto a la masturbación es como realmente se siente acerca del sexo en general. En "los buenos tiempos" del sexo casual, yo decidía si un tipo sería o no divertido en la cama con sólo preguntarle qué pensaba de la masturbación. A los que contestaban que nunca tenían que masturbarse o que sólo lo hacían para aliviar la tensión sexual, los descartaba de inmediato. La prueba de aciertos y errores me enseñó que muchos de esos Romeos de apariencia ardiente sólo usaban la vagina de una mujer para masturbarse. Un número reducido de mujeres pueden tener un orgasmo tan rápido como los hombres, pero en todos estos años que he escuchado a las mujeres hablar de sexo, la queja más común es que la relación sexual no dura lo suficiente.

Cómo aprender a controlar la eyaculación

La mayoría de los jóvenes eyaculan rápido en su primera relación sexual. Los hombres que desean que el sexo en pareja dure más tiempo, aprenden a retrasar la eyaculación entrenándose a mantener niveles más altos de excitación por medio de la masturbación. Cuando le pregunté a Grant cómo aprendió a mantener su erección, me dijo que además de ser una persona ávida en masturbarse, lo motivaba el miedo. Creció en la época en que era difícil conseguir condones. Si tenía suerte de acostarse con alguien, aguantar lo más posible y después salir de la vagina era la principal forma de evitar un embarazo. Hoy en día, el coito interrumpido es común, pero casi todos sabemos que el momento previo a que un hombre tenga un orgasmo contiene suficiente esperma para provocar un embarazo.

Eric forma parte de la generación X, que da por un hecho el uso de condones. Al iniciar su actividad sexual, descubrió que al principio, cuando los condones son suaves y están apretados, disminuyen la sensación sexual lo cual ayuda al control. Sin embargo, durante la relación sexual, el condón se estira, incluso con mucho lubricante. La sensación sensual de la vagina junto con el roce de un condón suelto sobre la punta del pene le provocaba un mayor estímulo, y esta combinación muchas veces ocasionó que se viniera demasiado rápido. Convencido de que el sexo en pareja podría ser mejor, desarrolló lo que llamó "el control del orgasmo". Además de leer cada libro que pudo acerca del sexo, se masturbaba sin preocuparse de que se obsesionara.

Masturbación consciente. Si no está circuncidado, su propio prepucio le ofrecerá mucha lubricación y sensación. Si está circuncidado, un aceite para masaje de calidad hará que la masturbación sea mucho más sensual. Si no cuenta con uno, utilice una combinación de saliva y el flujo antes de venirse. Existen muchas formas de manejar el pene. Algunos hombres usan la palma de la mano para rodear el tejido y otros rodean el glande o la punta del pene con los dedos pulgar e índice. Algunos utilizan ambas manos. Un amigo diestro se refería a su mano derecha como su esposa, en tanto a la izquierda le decía su amante.

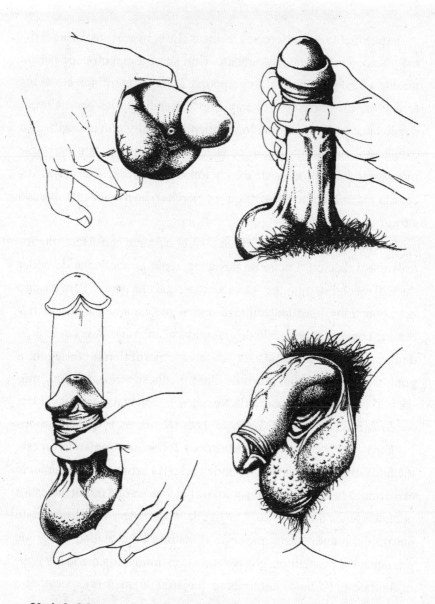

Variedad de penes. *Muchos penes duplican su tamaño con la erección, pero los penes grandes crecen menos en longitud y dimensión. Hacia finales del siglo xx, la sociedad cambió la atención de representar la virilidad según el tamaño de los testículos, al tamaño del pene. Este cambio provocó mucha inseguridad en los hombres que se sienten sexualmente incompetentes, a pesar de tener un pene de tamaño promedio.*

Experimente con diferentes técnicas. Es conveniente variar el ritmo y sostener el pene ligeramente. Con su otra mano puede dar un masaje a cualquier parte del cuerpo que le haga sentir bien como los testículos, los pezones o el ano. Preste atención a las sensaciones: qué le hace sentir bien, qué lo mantiene neutral y qué intensifica su excitación. La masturbación consciente le permitirá familiarizarse más con todo su proceso de excitación. Procure practicar varias veces a la semana, como un atleta que se ejercita o un músico que aprende a tocar un instrumento.

Eric tardó un año en adquirir un control bastante consistente durante la masturbación. Luego de dos años, tenía la confianza de poder durar al menos 30 minutos, y a veces más, con una pareja. Para cuando nos conocimos, tenía tal habilidad sexual que, aunque parezca increíble, me convenció de que lo dejara mudarse conmigo. A veces le digo de broma que sus habilidades sexuales le permitieron conseguir, a punta de sexo, salir del gueto de clase media superior del sur y mudarse al corazón de la ciudad de Nueva York con una mamacita dulce.

La clásica técnica del apretón. Esta técnica es la que casi todos los libros y revistas discuten. Masters y Johnson recomendaron este método para parejas casadas, donde la esposa estimula manualmente al marido. Mientras ella lo masturba, él le dice en qué momento está a punto de tener un orgasmo. Luego ella se detiene y le pellizca justo debajo del glande hasta que cede al instinto de eyacular. Luego de unos cuantos momentos, ella reanuda la estimulación manual y repite el proceso. Algunos hombres se quejaron de que sus esposas eran demasiado agresivas cuando los pellizcaban, por lo que sospecho que una que otra estaba expresando viejos resentimientos. Además, ¿por qué debía ser su trabajo si el pene era de él?

Mi recomendación es que cada hombre se entrene mucho antes de casarse. No obstante, en caso de que usted ya esté casado, nunca es demasiado tarde si está dispuesto a invertir un poco de tiempo a la práctica, del mismo modo que lo haría en el campo de golf donde practica el tiro de salida. Si es casado, busque un espacio donde pueda tener cierta privacidad, aunque sea en el sótano. Mientras se masturba, justo antes de sentir que va a eyacular, deténgase y presione con el pulgar y el índice debajo de la orilla del glande o la punta del pene y/o en la base. El semen viaja a través del conducto uretral a lo largo del lado inferior del pene. La acción de apretar y liberar este conducto ayuda a retardar la eyaculación. Después de relajarse unos instantes, empiece de nuevo. La repetición de este proceso le permitirá experimentar y sostener niveles más altos de excitación sexual.

En su esfuerzo por evitar el clímax, algunos hombres piensan en algo que no esté relacionado con el sexo. Eric dijo que aprendió a ser un "monje del sexo", como dice él, evitando pensar en imágenes sexuales o fantasías ardientes. En cambio, se concentraba en sentimientos tiernos y benévolos hacia una novia imaginaria en tanto escuchaba música lúgubre o suave para ayudar al proceso. Luego de mucho trabajo a solas, hizo lo mismo estando ya en la universidad con una pareja y experimentó su primer descubrimiento importante sobre el control de la eyaculación durante la relación sexual.

Alto/siga. Cuando se masturbe, en lugar de apretar, sólo suspenda toda estimulación justo antes de que el sistema autónomo de eyaculación se presente con fuerza y aleje su mano. Mientras su pene esté erecto, quizá sienta una sensación tirante o un ligero calambre, pero nada doloroso. En cuanto la sensación orgásmica sea menor, puede empezar a frotarlo de nuevo. En poco tiempo, regresarán ligeras sensaciones orgásmicas que conducirán a la eyaculación. Retire de nuevo la mano antes de que se active el interruptor autónomo de la eyaculación. Un amigo mío llama a este proceso "mantenerse en la cresta del arco iris".

Una vez que Eric estaba usando esta técnica y se detuvo, notó que la punta de su pene se dilató un poco más de lo normal y escurrieron unas cuantas gotas. La eyaculación se suspendió en la punta del pene. Estaba muy emocionado de saber que podía detenerla. Luego, con los dedos pulgar e índice, untó el semen hacia el perineo, presionando a lo largo de la uretra en la parte inferior del tejido. Ahora puede tener erecciones cuantas veces quiera, tomándose todo el tiempo que desee en tanto saborea las ligeras sensaciones orgásmicas con sólo retirar la mano mientras se masturba, o detiene su vaivén al penetrar de manera profunda a su pareja.

Disfrutar las sensaciones orgásmicas sin la finalidad de eyacular es un placer. A pesar de lo maravilloso que se siente, Eric no se considera multiorgásmico ni antes ni ahora. Disfruta las sensaciones previas al orgasmo justo antes de la eyaculación. No se viene y sigue con otro orgasmo sin perder la erección, ni tiene un orgasmo completo sin eyacular. Cuando el espíritu lo motiva, continúa con la estimulación y se viene. A veces el orgasmo resultante es más poderoso y en otras se siente menos. Es como si separara el orgasmo en pequeñas secciones, disfrutando cada una individualmente. Esta técnica ha prolongado su "tiempo de erección".

Músculos pélvicos

El músculo PC, o pubococcígeo, es clave del placer sexual. Afecta la capacidad de erección del hombre, de mantener la erección y de tener un orgasmo completo. Este músculo es el que se contrae de forma involuntaria durante la eyaculación. Para localizar el músculo, detenga el flujo de la orina. Los hombres deben fortalecer el músculo PC apretándolo y relajándolo de manera consciente durante una serie de repeticiones. Conforme tiene más edad, la debilidad del músculo pélvico da como resultado la incontinencia urinaria, dificultad de erección y orgasmos de menor eyaculación.

Con frecuencia, las mujeres tienen dificultades para tener un orgasmo, por lo que les sugiero que tensen y relajen el músculo PC. A menudo, los hombres tienen problemas para evitar venirse, por lo que relajar el músculo PC ayuda. Algunos hombres dicen que apretar el PC les ayuda a contener el orgasmo. Otros pujan un poco, que se logra con el mismo movimiento muscular empleado para forzar el chorro de orina y que fluya más rápido. Mientras se masturba, observe el músculo PC durante los movimientos que siente de mayor placer y experimente para ver qué funciona mejor. Utilice cualquier técnica que le impida venirse con demasiada prontitud. Sólo recuerde que mantener relajado el músculo PC es un reto constante. Eric me dice que luego de varios años de manejar un control consciente, le es fácil estar a la misma altura durante la relación sexual y de pronto darse cuenta que está por tener un orgasmo porque su PC se apretó inconscientemente. Respirar en forma lenta y profunda ayudará a relajar el músculo.

Algunos hombres aprenden a tener un orgasmo sin eyacular, pero a mí siempre me ha parecido bastante puritano. Desde mi punto de vista, quienes se ahorran el semen son unos tacaños sexuales. Sería como ahorrarse saliva porque cree que tiene una cantidad limitada. Supongo que muy pocos hombres se interesarían en dedicarle tiempo al aprendizaje de estas técnicas orientales, cuyo dominio requieren de años de práctica. Sin embargo, para los hombres que estén interesados, existen muchos libros sobre el sexo tao o tantra que explican el proceso. El no eyacular también contradice el concepto de que las eyaculaciones frecuentes son una forma de mantener saludable la próstata y evitar problemas posteriores.

Dedicar todo su tiempo a la introspección disciplinada sería un fastidio, de modo que debe permitirse sesiones de placer, algunas sólo de práctica, pero de vez en cuando intente una combinación de ambas. En cualquier caso, siempre procure tener un orgasmo al final. Otro ejercicio útil es la masturbación consciente con videos pornográficos. Juegue a ver si puede durar más que el tipo del video. La efectividad de ver pornografía y masturbarse es que no sólo se estimula el pene con la mano sino que también tiene información erótica visual y auditiva, lo cual es mucho más cercano a la realidad de tener sexo con una pareja.

Besos

La boca, los labios y la lengua son los principales proveedores de placer sexual. Tener de pareja a una persona que besa bien por lo general significa mucho para casi todas las mujeres. Para mí, es un indicativo general de cuán sensual puede ser un hombre. Besar, definitivamente es un arte. Lo usual es empezar con la boca relajada y ligeros contactos, después poco a poco se convierten en besos húmedos con la lengua que son mucho más pausados de los que con frecuencia vemos en las películas. La técnica que evito es la que yo llamo "magullar la boca", donde una pareja parece estarse devorando los labios y la lengua entre sí como si fueran caníbales. Un beso de lengua más meloso, húmedo y profundo no quiere decir que sea más apasionado sino lo contrario. En lugar de intentar superar al otro, lleguen al acuerdo de turnarse: empiece y disfrute la boca de la pareja con sus labios y lengua en tanto ella recibe el beso. Después, quédese quieto y deje que ella haga lo mismo.

A Eric y a mí nos gusta compartir besos de chocolate. Tenemos un envase de helado de chocolate en el congelador. De vez en cuando se come una cucharada de helado mientras nos besamos. Yo le lamo y succiono para obtener lo más posible en tanto él me pasa helado de poquito en poquito. Cuando me toca un pedazo de chocolate, en vez de tragármelo, se lo regreso con la lengua y va y viene hasta que se derrite. Un beso de chocolate puede durar varios minutos y siempre es delicioso.

Caricias

No hay nada mejor que un hombre que cuida de sus manos. A muchas mujeres, como a mí, nos atraen las manos de un hombre tanto como su rostro, cuerpo o pene. El hecho de tener cuidado de la forma en que acariciamos el cuerpo de alguien es el pilar del sexo agradable. A quienes venimos de hogares donde hay afecto, por lo general no nos incomoda el acariciar y ser acariciados. Los que no recibieron caricias se pueden sentir incómodos o extraños de que los abracen o acaricien. Hay personas que son sumamente cosquilludas o "sensibles" y se alejan o se quejan de manera constante que algo les duele.

Si usted es una mujer que nunca se ha tocado los senos u órganos sexuales, la ternura es esencial. Lo mismo sucede con los hombres que son muy "sensibles" en cuanto a sus testículos porque nunca se los han tocado y, con una caricia suave, terminan encogiéndose. En lo que se refiere a acariciar una vulva, asegúrese de tener las uñas limpias, cortas y limadas. Si debido al trabajo tiene las manos maltratadas, el uso de unos guantes ajustados de látex como los que usan los dentistas solucionarán el problema. Ponga atención a sus manos, ya que son los principales instrumentos de placer para usted y su amante.

¿Recuerda a las Pointer Sisters cantar: "Quiero un hombre con una mano lenta"? Casi todas las mujeres estarían de acuerdo en ello, de modo que tome las cosas con más calma y relájese con todos los tipos de caricias en el órgano sexual femenino y el clítoris que reciba. Antes de tocar la delicada membrana mucosa de los genitales de su pareja mujer, cúbrase los dedos con aceite para masaje. Si no tiene aceite, al menos utilice saliva hasta que introduzca el dedo en la vagina y use el lubricante de ella. Sin embargo, no se confíe de que ella esté húmeda. Quizá esté nerviosa o tensa. Una buena idea es tener un frasco de aceite para masaje cerca de la cama. Si usted va a casa de ella, lleve consigo aceite para masaje, condones o un lubricante de agua. Primero use el aceite para un masaje en los genitales, pero con el uso continuo del condón, aplique en éste el lubricante de agua para evitar que se rompa el látex.

Luego de asegurarse que ella está física y emocionalmente cómoda, el acceso fácil por los intrincados pliegues de sus labios mayores es un proceso lento que requiere de caricias suaves. Una vez que esté entre los labios mayores y menores, en vez de presionar directamente sobre un punto del clítoris, intente frotar toda el área y toque en círculos de vez en cuando el clítoris para excitarlo poco a poco. Luego de varios minutos, puede empezar con un contacto más directo en el clítoris, siempre variando el ritmo y manteniéndolo sin presión y húmedo. Una señora en el taller se quejó de que su esposo le frotaba tan fuerte el clítoris que ella sentía como si él quisiera borrarlo. Esto era tan triste como su falta de capacidad para abrir la boca y decirle qué quería.

La mejor forma de descubrir qué tipo de caricia en el clítoris prefiere su novia es pedirle que le muestre la cantidad de presión que quiere sujetando su mano y que ella se acaricie. Lo mejor es probar distintos tipos de movimiento sobre la vulva mientras ella le dice qué le gusta más al mismo tiempo que tienen sexo en pareja. Si ella se queja de que es "demasiado analítico", tenga paciencia y hágale saber lo mucho que a usted le interesa complacerla. Esta forma de compartir puede ser mutua entre las parejas a fin de que puedan aprender el sexo manual preferido del otro.

Sexo oral

Luego de años de escuchar a las mujeres, muchas de ellas tienen su primer orgasmo con un amante como resultado del sexo oral. Por algún motivo, a los franceses se les acreditó el invento del sexo oral. Algunos estadounidenses no creen que el sexo oral se pueda considerar sexo real, sobre todo los casados. Pero créame que para la mujer que tiene sexo oral, es más que real. Muchos de estos tipos se refieren a éste como un *logro*, sin devolver el favor y tener sexo con la mujer. Los hombres que se conducen así ya sea que pagan por tener sexo o están en una posición de poder donde la mujer usa el sexo como negociación. Le aseguro que el sexo oral es, sin duda, una de las situaciones más íntimas que pueden compartir un hombre y una mujer.

Si usted está totalmente cautivado por "las chichis y los traseros" y no quiere saber nada de vulvas, le sugiero que deje de masturbarse con las nudistas que aparecen en las páginas centrales de revistas y empiece a ver buenas fotografías de genitales femeninos. Consulte el Foro de Arte Genital en mi sitio de web así como los videos de clasificación X y revistas femeninas para que descubra la enorme variedad de genitales femeninos y pueda estar al tanto de la belleza de las diversas formas. También puede consultar la diversidad de genitales masculinos, sin que ello signifique que se volverá gay de la noche a la mañana.

Si ya es un conocedor de los genitales femeninos y le encantan los de su novia, pero no le gusta cómo huele, sugiérale bañarse juntos. Es divertido enjabonar los genitales del otro y excitarse al mismo tiempo. Todos tenemos un olor y sabor únicos. Nuestra dieta e higiene personal son factores básicos. Lo mismo sucede con el semen. El fluido vaginal y el semen son gustos adquiridos, como tomar martinis o comer quesos caros franceses añejos.

Los inconvenientes clásicos de las mujeres en lo que se refiere a recibir sexo oral, básicamente son los mismos que yo tuve. Yo tenía miedo de que mis genitales fueran feos, que no tuvieran buen sabor y me tardaba mucho en tener un orgasmo. Si usted le hace el sexo oral primero a ella, dígale lo bonitos que son sus genitales y, después de lamerla varias veces, dígale lo dulce que sabe. Hágale saber que disfruta lo que está haciendo. Asegúrese de estar cómodo. No hay nada peor para una mujer que ver a su novio en una posición incómoda antes de siquiera empezar. Si usted puede proyectar de manera honesta el sentimiento de que quiere seguir ahí el tiempo que ella se lo permita, es muy reafirmante. De lo contrario, no finja. Nunca funciona; el radar de la mujer lo detecta.

Hágalo con delicadeza, suavidad y mantenga todo húmedo. Varíe el ritmo y la presión al flexionar la lengua y extenderla para abarcar un área más grande. De vez en cuando, toque el orificio vaginal con la lengua erecta. Frunza sus labios húmedos y haga círculos una y otra vez sobre el clítoris. En cuanto esté seguro de que ella está lubricada, introduzca poco a poco el dedo en la vagina al mismo tiempo que continúa tocando el clítoris con la lengua. Cuando sienta que la vagina se relaja y se derrite como seda líquida, use ambos dedos. Mantenga inmóvil la mano o muévala despacio hacia adelante y atrás. Alterne el sexo oral con la mano para dar un respiro a su lengua y mandíbula.

En lugar de buscar su punto G especial y afanarse por encontrarlo con un vaivén rápido como si fuera una perforadora, sólo presione los dedos contra la cavidad superior de la vagina y haga movimientos tipo ola al mismo tiempo que le acaricia el clítoris. Las mujeres superan por mucho a los hombres en cuanto al asunto de fingir una eyaculación. No tome el volumen o el repetido número de flujos como una señal de que logró que tuviera muchos orgasmos. Muchas mujeres pueden liberar orina diluida que no sabe ni huele como tal sin estar sexualmente excitadas. Si las lluvias doradas los excita a ambos, pues perfecto, adelante.

En la última etapa, antes del orgasmo de la mujer, existe una tendencia natural a excitarse e intensificar lo que están haciendo. Acelerar o cambiar la estimulación por lo general desconcentra a una mujer. Mantenga la constancia y consistencia hasta llegar al orgasmo. Tanto hombres como mujeres pueden quedar muy sensibles y sentirse incómodos justo después de tener un orgasmo. Conforme pase el momento en que ella se vino, acaríciela con más suavidad unos minutos pero permanezca con ella. Quizá ella quiera continuar y tener otro clímax.

Penetración lenta

Ésta es una de las habilidades sexuales más rechazadas. Penetrar una vagina de manera arbitraria es el resultado de represión y privación sexual. Un amigo mío admitió que cuando se acercaba al orificio vaginal, temía que si no penetraba rápido a una mujer, ella cambiaría de opinión y dejaría todo por la paz. Otro temor es perder una erección. Algunos hombres sienten que deben penetrar rápido antes de perder la erección. Cuántas películas hemos visto donde el héroe se acuesta sobre una mujer y en cuestión de segundos ya le hace el amor con un vaivén intenso.

Es importante excitar a toda mujer con la estimulación en el clítoris antes de penetrarla. Si desea saber si está lista, coloque la yema del dedo sobre el orificio vaginal. Aplique un poquito de presión para asegurarse de que esté húmedo o mojado. Si está seco, agregue más lubricante y continúe con pequeños círculos o frote ligeramente el clítoris mientras humedece de vez en cuando el orificio vaginal. Conforme sienta que el músculo vaginal se relaja, presione hacia adentro despacio, unos cuantos centímetros a la vez, y sienta cómo los suaves pliegues de su vagina le hacen espacio a su dedo. Una vez que la penetre con el dedo, quédese quieto unos instantes para que ella se relaje por completo. Después, haga movimientos circulares o de ola lentos con el dedo. Luego de unos momentos, retire su dedo y regrese al clítoris.

Elija una posición que le permita a ella o a usted continuar con la estimulación en el clítoris en tanto hacen el amor. Con el pene sobre el orificio vaginal, penétrela del mismo modo que con el dedo, poco a poquito. De nuevo, incítela conteniéndose y dejando que ella quiera más de usted una vez dentro de ella. La mayor sensación de penetración en una mujer es en el orificio vaginal. Si la mujer combina la estimulación en el clítoris con la penetración, usted sentirá más si se mueve despacio en tanto ambos utilizan los músculos PC para mejorar cada vaivén.

No hay un estilo de caricia único para el clítoris que funcione en todas las mujeres. Le repito, su capacidad de discutirlo con cada novia para que averigüe qué le gusta a ella, hará de usted un amante memorable. Si está saliendo con una mujer que le dice: "Ay, todo lo que haces es maravilloso", no le crea ni tantito. Está intentando hacerle creer que usted es un regalo de Dios para el género femenino para que se enamore de ella. Espabílese y no crea este tipo de halagos falsos.

La penetración es un ritual de iniciación importante para calificar como hombre, pero rara vez es lo bastante sensual para generar placer alguno en una joven. El dolor y la desilusión de la primera relación sexual es tan común que se cataloga como un infortunio inevitable para el género femenino. ¿Será por eso que tantas jóvenes no esperan volver a tener relaciones sexuales? Existe un problema similar entre los hombres. Si la primera relación sexual termina con una eyaculación precoz, o no puede penetrarla a causa del himen, se puede sentir humillado.

Muchas jóvenes pierden su virginidad cuando aprenden a usar un tampón. Una clienta me dijo que tenía un himen tan grueso que se lo abrieron quirúrgicamente. Mujeres como yo, con actividad física y curiosidad sexual, no recordamos tener que estirar nuestro himen porque sucedió poco a poco. La mejor opción sería que una joven fuera la primera persona en penetrar su propia vagina.

Eric ha estado con algunas chicas que experimentaron el sexo con penetración por primera vez. Empieza por frotar pausadamente al menos diez minutos toda la vulva con aceite para masaje. Esto le permite a ella saber que la caricia de Eric será suave y que se puede relajar un poco más. Pasa las manos por encima del clítoris, sin enfocarse en éste, con la intención de excitarla. En cambio, deja que el deseo sexual de la chica aumente despacio. Cuando siente que ella confía en él y que está agusto, cambia al sexo oral. Mientras gira su lengua sobre el clítoris, lentamente introduce un dedo dentro de su vagina ahora húmeda. Incluir un segundo dedo ayuda a que la chica se prepare para la circunferencia de un pene. Si tiene un orgasmo con el sexo oral, facilitará aún más la penetración con el pene.

Dependiendo de la mujer, Eric emplea una posición que le permite a ella tener una estimulación en el clítoris por parte de alguno de los dos durante la penetración. Si a ella le agrada la idea, lo recomendable es que una virgen controle todo el proceso acostándose arriba. Luego de ponerse un condón, Eric aplica un poco de lubricante de agua en su pene y en la vagina. Empieza con una penetración superficial usando la punta del pene. Conforme la penetra muy ligeramente, provoca que la chica apriete y libere su músculo vaginal. Esto la ayuda a relajar el músculo y le permite a él penetrarla poco a poco con un mínimo de molestias. Cuando la primera relación sexual es agradable (sin temor a ETS o embarazos), las mujeres invariablemente quieren más.

Por cada Bella Durmiente producto de la represión femenina existe un Príncipe Valiente sexualmente mal informado que tiene la gran presión de despertarla. La condición del hombre de provocar en la mujer un orgasmo es la contraparte de que la condición de la mujer sea pasiva. Cuando usted fundamenta su autoestima en ser la única fuente legítima del placer sexual de la mujer, sin darse cuenta establece una de las principales barreras para convertirse en un amante de talla mundial. Si procura que su novia o esposa forme parte de la danza erótica al controlar su propia estimulación en el clítoris es el paso más grande que puede dar hacia la creación de la igualdad sexual.

Para quienes nos gusta el sexo, no hay nada mejor que un amante con habilidades. Sin embargo, todo tipo de caricia física como los abrazos y besos afectuosos, son una parte tan importante para la mayoría de las mujeres como tener un orgasmo. Asimismo, no se detenga en decirle palabras dulces y demostrarle cuánto la quiere todos los días. La respuesta positiva de cada mujer será más que una recompensa para el hombre que lo haga. Recuerde, uno recibe lo que da, en especial cuando se refiere al sexo en pareja orgásmico.

12
Te enseño el mío

Nuestros maravillosos órganos sexuales

A lo largo de la historia, los genitales del ser humano han sido objeto de temor, reverencia, mutilaciones, olvido y admiración. Existen muchos ejemplos históricos de falos y vulvas venerados como símbolos de fertilidad. Figuras precolombinas muestran la cabeza de un bebé saliendo de una vagina. En templos japoneses se exhiben penes enormes. En la India antigua tanto los órganos sexuales masculinos como los femeninos eran muy valiosos y la sexualidad se consideraba una práctica espiritual en la religión tántrica. Las culturas ancestrales basadas en el culto a diosas y rituales paganos que no están registrados en la historia también adoraban los órganos sexuales del ser humano. El cuerpo desnudo y los genitales de hombres y mujeres han sido un tema de arte desde la era de piedra. Sin embargo, ninguna de estas reliquias describió el clítoris... ninguna.

En la antigua Grecia, los artistas esculpían exquisitas estatuas masculinas con penes, pero cuando se trataba de los genitales femeninos, los representaban con una forma triangular o cubiertos con una tela. Durante el Renacimiento italiano, los artistas pintaban desnudos sensuales utilizando temas religiosos de la Biblia. Uno de los papas más recientes hizo que los genitales masculinos pintados por

Miguel Ángel se cubrieran con hojas o tela, y a muchas estatuas griegas les quitaron los genitales. Como la cristiandad rechaza todos los placeres carnales, los órganos sexuales del ser humano se han convertido en un objeto de vergüenza, motivo por el cual muchos de nosotros todavía sufrimos en la actualidad.

A pesar de los esfuerzos de las religiones organizadas por controlar a la gente y sus necesidades sexuales, ahora tenemos una industria para adultos con un valor de miles de millones de dólares que presenta imágenes de genitales de hombres y mujeres en videos y revistas. Desde las primeras películas de ocho milímetros hasta las revistas de la década de los sesenta, siempre ha existido una variedad de estilos de genitales y tipos de cuerpos. En la actualidad, la imagen estándar del atractivo sexual en la industria para adultos favorece a la mujer delgada con grandes senos, piernas largas y pubis afeitado con los labios menores pequeños. Las mujeres se someten a implantes de senos y se reducen esos hermosos labios estilo mariposa para adaptarse al ideal actual. La mayoría de los actores jóvenes tienen cuerpos musculosos y penes grandes. La industria sexual no es diferente a las industrias publicitaria y de la moda, que presentan un estereotipo de belleza que pocos podemos lograr.

El mío

Cuando vi por primera vez mi órgano sexual reflejado en un espejo, debo haber tenido alrededor de diez años. Sin conocer el nombre ni tener ninguna imagen de los labios menores, me sentí horrorizada cuando vi dos espantosas carnosidades que ni siquiera eran iguales. El del lado derecho era mucho más largo que el izquierdo. Es evidente que las había alargado por jugar mucho conmigo misma. En lugar de renunciar a ese solitario placer, a partir de ese día, empecé a masturbarme con el dedo del lado izquierdo para ver si podía igualarlos, pero no resultó. Hasta que cumplí 35 años, honestamente pensaba que me había deformado los genitales por el hecho inocente de la masturbación infantil.

Hasta que vi fotografías de los genitales de otras mujeres en revistas empecé a darme cuenta de la gran variedad de formas, pigmentación, texturas y tipos de genitales femeninos, que incluyen labios menores cortos, medianos y largos. Mi vida sexual se transformó tanto por esa experiencia que, con el tiempo, formé una galería de imágenes genitales y enseñé a miles de mujeres que todas somos obras de arte diferentes y hermosas.

Después de pasar una tarde tomando fotografías de las vulvas de un grupo de amigas durante la década de los setenta, viajé por todo el país con un carrusel de diapositivas con genitales femeninos, mostrándolas a mujeres y grupos mixtos en universidades y reuniones feministas. El público de todas partes se quedaba en silencio y con la boca abierta mientras yo hablaba con amor acerca de los genitales femeninos. Mientras presentaba una diapositiva tras otra, comparaba los distintos estilos de genitales con los periodos de la arquitectura, como Gótico, Renacentista, Art Déco y Sueco moderno. Aunque actuaba con naturalidad, por dentro temblaba de miedo, totalmente consciente de que mostraba imágenes prohibidas. Algunas de las personas que estaban presentes habían visto una fotografía o los genitales de una mujer, pero la mayoría veían esta imagen por primera vez.

Cuando terminaba de mostrar las diapositivas, me sentaba al lado de innumerables mujeres señalando el exquisito diseño de sus vulvas en mis grupos de Bodysex. Como resultado de tomar uno de mis talleres y sentirse bien con sus genitales, las mujeres me han dicho que pusieron en un guardapelo una pequeña fotografía de su vulva para usarlo en el cuello. Otras han tomado fotografías de su vulva y

Genitales externos masculino y femenino. *Aquí vemos la similitud entre las áreas externas de los órganos sexuales masculino y femenino. Los genitales externos de ambos sexos se originan en un sitio en común y durante las primeras cinco semanas de vida no se distinguen. El glande del clítoris se abulta para convertirse en el glande del pene. El prepucio del clítoris se alarga para convertirse en el tejido cavernoso del pene. El labio mayor se convierte en el escroto. Vivan las similitudes así como las diferencias.*

1. tejido cavernoso del pene
2. prepucio
3. glande
4. escroto
5. orificio uretral externo
6. testículos
7. tejido del clítoris
8. glande del clítoris
9. labio mayor
10. labio menor
11. orificio uretral
12. vagina

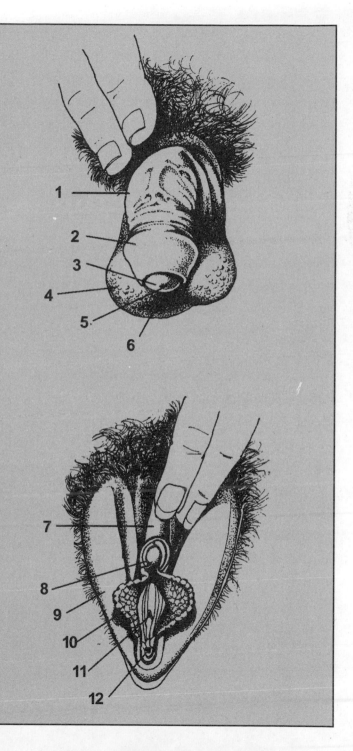

las han regalado de San Valentín a su pareja. Algunas mujeres adornan sus genitales usando anillos de oro y plata en uno de los labios o en los dos. Yo hice que esculpieran mi vulva en jade y la traje en una cadena de plata alrededor del cuello durante años. En la década de los noventa, para celebrar 25 años de la apreciación de los genitales femeninos, produje la cinta de video *Viva la vulva*, que muestra a un grupo de diez mujeres arreglándose y afeitándose el vello púbico mientras se preparan para sacar una fotografía a su vulva.

Desde que inicié mi cruzada por los genitales en la década de los setenta, han aparecido numerosas imágenes y arte con genitales. Sin embargo, cada nueva generación de mujeres al principio se avergüenzan de sus genitales. A fin de traspasar más allá de la imagen de procreación de heterosexualidad y fomentar el orgullo por los genitales y el placer sexual, las madres deben dejar de decirle a los hijos que los niños tienen pene y las niñas vagina. En vez de ello, es necesario decir a nuestros hijos que los niños tienen pene y las niñas clítoris. Cuando un niño se toca el pene o una niña se toca el clítoris de manera especial, ambos sienten sensaciones agradables. Posteriormente, cuando los niños crecen un poco, también es necesario decirles que el pene de un niño eyacula semen blanco y que por la vagina de la niña pasa sangre roja; *antes* de que suceda. No es justo que muchos niños terminen traumatizados por estos hechos naturales que deben ser motivo de festejo.

En 1981, un grupo de mujeres en Los Angeles nos dio una descripción del clítoris completo en *A New View of a Woman's Body* (Una nueva visión del cuerpo de una mujer). Diez mujeres que formaban parte de los Centros de Salud de la Federación de Mujeres Feministas realizaron las investigaciones. El libro, que originalmente publicó Simon & Schuster, desapareció al año. Muchos años después, volvió a aparecer y, esta vez, distribuido por los Centros de Salud mismos. Rebecca Chalker, miembro del grupo original, ahora forma parte de mi grupo de estudios sexuales para mujeres. Todas trabajamos en el campo del sexo y nos reunimos cada mes para analizar diversos temas y compartir información sexual. El libro más reciente de Rebecca se titula *The Clitorial Truth* (*La verdad del clítoris*).

En todos los talleres que manejé, hice hincapié en el tejido, el glande y el prepucio del clítoris, presentando una vista limitada. Gracias a las ilustraciones en *A New View* (Una nueva visión), por fin entendí lo que define el clítoris en su totalidad. Esa diminuta perla que se asoma debajo del prepucio no lo es todo. La estructura interna del clítoris está formada por el vestíbulo, los bulbos y el bulbo uretral. Estas partes internas son tejido eréctil que aumenta de tamaño con la sangre durante la excitación sexual, el mismo proceso que provoca la erección de un pene. Sin este conocimiento básico, no es sorprendente que muchas mujeres crean que su órgano sexual es la vagina. El tejido eréctil de una mujer ocupa casi el mismo espacio que el de un hombre, excepto que la mayor parte del nuestro se encuentra dentro del cuerpo.

El tejido del clítoris lo divide en dos partes que se abren como una espoleta y se conocen como crura, o el vestíbulo del clítoris. Estas dos aletas de tejido eréctil miden alrededor de siete centímetros de largo. Empezando en el punto donde se unen el tejido y el vestíbulo, y siguiendo hacia abajo por debajo de los labios menores, hay dos grupos de tejido eréctil conocidos como los bulbos del clítoris. El clítoris completo está formado por el glande, el prepucio, el tejido, la cruz y los bulbos del vestíbulo, estos órganos son exclusivamente para el placer sexual. En *A New View* (*Una nueva visión*), las mujeres incluyen los labios menores, el bulbo uretral y el bulbo perineal como partes del clítoris porque aumentan su tamaño durante la excitación sexual, contribuyendo al placer sexual de la mujer.

No sólo la gente humilde y sin educación es ignorante en el aspecto sexual. La carta de una psicóloga escolar con doctorado en

Filosofía de 47 años señala que quien la escribe viene de una familia reprimida de cuatro hermanas. Todas gastaron su energía en ser estudiantes sobresalientes en las tareas cotidianas. Por desgracia, ella les da a las cuatro una calificación muy baja en conocimientos y apreciación de sí mismas. En los últimos cuatro meses, finalmente descubrió que si frota su clítoris se siente bien. Aunque es "retrasada mental en el aspecto sexual", disfruta estos nuevos descubrimientos, con ella misma y con su esposo. Envió a una de sus hermanas una copia de mi libro y un pequeño vibrador de pilas como regalo de cumpleaños a fin de iniciar una nueva etapa para su familia de mujeres.

Otra carta, de una estudiante universitaria de 21 años que representó *Los monólogos de la vagina* en la escuela, dice que después de tener relaciones sexuales con tres hombres diferentes que no la hicieron experimentar un orgasmo, no sabía por dónde empezar. Lamentó saber que ya no manejo "talleres de vagina". Esa ha sido mi eterna crítica a esa obra porque no informa a las mujeres en el aspecto sexual sino que perpetúa el mito de que la vagina es un órgano sexual femenino. No es sorprendente que las mujeres sigan pensando que deben tener un orgasmo sólo con el coito.

La primera vez que vi *Los monólogos de la vagina* no fue en Broadway, y escuché a una encantadora joven, Eve Ensler, hablar sobre mi trabajo con una visión equivocada de lo que había hecho durante veinticinco años. La llamó "El taller de la vagina" y dijo que había una mujer que manejaba estos grupos. Describió a las participantes viendo sus "vaginas" en un espejo de mano y tratando de encontrar sus "puntos G". Todo el monólogo representa mis talleres en forma equivocada. Aunque Eve es dramaturga y está capacitada para usar una licencia poética, tuve que preguntarle por qué no mencionaba la palabra "clítoris" al describir mis grupos. De hecho, el término clítoris nunca se menciona en la obra original. Poco después, en su camerino, le dije que mis talleres estaban diseñados para ayudar a las mujeres a encontrar la verdadera fuente de estimulación sexual: el clítoris. Debo mencionar que Ensler posteriormente incluyó esta palabra.

En febrero de 1998, *Los monólogos de la vagina* unió sus esfuerzos con Ms. Foundation para una presentación a fin de recaudar fondos celebrando el Día V. Para febrero de 2001, contaban con patrocinios empresariales y llenaron el Madison Square Garden en otra función para reunir fondos. Las mujeres que leyeron los monólogos se inspiraron en los nombres más famosos del cine y la televisión. Ambas noches resultó evidente que el formato original de la obra había cambiado mucho. Llegábamos a un gran delirio durante la primera parte, sólo para hundirnos en un mar de horrores debido a la violencia en contra de las mujeres. Nos informaron sobre la gran cantidad de mujeres raptadas, torturadas y mutiladas en África, Bosnia y Afganistán. Ya no era la *V* de vagina, sino de violencia.

Sexo y violencia, nunca sexo y placer. Hablar de placer sexual sería demasiado frívolo, inapropiado y políticamente incorrecto. ¿Y a quién debemos culpar por la violencia sexual contra las mujeres? De acuerdo con las feministas del Día V, sigue siendo el patriarcado. ¿Se refieren a papá, nuestros hermanos y nuestros esposos? ¿Al papa o a Dios? Me atrevería a decir que el origen de la violencia contra las mujeres radica en los fundamentalistas de las religiones más importantes: cristianos, judíos, hindúes y musulmanes.

Después de escribir una revisión crítica sobre *Los monólogos*, que se ha convertido en una vaca sagrada, uno de los organizadores me dijo que padecía el "Síndrome de la Abeja Reina". Un escritor me acusó de estar celosa del éxito de Eve. Creo que, en una democracia, todo el arte está abierto a críticas. No es ningún secreto que estoy cansada de todas las feministas matriarcales que son tan autoritarias como cualquier patriarca cuando se trata del placer sexual femenino. La obra original era humo-

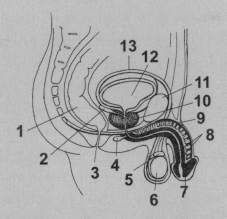

1. recto
2. vesículas seminales
3. ano
4. glándulas de Cowper
5. epidídimo
6. testículo
7. glande
8. tejido esponjoso
9. tejido cavernoso
10. próstata
11. pubis
12. vejiga
13. conducto deferente

Corte longitudinal de los genitales masculinos. *Aun cuando por lo general se cree que los hombres tienen mucho más volumen de tejido eréctil que las mujeres, quienes sólo cuentan con un pequeño clítoris tipo chícharo, cuando comparamos la cantidad de tejido eréctil en hombres y mujeres por lo regular es similar. Las*

áreas sombreadas muestran el tejido eréctil del pene: El glande, el tejido cavernoso y el tejido esponjoso. La próstata también se dilata durante la excitación sexual. Los testículos producen los espermatozoides. Cuando éstos maduran, pasan del testículo al epidídimo y de ahí al conducto deferente. En su camino a la eyaculación, se mezclan con fluidos de las vesículas seminales, la próstata y las glándulas de Cowper a fin de crear el semen. Esta mezcla protege los miles de millones de espermas conforme viajan dentro de una vagina de naturaleza ácida rumbo al óvulo fértil.

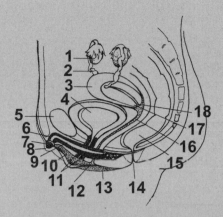

1. ovario
2. trompas de falopio
3. útero
4. vejiga
5. pubis
6. tejido
7. glande
8. prepucio
9. cruz
10. labio menor
11. bulbo uretral
12. orificio vaginal
13. labio mayor
14. ano
15. recto
16. canal vaginal
17. cuello del útero
18. OS (orificio externo)

Corte longitudinal de los genitales femeninos. *Las áreas sombreadas muestran el tejido eréctil femenino: el glande y el tejido del clítoris, la cruz del clítoris, el bulbo vestibular y los bulbos uretral y perineal se congestionan durante la excitación sexual. Los labios mayores y menores se saturan y adquieren un color más oscuro durante la excitación sexual. Los óvulos maduran en los ovarios. A mediados del ciclo menstrual, un óvulo baja por la trompa de falopio hacia el útero en espera de ser fertilizado por un esperma hasta cuatro días. A menos que se presente el embarazo, el útero sangra a fin de expulsar la cubierta (endometrio) cada mes y de nuevo repite el ciclo hasta que la mujer llega a la menopausia.*

rística y encantadora y las mujeres salían contentas de ser mujeres, pero la versión del Día V hizo que estuviera de acuerdo con Camille Paglia cuando escribió: "Con su obsesión por la maldad del hombre y su historia de abuso físico y problemas mentales, Ensler es la nueva Andrea Dworkin, excepto por el cabello de Medusa y el overol de granjero".

Mi amiga Penny Arcade es una artista que tiene una conciencia política similar a la de George Carlin. En un momento determinado le dice a su público: "Espero que no estén aquí para ver *Los monólogos de la vagina*, porque mi vagina no habla, tampoco tiene un color favorito ni usa un sombrero gracioso". Dice que las mujeres jóvenes reían mucho, pero que las de mayor edad no consideraban que el contenido sexual de *Monólogos* fuera gracioso.

En casa, todas tenemos una parte de nuestro órgano sexual, pero rara vez pertenece a la mujer. Primero, nuestros genitales pertenecen a nuestra madre, quien nos baña y cambia los pañales mientras somos bebés. Después están controlados por la religión que se practique en casa, casi siempre con el mensaje sutil o directo de que no nos toquemos "ahí abajo". Luego, caemos en el amor romántico y nuestro primer novio explora nuestros genitales antes de que sepamos nada acerca de la forma y la función de nuestros órganos sexuales. Después, se los damos al hombre con el que nos casamos y, por último, a un ginecólogo/obstetra, donde el ciclo vuelve a empezar para la próxima generación de mujeres.

El siguiente es el ejemplo de una mujer del Foro de Arte Genital en mi sitio de web que reclama su propio órgano sexual:

"Prefiero la palabra 'clítoris' porque suena más fuerte, incluso un poco salvaje. Es como ese símbolo de la mujer celta que a menudo está grabado en piedra y muestra a una mujer abriendo sus labios lo suficiente para abarcar todo el mundo. Así me siento cuando mi clítoris se abre. En realidad puedo tomarlo con la punta de mis dedos y moverlo hacia arriba y hacia abajo como un pequeño pene. A la fecha, siento más afecto por mis labios. Cuando se abren parecen las cortinas de una escenario que se separan para presentar el primer acto de la noche: "¡Por favor, denle la bienvenida a la Señorita Clítoris!" En mi juventud, estaba obsesionada con el hecho de que mis labios grandes no se parecían a ninguno de los que estaban pintados con pincel de aire en las revistas para hombres. ¿Dónde estaban sus labios menores? ¿Se quedaban adentro? Con el tiempo, vi más imágenes de órganos sexuales femeninos que revelaban una diversidad sorprendente. Son tan diferentes entre sí como una rosa y una orquídea."

El tuyo

Muchos hombres se preocupan por el tamaño de su pene, en lugar de concentrarse en dominar las habilidades sexuales para convertirse en magníficos amantes. Aunque se ha dicho: "No importa el tamaño del pez sino el movimiento del océano", creo que el tamaño del pene importa hasta cierto punto. Para los hombres y las mujeres que prefieren un pene grande, no hay razón alguna para sentirse mal por sus preferencias sexuales. Sin embargo, de acuerdo con los miles de mujeres con las que he platicado, la mayoría se interesan más en lo que rodea al pene: el hombre en su totalidad. Tener relaciones sexuales con un pene gigante y duro como una roca que lanza grandes cantidades de semen es la fantasía de poder sexual de un hombre, no de una mujer.

Aun cuando algunos expertos afirman que una vagina es un espacio colapsado que acepta un pene de cualquier tamaño, no estoy de acuerdo con ellos. Mi vagina tiene una profundidad de casi 15 centímetros, de modo que tengo problemas si el pene de un hombre es demasiado grande. Sé que puede lastimar y no puedo relajarme ni moverme con libertad. No importa que sea pequeño porque incluso un dedo dentro de mi vagina se siente bien con el ritmo y movimiento correctos. Además, al igual que la mayoría de las mujeres, no entiendo lo que sucede con el sexo de pene/vagina, por tanto me interesa más lo que sucede con mi clítoris.

Algunos penes con los que he disfrutado el estímulo en el clítoris son: un pene sin circuncidar, color lavanda, curvo, de 14 centímetros; un pene negro grande y grueso que medía 22 centímetros, por lo que tuve que negociar los últimos cinco centímetros; un pene judío circuncidado de 12 centímetros, corto pero muy grueso; un pene holandés de 16 centímetros con una vena enorme a lo largo; y el pene de 18 centímetros de Eric que en la actualidad me hace ser "adicta al pene". En realidad, él creía que su pene era más bien pequeño, pues veía el material pornográfico, pero es muy grande para una penetración profunda si me encuentro en un alto estado de excitación. Es necesario que los hombres dejen de comparar el tamaño de su pene con aquellos de los actores porno a quienes eligen sólo porque tienen penes muy grandes. ¿Y quién elige esos penes grandes? Otros hombres, desde luego. Mi amigo Richard Pacheco es la única estrella porno que conozco con un pene tamaño promedio y ya se retiró del negocio.

No hace mucho, entré a un sitio de web que prometía aumentar el tamaño del pene de un hombre, pero nunca decía cómo, excepto por algunos ejercicios. Escuchen a la tía Betty. No vale la pena pagar por esa información; además, en realidad sabía que el ejercicio sería la masturbación regular. Hasta el momento, la ciencia no ha desarrollado una manera exitosa de agrandar el pene. Las bombas de vacío aumentan el tamaño del pene temporalmente. De manera similar a la masturbación, bombear aire al pene es un ejercicio que expande el *corpus cavernosum* y *spongiosum*, a fin de que reciban mayor cantidad de sangre, lo cual provoca la erección. Es el principio de "usarlo o perderlo".

La mejor forma de ejercitar el pene es maturbarlo con frecuencia hasta tener un orgasmo. Asegúrese de utilizar aceite para masaje, sobre todo si está circuncidado. En el proceso, también se puede entrenar para tener un control sobre éste, que es más importante para las mujeres que el tamaño. Los hombres también necesitan ejercitar el músculo pélvico. Un amigo mío que actuaba en películas porno me mostró la fuerza de su músculo PC. Cuando introduje mi dedo en su ano, se me quedó atrapado. Me explicó que la mayor parte de los hombres en la industria porno desarrollan un músculo PC fuerte para ayudarse a tener una erección y mantenerla. Cada vez que usted se masturba hasta tener un orgasmo, bombea sangre al pene y utiliza los músculos que le rodean.

La adoración al pene está viva y más en la comunidad de hombres gay, pero los hombres heterosexuales también idolatran el tamaño del pene, sólo que no lo hacen en forma abierta. Se molestan entre ellos diciendo que tienen penes pequeños y eso genera mucha inseguridad sexual innecesaria en los hombres que ya se sienten incómodos con la sexualidad. Éste es un ejemplo de un hombre de 23 años:

"Mi pene apenas mide doce centímetros de largo. Nunca he tenido relaciones sexuales. Me gustaría hacer la prueba pero me preocupa el tamaño de mi pene. Tengo miedo de que la chica se queje porque es muy corto, ya que eso me dicen mis amigos. En ocasiones, me siento avergonzado al mostrar mi pene cuando me desnudo en el gimnasio para bañarme. Betty, ¿es importante tener un pene grande? ¿El tamaño de mi pene es normal? ¿Acaso todas las chicas prefieren un pene largo y existe alguna manera de aumentar el tamaño del mío?"

Se dice que el pene de tamaño promedio mide entre 13 y 15 centímetros. De modo que, de acuerdo con las estadísticas, sólo le falta un centímetro. Pero quizá tenga un pene grueso de doce centímetros que encantará a muchas mujeres. Debido a su popularidad, las tiendas de artículos eróticos empezaron a vender vibradores cortos y gruesos para sus clientas. En lugar de preocuparse por el tamaño del pene, haría bien en aprender sobre la sexualidad femenina. El pene más grande del mundo no va a estimular el clítoris de una mujer. Cuando oigo hablar de un hombre que tiene un pene todavía más pequeño (en la categoría de ocho a diez centímetros cuando está erecto), le aconsejo que se gane la reputación de ser magnífico con la lengua y la cabeza, en lugar de sentir pena por sí mismo. Puede convertirse en un experto haciendo el amor oral y tener a las mujeres haciendo fila.

El Kama Sutra y los nativos americanos comparan los genitales masculinos y femeninos con distintos animales: venado, elefante, caballo, perro, etc. El pene de un perro pequeño en la vagina de un elefante se perdería en el espacio. Quizá en una sociedad con mayor progreso sexual, hombres y mujeres tendrían la oportunidad de comparar el tamaño de sus genitales como cuando se prueban zapatos. Siempre he tenido la sospecha de que el cuento de hadas de la Cenicienta con el príncipe buscando un pie al que le quedara la zapatilla es un simbolismo de la búsqueda de una vagina para su pene.

El comediante George Carlin tenía razón cuando hablaba del porqué los estadounidenses declaraban la guerra y bombardeaban "a la gente de color". Se basaba en el "temor al pene". Y sigue hablando sobre la idea de que todo el programa de misiles es resultado del temor al pene. Los estadounidenses tienen que asegurarse de que tienen el pene más largo y que ofrecen el mayor valor por su dinero. Nos reímos de eso, pero desde hace mucho creo que menos hombres necesitarían lanzar misiles y disparar armas si pudieran disparar con sus pequeños penes para divertirse. Existe un viejo adagio en el ejército que dice que la única diferencia entre el rifle de un hombre y su pene es que uno es para luchar y el otro es para divertirse. Pero, ¿cuántos hombres realmente se divierten con el pene?

Las partes sensibles en el pene de la mayoría de los hombres es la orilla del glande y el área en forma de V debajo del mismo, a la que yo llamo el clítoris masculino. El orificio uretral también tiene sensibilidad. Conozco hombres que disfrutan cuando un chorro de agua les golpea el orificio uretral mientras se bañan. Un amigo mío inserta una manguera esterilizada y lubricada en la uretra porque disfruta la sensación, otro amigo utiliza tubos de plástico quirúrgico delgados para mantener abierto el tracto urinario. Su doctor le enseñó a hacerlo.

A algunos hombres les gusta que les den masaje con un dedo en la próstata durante el sexo oral o manual, pero este tipo de masaje rara vez es un fin por sí mismo. La mayoría de los hombres quieren que participen la punta y el tejido del pene a fin de lograr tener un gran orgasmo. Cuando su amiga incluya la estimulación de la próstata con un dedo dentro del ano para mejorar el sexo manual u oral, dígale cómo siente mejor. Depender de lo que usted le diga es mejor que dejarla buscar un lugar específico como su punto P, que puede ser intimidante.

Todos los animales machos, incluidos los humanos, tienen el instinto de copular. Dependiendo de su punto de vista, Dios, la Madre Naturaleza o la evolución humana lo crearon así para asegurar la continuación de nuestra especie. Este deseo, obsesión o fuerza que los impulsa a penetrar a una mujer es inherente en el cuerpo del hombre. De modo que reláseje, usted no está enfermo si piensa en el sexo a cada instante. Sólo es un hombre sano que produce gran cantidad de testosterona y trata de cumplir con su propósito biológico: la procreación. Siempre que tenga una erección, lo introduzca y eyacule hará feliz a Dios, la Madre Naturaleza o la evolución humana. Sin embargo, la mujer a la que embarace quedará encantada o furiosa con usted.

La naturaleza de la mujer nos indica que debemos pedir cierto compromiso antes de dejar a un hombre que nos penetre, ya sea un anillo de compromiso o, mejor aún, un contrato matrimonial. El hombre sólo quiere placer, pero nosotros tenemos la carga de cuidar de los hijos durante los mejores años de la vida y, en ocasiones, más adelante como abuelas. Mi consejo a todos los solteros es que se masturben antes. Si la chica quiere tener sexo con ustedes y se masturban unas horas antes, durarán más tiempo.

Si honramos igual al órgano sexual masculino que al femenino empezaremos a equilibrar el mundo. Invertimos billones de dólares para salir al espacio exterior, sin embargo, gastamos muy poco en explorar el espacio interior de nuestra anatomía sexual. Los estadounidenses podrían dar una educación sexual adecuada a los niños, que incluyera información sobre los magníficos órganos sexuales masculino y femenino, su pene y su clítoris. Podríamos sustituir la vergüenza que la mayoría de los adultos sienten por sus genitales con la aceptación y el asombro que recuerdo haber experimentado de niña, cuando jugábamos con inocencia a "Te enseño el mío si tú me enseñas el tuyo". Llegó el momento de que la humanidad regrese a los sentidos, a disfrutar de los placeres básicos de estar vivo en un cuerpo sano sin que la hoja de parra, el punto negro o los cuadros digitales cubran nuestros órganos sexuales. Después de todo, son los responsables de crear la próxima generación, así como de darnos una gran cantidad de placer.

13
El sexo en pareja con creatividad

Explorando nuevas habilidades sexuales

Las parejas que están de acuerdo en explorar una nueva variedad de placeres mediante la experimentación forman parte de lo que yo llamo parejas sexuales creativas. El primer año que pasamos juntos Grant y yo, avanzamos mucho en el sexo creativo probando todo lo que pudimos imaginar. Nuestra exploración dio como resultado algunos de nuestros mejores orgasmos que muy pronto hicieron que me diera cuenta de que podía diseñar mi vida sexual de la misma manera que pintaba un cuadro. La clave consistía en permitirme ser tan creativa con el sexo como lo había sido con el arte. Era un placer convertir el temor en excitación, y eso daba lugar a mejores orgasmos cada vez que tenía el valor de explorar más allá de la vieja inhibición.

Estuve siete años casada con un hombre que consideraba sexualmente atractivo y que me importaba, pero nuestra vida sexual era deprimente. La única vez que tuve el valor de decirle que lo hiciera más lento para que yo también pudiera tener un orgasmo, me dijo que el sexo era algo natural y que no podía controlarse. Yo era demasiado cerrada para sugerir otras formas de compartir un orgasmo, de modo que evitábamos el sexo la mayor parte del tiempo. Hacia el final del último año que estuvimos casados, llegó a casa una noche y me anunció que iba a practicar el golf. Yo exclamé: "Qué bueno, porque yo practicaré el sexo". Ambos nos reímos con mi comentario, pero dos meses después estábamos divorciados y yo cumplí mi palabra.

Durante 17 años, Grant estuvo casado con una mujer por la que también se preocupaba, pero era sexualmente conservadora. Le preocupaba perder sus "orgasmos vaginales" y no le permitía a Grant tener un contacto directo en el clítoris durante el sexo en pareja. Asimismo, rechazaba la idea de expresar verbalmente las fantasías sexuales, sobre todo porque eran cosas que nunca quería experimentar. Imagine el placer que sintió cuando me estimuló manualmente el clítoris mientras teníamos relaciones al mismo tiempo que describí a una fantasía y a mí me estallaba la cabeza gracias a varios orgasmos dinamita.

Después de esa primera experiencia, no podía recibir suficiente contacto directo en el clítoris. Veíamos pornografía juntos y empezamos a compartir nuestras fantasías sexuales. Luego, empecé a tener orgasmos con el sexo oral después de que Grant me mostrara fotografías de los órganos sexuales de otras mujeres para comprobar que mi deformidad genital era imaginaria. Agradecida, le practiqué el sexo oral y me tragué su semen por primera vez. Me pidió que lo dejara arreglar mi vello púbico a fin de poder fotografiar lo que llamaba "mi bello clítoris", palabra que yo solía odiar. El proceso de que pensara en forma positiva respecto al clítoris me llevó a pintar el primer autorretrato de mis genitales.

La mesa del comedor de Grant fue el lugar donde experimentamos una de nuestras escenas más atrevidas, y la ocasión en que me incliné sobre el lavabo de mi baño para tener relaciones por detrás también es memorable. Cuando teníamos relaciones sexuales, nos veíamos reflejados en un espejo que estaba estratégicamente colocado junto a su cama. Esto nos dio la idea de sacar fotografías mientras teníamos sexo. Una de esas fotos sirvió de inspiración para mi primer dibujo erótico de 70 x 100 centímetros. También hizo que tuviera mi primer orgasmo eléctrico con un vibrador. Finalmente, tuvimos el valor de masturbarnos uno frente al otro, lo que constituyó uno de nuestros mejores momentos eróticos.

Aunque Grant y yo seguimos explorando el sexo entre tres y en grupo, para las parejas que quieren mantenerse dentro de los límites de la monogamia, casi todo lo que hicimos durante el primer año que estuvimos juntos es muy recomendable para cualquier pareja que quiera explorar una vida sexual más completa. Las parejas que elijan ampliar su sexualidad conociendo parejas que piensen de manera similar con quienes jugar sexualmente, no tendrán problemas para ponerse en contacto. Los anuncios personales solían ser la fuente de comunicación, pero ahora con Internet, todo tipo de clubes, grupos e incluso cruceros están disponibles con un clic del mouse.

Después de años de tener relaciones sexuales con la misma persona, el sexo puede ser como comer en el mismo restaurante donde ya probó todo lo que preparan en la cocina. La comida sigue siendo deliciosa y nutritiva, pero no hay sorpresas. Ir al mismo restaurante le garantiza que obtendrá lo que desea, mientras que la visita a otro nuevo le ofrece aventura y diversión. Mantener el placer culinario tal vez se basa en el logro de un equilibrio entre los dos. Creo que los mismos principios se aplican al sexo. Del mismo modo que probamos un nuevo platillo con especias y sabores que no nos son familiares, la primera vez que hacemos algo nuevo en el aspecto sexual, es aterrador pero excitante. Lo desconocido hace fluir la adrenalina, que alimenta la excitación sexual, aumentado el deseo de ambas partes.

La oportunidad de experimentar sexualmente durante el sexo en pareja requiere de confianza, una mente abierta y hablar con libertad sobre cómo se sienten los dos después de probar algo nuevo. Asegúrese de darse el tiempo suficiente para hablar de lo que más les gustó y lo que les gustaría cambiar la próxima vez. Si a uno de ustedes les desagrada hacer algo, dejen de hacerlo. Hay muchas cosas por explorar. Sin embargo, creo que una buena regla para el placer no es condenar nada hasta probarlo por lo menos una vez, quizá dos para estar seguros. Si es algo que realmente excita a su pareja, quizá tenga sentido probarlo tres veces.

Las imágenes visuales son poderosas. Del mismo modo que uno se ve masturbándose, el sexo en pareja frente a un espejo ofrece una imagen de cómo se ve una pareja teniendo relaciones. Casi todo mundo tiene una cámara y algunas personas tienen cámara de video. Crear una colección de fotos eróticas propia es divertido. Si trabaja con imágenes fijas, haga un álbum de su vida sexual. Yo hice un álbum de mi vida sexual con Grant utilizando un libro antiguo que encontré en un mercado de pulgas. Las primeras fotografías eran nuestros genitales en marcos ovalados.

Una amiga combinó pornografía comercial con fotos de su novio y ella teniendo relaciones sexuales. Llevar un diario o escribir sus fantasías también resulta informativo y estimulante. Si siente paranoia de que alguien lea su diario, escriba todo en archivos protegidos con contraseñas. Para mí, dibujar arte erótico siempre ha sido motivo de excitación. Aunque nunca lo admití en ese momento, dibujar y pintar un desnudo cuando estaba reprimida sexualmente, me excitaba en secreto.

La primera vez que fui al Museo de Arte Metropolitano en Kansas, casi me desmayo cuando vi las pinturas de desnudos de los antiguos maestros con temas religiosos o mitológicos apenas disfrazando los elementos eróticos. La insistencia de la sociedad en aislar y ocultar el tema del sexo evita que tengamos acceso a las obras de arte de la sexualidad humana. No tenemos museos de arte erótico donde la gente vaya a inspirarse, pero sí tenemos libros con imágenes eróticas de primera clase creadas por magníficos artistas. Casi todos los artistas en algún momento han dibujado o pintado algo erótico.

A pesar de los esfuerzos de la religión por censurar las imágenes sexuales explícitas, la pornografía se ha convertido en parte tan importante de la cultura estadounidense que se imparte en las universidades como un curso válido. De hecho, mi amiga Susie Bright desarrolló e impartió el primer curso en Santa Cruz, titulado "Cómo ver una imagen sucia". Susie dijo alguna vez que es fácil criticar lo que no nos gusta de la pornografía, pero es mucho más informativo descubrir lo que nos gusta. Estoy totalmente de acuerdo, pero como doble virgo nací para criticar.

Cuando vi el primer video de clasificación X, todo me excitó porque las imágenes sexuales eran nuevas. Después de algunos años de ver sexo en vivo en las fiestas y ver a las mujeres tener orgasmos auténticos con los vibradores durante los talleres, me aburrí del sexo oral obligatorio para provocar una erección en el hombre, de una relación sexual rápida con fricción sin estimular el clítoris y los gritos falsos de una mujer fingiendo un orgasmo. Mientras tanto, los hombres se concentran en respirar y conseguir lo que quieren a fin de tener un orgasmo. Mis constantes críticas de la fórmula heterosexual en casi toda la pornografía interfirieron con mi excitación sexual.

Después, atravesé por un periodo donde el género que más me excitaba era la pornografía de hombres gay. Ver los cuerpos musculosos de dos hombres excitados y experimentando un orgasmo era más interesante que ver a una mujer pasiva mientras el hombre le hacía el amor. No me molesta en absoluto que los hombres tengan este tipo de pornografía como su fantasía favorita, pero sí me irrita que la pornografía se muestre a favor de la educación sexual.

Desde luego que existen aquellas excepciones donde la pornografía es tan buena que de hecho presenta técnicas sexuales adecuadas.

Amantes que comparten la masturbación. *Una pareja joven ve un video pornográfico que eligieron juntos en tanto se entretienen consigo mismos. Ella protegió la punta del vibrador eléctrico con una toallita sobre el clítoris para poder masturbarse más tiempo antes de venirse. Él tiene el control remoto cerca para adelantar la cinta.*

Durante la década de los ochenta, cuando todavía tenía mis talleres de fines de semana, el grupo se reunía a cenar los sábados. A los interesados, los invitaba a regresar a mi departamento para ver pornografía. Casi ninguna de las mujeres habían visto imágenes sexuales explícitas. Primero, ponía la pornografía usual dirigida a los hombres, misma que los tenía pasmados ante la pantalla hasta que la primera mujer se quejaba. Después, ponía uno de los videos que producía mi amiga Candida Royalle, quien de joven fue actriz en películas porno y decidió estar detrás de las cámaras para hacer sus propios videos desde el punto de vista de una mujer. Al principio, el grupo prefirió su visión más suave con una historia de amor excepto la que se llama "la toma del dinero", cuando un hombre saca el pene y eyacula sobre el cuerpo de la mujer. Pero después de un tiempo, perdieron interés y empezaron a hablar otra vez. Cuando puse mi película porno favorita de hombres gays, fue cuando más atentos estuvieron.

Ver películas porno y masturbarse juntos puede ser divertido. El problema es encontrar algo que a los dos les guste. Existe una gran variedad de videos clasificación X disponibles en la actualidad, además de todas las películas tranquilas en cable. Mi sugerencia es no ver la pornografía como veríamos una película normal, de principio a fin. Si el guión muestra poca acción yo la adelanto y, cuando una escena es buena, vale la pena verla más de una vez. En ocasiones, le bajo al sonido y escucho mis canciones de rock preferidas de los setenta. Cuando tengo un vibrador en el clítoris, soy menos crítica en cuanto a lo que sucede en un video porno.

La fantasía sexual está en el centro del proceso creativo que requiere libertad para imaginar lo inimaginable sin un censor dentro de la cabeza. Después de años de llevar una dulce dieta de fantasías románticas, cada vez que me encontraba pensando en que un secuestrador me atara al tronco de un árbol y nos encontrara un grupo de niños exploradores, me preocupaba. El secuestrador, que era el jefe del grupo de exploradores, y la tropa se turnaban para violarme. Cuando entendí que en mi imaginación representaba todos los papeles, pude dejar de juzgar mis fantasías.

Ahora, cuando pienso en una escena de violación, sé que yo soy el violador y la mujer violada. En una fantasía sadomasoquista, me imagino estar atada e indefensa como una forma de soñar con la entrega sexual o como lo contrario a tener un control total. Aunque he atado a otros, a mí nunca me han atado y no deseo ser violada en la vida real. Utilizo estas imágenes para excitar mi mente y provocar mis orgasmos.

Al desarrollar una vida de fantasías más variada, también empecé a sondear mi inconsciente para descubrir los recuerdos de mi niñez. Como crecí con tres hermanos y un padre muy guapo al que adoro, encontré una riqueza de tesoros sexuales enterrados en mi núcleo familiar. Estos recuerdos están etiquetados como "incestuosos" y están prohibidos. La recuperación de éstos dio paso a uno de los principales accesos de mi erotismo.

Tengo recuerdos muy tiernos de estar sentada en las piernas de mi padre sintiéndome protegida y segura; de jugar al doctor con mis hermanitos y los vecinos; sentir la erección de mi hermano mayor debajo de un cobertor, en el porche de la entrada cuando yo tenía siete años. Ahora, me encanta cuando Eric finge ser mi hermano mayor. Somos como niños otra vez con el elemento adicional de que no nos van a sorprender. Más excitante y prohibido aún es cuando le digo papi mientras tenemos relaciones sexuales, que en realidad es una fantasía más común entre las mujeres de lo que quisiera admitir la sociedad.

Las mujeres que nunca han pensado en el sexo deberán empezar de cero respecto al desarrollo de una vida de fantasías. Pueden empezar por descubrir y coleccionar imágenes de revistas y libros con material erótico para crear un repertorio de imágenes sexuales. Los videos clasificación X proporcionan imágenes visuales. Visitar salas de charla en Internet o hablar por teléfono en forma anónima es otra forma de explorar sus fantasías sexuales. Una de las mejores compañías para el sexo por teléfono.

Durante la década de los ochenta, cuando no había sexo casual, el sexo anónimo por teléfono me permitió volver a visitar mis días de hedonista. A pesar de todas mis experiencias al hablar de sexo, la primera vez que empecé a describirme por teléfono, me dejé llevar por la que realmente era y quedé atrapada en la realidad. Algunas versiones fantásticas de mí misma eran una esposa calenturienta, una famosa artista porno o una ninfomaníaca bisexual, por nombrar unas cuantas. Utilizaba el sexo por teléfono para excitarme y tener una sesión de amor conmigo misma después de colgar. Cuando del otro lado de la línea escuchaba una voz preciosa y entre los dos creábamos una escena candente, con una mano sostenía el teléfono y con la otra mi vibrador. Era la cita sexual anónima de bajo perfil ideal en la que no debía maquillarme ni ser la famosa mujer que enseña a masturbarse.

La representación de papeles fantásticos con su amante o esposo es una aventura en los reinos desconocidos de las sensaciones físicas con juegos mentales que crean estados emocionales elevados. Este juego consensual se basa en la representación de un papel dominante o sumiso para hacer que el sexo sea más variado, divertido y excitante. Las parejas pueden explorar un intercambio de poder erótico sin la carga psicológica de etiquetas como "sadomasoquismo" ni imágenes de látigos y cadenas. Participar en un juego erótico y decidir quién tendrá el control es simplemente una extensión de lo que sucede en nuestra vida cotidiana sin acuerdos ni conciencia. Una vez que se definen los papeles, hay más posibilidades de vivir nuevas aventuras con el placer.

Sabemos que hay muchos maridos que dominan a sus esposas, o viceversa. Este intercambio de poder es inconsciente y se da por hecho. Es muy diferente cuando dos adultos deciden quién estará a cargo de lo que sucede en la recámara y luego negocian un juego para el placer sexual.

Muchas mujeres me dicen que nunca podrían tomar el control del sexo porque no tienen idea de cómo ser "dominantes". Ahí es cuando les pido que recuerden un momento en que la cena estaba casi lista y uno de los niños entró corriendo para llamar su atención. Si no es madre, podrá escuchar su propia voz de madre como la de un general de cinco estrellas: "¡Sal de la cocina en este instante! ¿No ves que estoy ocupada?" Las mujeres ejercen este tipo de poder en su casa todos los días y a todas horas.

En lugar de ser una pareja silenciosa o un sargento en la recámara, considere la idea de tener un encuentro sexual con su amante o esposo. Algunos de los papeles que yo he desempeñado y que han sido divertidos tanto con hombres como con mujeres son: yo soy la maestra y él es mi alumno. Yo soy el amo y ella es mi esclava sexual. Yo soy el doctor y él es mi paciente y tiene algún trastorno en los genitales por lo que debo examinarlos y curarlos. A una amiga mía le encanta ser la prostituta con un corazón de oro que hace cualquier cosa por complacer a su cliente. Cuando juegan así, su esposo le da un billete de cien dólares que ella guarda. Cuando los niños eran pequeños, contrataban a una niñera, él la recogía en un bar y rentaban un cuarto en un hotel para tener privacidad. Ella decía que incluir dinero en su vida sexual los inspiraba a ambos. Ella se esforzaba y él la apreciaba más.

Vestirse para tener relaciones sexuales es parte importante en la representación de papeles. Elegir un papel y luego crear un vestuario adecuado es tan divertido como representar el papel. Empiece en forma gradual. Posteriormente, podrá comprar trajes elaborados si esto los excita a ambos. Mi primer traje para dominar eran unos pantalones ajustados color gris, desnuda del torso, mis botas vaqueras favoritas y un cinturón de piel grande. Era asombrosa la forma en que la combinación de dichos artículos cambiaran mi actitud mental. En lugar de ser un objeto sexual pasivo y bonito en espera de que le hicieran el amor, me convertía en una vaquera que sabía cómo montar un caballo bronco.

Es probable que su primera experiencia sea "tener una relación sexual normal" con una diferencia: usted representa el papel usual del hombre, hace una cita para cenar, elige un restaurante, hace las reservaciones, ordena por él, selecciona el vino y paga la cuenta mientras que sólo ustedes dos saben que quien lleva un par de medias de seda debajo de su traje azul marino es él. Durante la cena, recuérdele que después deberá entregarse a sus deseos sexuales. A la mayoría de los hombres les gusta este intercambio de papeles. Si casi siempre él es quien inicia la relación sexual, le agradará recibir esa atención sexual. En caso de que en su relación suceda lo contrario, limite su control y prometa ser su esclava sexual durante una noche.

Preparar el escenario significa hacer que el ambiente sea incitante con luces suaves, velas, incienso y música tranquila, así como tener a la mano todo lo que van a utilizar. Algunas cosas básicas que debe considerar son juguetes eróticos estándar como un vibrador de pilas o eléctrico, un consolador y un buen aceite para masaje. O bien, si van a usar preservativos, tenga suficientes con el lubricante de agua de su preferencia. Si tiene niños en casa, lo conveniente es cerrar con llave la puerta de la habitación para tener privacidad.

Si quiere ser un poco más atrevida, incluya poco a poco artículos nuevos para sorprender a su amante, como un anillo para el pene, una palita, tapón para el ano y unos amarres ligeros que se sujeten con velcro. Si alguno de los dos se siente confundido, empiecen con "amarres simulados" en los que su pareja se imagine que no se puede mover. Un antifaz altera la experiencia del sexo al eliminar la vista; agudiza los demás sentidos del tacto, el olfato y el oído.

Más adelante, si uno de los dos quiere que lo sujeten con esposas en las muñecas o los pies o que lo amarren con una cuerda, es importante que lean un libro que ofrezca más detalles sobre cómo hacerlo

en forma segura. Aun cuando haya personas a quienes quizá les guste la idea de que los sujeten, también les puede causar pánico y será
necesario que las suelten de inmediato. Incluso una mascada de seda
puede apretarse cuando se tensa, de modo que tal vez quiera tener a
la mano unas tijeras para liberar a su pareja con rapidez. Todos aquellos que representan papeles de fantasía acuerdan en que hay una
palabra que pone fin al juego de inmediato. Es como el botón de una
máquina que dice ALTO. Si usted lo oprime, la máquina se detiene.
Los juegos con sensaciones más intensas se deben aprender con un
profesional en un taller o formando parte de un club donde los participantes se reúnen y comparten su experiencia.

La representación de papeles de fantasía requiere de una forma de
comunicación sexual más avanzada. Las parejas pueden explorar las
fantasías de cada una de las partes, lo que dará lugar a una mayor
intimidad entre ellas. Al terminar el juego, ambos deben abrazarse y
hablar sobre lo que sienten y piensan mientras todavía están en la
cama. La mayoría de nosotros hemos estado condicionados a some-
ter nuestro cuerpo y alma al amor, de modo que la relación consensual de esclavo y amo o de restricción y disciplina puede convertirse
en el escenario romántico más avanzado.

Las parejas que quieren experimentar con relaciones entre tres
personas casi siempre empiezan por tener una fantasía antes de realmente hacerlo. Si la idea los excita a ambos, consideren la posibilidad de llevarla a la práctica. A menudo, es más fácil para las mujeres
estar en una situación sexual con otra mujer, que un hombre se sienta
a gusto al invitar a otro hombre, a menos que sea bisexual. Cada
pareja deberá hablar al respecto antes de tomar una decisión. En lo
personal, yo necesitaba establecer una situación de igualdad al hecho
de compartir antes de aceptar por primera vez una relación sexual
entre tres, y Grant estuvo de acuerdo. También pensamos que, para

nuestra primera experiencia, sería mejor para mí elegir a una mujer con quien me interesara tener sexo y no al contrario.

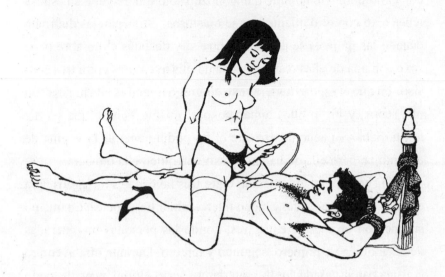

Representar un papel de fantasía. *Esta pareja representa una fantasía consensual con amarres ligeros; ella es la pareja dominante y él es su esclavo sexual. Ella se sienta sobre él al mismo tiempo que usa su vibrador para estimulación en el clítoris. Las manos de él están atadas a la cabecera de la cama con una pañoleta de seda. Él la observa disfrutarse en tanto que, indefenso, espera su turno.*

La primera amiga a la que se lo pedí, se negó, pero cuando se lo ofrecí a otra amiga en una oportunidad posterior, se emocionó con la idea. Tuvimos una cita de tres. Grant se mostró muy sensible y respetó nuestra relación sin volverse loco con el nuevo trasero e ignorarme. Cuando se da una situación así, se generan cierta cantidad de celos, lo cual afecta la posibilidad de compartir este tipo de placer en el futuro. La noche en que Grant y yo tuvimos relaciones sexuales con otro hombre fue interesante, pero extraña. Era como si dos tipos esperaran amablemente su turno, mientras yo recibía toda la atención sexual. Ellos no se interesaron entre sí.

Existe mucha variedad en las relaciones sexuales entre tres. Una pareja que conozco disfruta cuando las dos mujeres tienen sexo oral con el hombre. Un hombre que conozco sólo quiere ver a su esposa tener sexo con otro mientras él se masturba. Otras parejas disfrutan cuando las mujeres se acarician entre sí y después el hombre tiene sexo con una de ellas o ambas. Una de mis aventuras entre tres consistía en que el esposo tuviera sexo conmigo mientras ella jugaba con mis senos, y luego ellos tenían sexo al mismo tiempo que yo me masturbaba. Su acuerdo era que él no podía penetrar la vagina de otra mujer, pero ella podía tener sexo con quien ella quisiera.

En la actualidad, mi relación entre tres favorita es turnarnos para que dos den placer a uno y luego intercambiar los papeles. Lo mismo sucede con un masaje entre tres, donde las personas involucradas deciden quién va primero, segundo y tercero. Durante otra aventura con una pareja casada, los tres queríamos ser el último lugar, de modo que terminamos por echar un volado y dejarlo a la suerte. Cuando empezamos a pasar fines de semana juntos, en ocasiones nos tocaba una noche a cada uno, de modo que una sola persona se daba el lujo de recibir toda la atención de las otras dos.

El sexo en grupo podría ocupar un capítulo completo, pero guardaré todos esos detalles en mi memoria. Básicamente, existen cinco combinaciones sexuales: autosexualidad, sexo en pareja, sexo entre tres y dos parejas, que sería sexo entre cuatro. Para que se considere sexo en grupo, deben ser cinco o más personas. Aunque el sexo en grupo se hizo menos frecuente con la aparición del sida, algunas parejas casadas nunca dejaron de disfrutarlo. Las orgías volvieron a aparecer en San Francisco durante la segunda mitad de la década de los ochenta con las fiestas Jack and Jill Off en las que se realizaba la masturbación heterosexual en grupo. Conforme la gente se sintió más cómoda utilizando guantes de látex y condones, estas fiestas se convirtieron en las fiestas Queen of Heaven (Reina del cielo) con Carol Queen y Robert Lawrence como anfitriones. La dinámica de grupo siempre tendrá un lugar especial en mi corazón, ya que fue mi verdadera tesis en sexualidad humana.

Después de todos mis experimentos con drogas recreativas, la única que para mí mejoró el sexo fue la marihuana. El hecho de que la marihuana afine todos los sentidos del placer garantiza que la industria farmacéutica y de bebidas alcohólicas la seguirá considerando una sustancia ilegal. Aun cuando algunas personas disfrutan tomar una copa de vino antes del sexo porque desinhibe, yo considero que el alcohol disminuye mis sentidos. Ninguna de las drogas psicodélicas de los sesenta y setenta mejoró mi experiencia sexual y a pesar de que la cocaína y el éxtasis son magníficos para bailar, nunca mejoraron mis experiencias sexuales en pareja.

Hoy en día, debemos estar conscientes de todos los medicamentos legales. Los estadounidenses toman antidepresivos como si fueran aspirinas, y se sabe que éstos afectan o eliminan por completo el deseo sexual. El mejor afrodisíaco es un cuerpo sano y una mente abierta.

Diseñar su propia vida sexual da a las parejas la oportunidad de ir más allá de las limitaciones de la personalidad de cada uno, la imagen educada y correcta que mostramos al mundo. Con un poco de creatividad, las parejas pueden descubrir un nuevo ser sexual que espera el momento de salir del armario de la recámara. Adelante. Enfrenten los riesgos con una pequeña aventura sexual.

14
El capullo

Erotismo anal para heterosexuales

En la película *El ciudadano Kane*, el acercamiento de los labios de Orson Wells diciendo "Rosebud" (Capullo) supuestamente era la última palabra pronunciada por William Randolph Hearst. Algunas personas sostienen que era el nombre de su viaje. Mi fantasía es que era el sobrenombre de su amante porque practicaban el erotismo anal, una cualidad redentora para un hombre tan avaro y guiado por el poder. No puedo más que admirar a quienes pueden convertir el ano en una fuente de deseo sexual.

Hay palabras comunes que se utilizan para referirse al ano, como cola, culo y fundillo por nombrar sólo algunas, pero yo he llamado capullo al mío desde que aprendí a amar este orificio poderosamente erótico. Mi otro nombre favorito es culito, porque así lo llamaba mi mamá cuando yo era niña.

La primera vez que experimenté una penetración anal tenía 22 años y estaba locamente enamorada de Tommy. Una noche después de ir a una fiesta, en que tomé unos cuantos tragos, empezamos a arrancarnos la ropa mutuamente en el momento en que llegamos a casa, como todavía sucede en las películas. Nunca llegamos a la cama sino que nos quedamos en el suelo. Estaba recostada sobre la espalda tratando de quitarme una faja Playtex con las piernas en el aire cuando mi bien amado me levantó y me penetró en el orificio equivocado. Cuando su pene entró en mi ano virgen, sentí mucho dolor y me ardió. Con un alarido, lo patee para alejarlo y durante los siguientes 20 años nadie volvió a acercarse a mi capullo.

A principios de la década de los setenta, en uno de mis muchos viajes a San Francisco, mi amiga Arlene Elster estaba en el tribunal defendiendo su derecho a exhibir pornografía en su pequeño cine en Polk Street. Con el tiempo ganó su caso. Una tarde, mientras la esperaba, estaba de pie en la parte trasera del cine oscuro viendo una escena de una pareja de jóvenes hippies que obviamente les encantaba el sexo anal. Un acercamiento de su grueso y resplandeciente pene deslizándose con gracia dentro y fuera del ano relajado de una chica hizo que un deseo primitivo me recorriera el cuerpo. Desde entonces incorporé el sexo anal en mi repertorio de fantasías para la masturbación con una variación: la mujer siempre estaba atada e indefensa.

Un año después, mi amigo gay Bobby y yo hablábamos sobre sexo, como usualmente lo hacíamos. Conforme lo escuchaba describir en forma adorable el sexo anal, admití que estaba un poco interesada en probarlo algún día. Más tarde ese día, Bobby ofreció hacerme una demostración del sexo anal con Billy, mi joven amante bisexual, mientras yo los veía. A Billy le gustaba dar, no recibir por tanto no lo aceptaría, de modo que me sorprendí al preguntar a Bobby si tendría sexo anal conmigo. En la saludable década de los setenta no había sida, así que lo único que necesitábamos era una botella de aceite para masaje y nuestro consentimiento mutuo. Después de todo un capullo cs un capullo.

Bobby adoraba los anos y durante los siguientes diez minutos me devoró con tanto amor que volé. Fue mi primera experiencia con el sexo oral anal. Conforme su boca y lengua lamían mi pequeño y apretado capullo a la defensiva, los músculos se relajaban poco a poco. Para el momento en que con suavidad oprimió la punta de su enorme pene aceitado contra mi capullo, estaba tan abierta y excitada que me penetró con un mínimo de incomodidad. Luego me penetró lentamente de perrito al mismo tiempo que yo jugaba con mi clítoris. El orgasmo fue inolvidable. Sólo lo hicimos un par de veces más antes de que Bobby se fuera de la ciudad, pero siempre lo amaré.

Al año siguiente, durante mi aventura con Laura, con frecuencia nos turnábamos la práctica de la penetración anal con un dedo bien aceitado mientras que la otra se masturbaba con un vibrador. Nosotras lo enfocábamos más hacia la salud, aunque también era placentero. Ella tenía una larga historia de estreñimiento y yo tenía la teoría de que tener un orgasmo con penetración anal la ayudaría a relajar una parte de su cuerpo que sólo había sido una fuente de tensión. De hecho, a mí también me ayudó y empecé a practicar la penetración anal en algunas de mis sesiones de masturbación. La mejor manera de acercarse al placer sexual anal es hacerlo primero consigo mismo.

Aún así, todavía me asustaba y muy pocos amantes lograron penetrar mi capullo. Era como si el sexo anal fuese un tipo de sexo para un día de fiesta que sólo ocurría una o dos veces al año. Cuando lo hacía, siempre me parecía erótico, pero al día siguiente, tenía la sensación de un inminente movimiento intestinal. No sentía dolor. Simplemente no era normal que tuviera esta clase de conciencia de mi ano. Por lo regular, el capullo jamás estaba a la vista ni en mi mente, excepto cuando me sentía estreñida. Entonces dominaba toda mi vida. Tal vez era una ansiedad de placer bruto, algo que con facilidad podía diagnosticar en otras personas pero que me era difícil distinguirlo en mí misma. Entretanto, el sexo anal seguía siendo una de mis fantasías favoritas para la masturbación.

Al principio de mi relación con Eric, estaba tan interesado en el sexo anal que pensé que escondía sus tendencias homosexuales. Me dijo que el deseo surgió como un momento de claridad en su clásica adoración masculina por el trasero de una mujer. Era un deseo "de experimentar al máximo la escultural belleza visceral del trasero de una mujer". Pero sólo lo podía hacer si la mujer gozaba la experiencia tanto como él.

Otra de las muchas razones por las cuales decía que le gustaba el sexo anal es porque sentía que la mayoría de sus novias habían respondido a éste en forma más auténtica que con el sexo vaginal. Aun cuando una mujer esté con un experto de traseros, los primeros momentos de la penetración anal son un desafío hasta que los músculos se relajan por completo. Ver a su novia de la universidad cerrar los ojos y abrir mucho la boca en tanto enterraba los dedos en la alfombra era más cautivador que cuando se sacudía y gritaba apasionadamente durante el sexo vaginal.

Mientras platicábamos, me acordé que, una vez, un psiconalista reconocido me dijo que la fantasía o el deseo reprimido más recurrente en sus pacientes masculinos heterosexuales era tener sexo anal con sus novias o esposas. Decía que el tema era más frecuente que el deseo de tener relaciones sexuales con dos mujeres, y yo siempre creí que era la fantasía sexual masculina número uno. Quizá éste es el porqué de que tantos estadounidenses son patológicamente homofóbicos: ocultan un serio deseo por tener relaciones anales.

Era natural que Eric quisiera tener sexo anal conmigo la primera vez que tuvimos relaciones sexuales. Aunque a mí definitivamente me interesaba, le expliqué que durante los diez años anteriores, mi masturbación anal había sido con un pequeño tapón anal. Cuando tenía una pareja mujer, usábamos ya fuera los dedos o de vez en cuando un modesto vibrador amarrado. No estaba segura de poder soportar su pene dentro de mi capullo normalmente apretado. Me aseguró que tendría mucho cuidado de penetrarme despacio. El simple hecho de hablar de sexo anal me excitaba, pero primero quería hacerme un enema para lavarme el recto.

Mi primer enema fue de niña cuando mi madre usó una perilla para curarme de estreñimiento. Siempre era muy delicada cuando me aplicaba vaselina y mientras introducía la pequeña punta negra decía, "relaja tu colita, Betty Ann". Luego durante mis días de ayuno y desintoxicación en la década de los setenta, usaba una bolsa de enema estándar y tenía varias series de colónicos altos. También tenía una manguera de metal con una punta cilíndrica atornillable que se conecta a la ducha, una técnica de ducha anal de los hombres gay, que es un método muy eficiente. Actualmente tengo una costosa bolsa de enema de silicón blanco transparente con una hermosa manguera larga y una cajita que tiene varios aditamentos exóticos. Lo colgué con orgullo como un objeto artístico en mi regadera.

Aunque Eric y yo desde entonces nos hacemos enemas compartidos como preludio erótico para el sexo anal, prefiero hacérmelo sola de modo que pueda convertir la experiencia en una meditación a fin de prepararme mentalmente para esta clase especial de intimidad. Con el tiempo, aprendí que era mejor limpiar mi recto un par de horas antes del sexo anal. De otro modo el capullo estaba demasiado sensible a la estimulación excesiva. Además, justo después de un enema, parte del agua puede quedar adentro y escurrir durante el sexo anal. Una vez, un poco de agua de enema combinado con semen se me salió una hora después de que tuvimos sexo anal y estábamos sentados cenando en un restaurante. La espera ayuda a eliminar estas posibilidades.

Mejor que un enema es cuando tengo una evacuación completa con heces firmes. En esos casos, el simple hecho de lavarme el capullo y meterme el dedo es suficiente preparación. La materia fecal residual dentro del recto provocará una desagradable sensación de ardor así como una sensación espesa y lenta en el pene. Ahora que acepté el sexo anal, nadie puede decir, "no aprendes de la mierda".

La primera vez que Eric y yo tuvimos sexo anal y yo estaba tan limpia como un silbato, él empezó con la lengua. A pesar de este trato especial, aún sentía una sensación de ardor conforme empezó a penetrarme con su pene bien aceitado. El se detenía para permitirme respirar y relajarme. En un momento, cuando el capullo finalmente dejó de estar tan nervioso y cooperó, su pene de 17 centímetros entró deslizándose tan suave como la seda. La sensación fue como siempre, sumamente erótica. Luego se detuvo mientras que el capullo se acostumbraba a tener un visitante. Con un vibrador en mi clítoris además de sus fluidos movimientos y sus manos aceitadas acariciando mi feliz trasero, el orgasmo que tuve fue algo de lo que en definitiva vale la pena escribir.

Luego de varios meses de práctica, empecé a dominar las habilidades necesarias que me permitían disfrutar todos los aspectos de las relaciones anales de calidad. Cuando estoy de rodillas en la orilla de la cama en la posición de rodillas y pecho con mi trasero totalmente expuesto, saber que me van a penetrar por el ano me excita. Estoy segura de que se debe a que el sexo anal ha sido una característica importante en mis fantasías para la masturbación, donde imagino que me obligan a entregar el control y resistir este tipo de sexo prohibido, sombras de la *Historia de O*. Es una de las pocas veces en que cedo el control y me entrego a mi pareja.

Eric se para detrás de mí y se unta aceite para masaje Charlie Sunshine en el pene. Mientras me doy un masaje en el clítoris con el vibrador, mi ano empieza a excitarse debido a unas caricias suaves y la penetración del dedo. En este momento relajo los músculos del ano.

Cuando siento el vaivén de la punta de su pene en mi capullo, mi deseo aumenta hasta que llego a un nivel de ansia anal. Su pene conserva una presión media constante contra mi capullo en tanto yo me hago para atrás hacia él al mismo tiempo que aprieto y relajo los músculos anales. Mientras respiro y me doy un masaje en el clítoris con el vibrador, aprieto en forma rítmica los músculos y luego los relajo un momento para después empujarlo hacia afuera un poco. Al repetir el proceso de apretar, relajar y pujar ligeramente, mi ano literalmente succiona su pene, poco a poco. Después de lograr la penetración total, él se queda quieto un momento para dar tiempo al capullo para que se ajuste a la sensación de plenitud.

Esta técnica de penetración anal es excelente porque al principio es menos incómodo que con el método tradicional, donde la otra persona hace toda la penetración en un orificio apretado y pasivo. El otro elemento importante es que antes de que se inicie la penetración anal, la persona receptora debe estar sexualmente excitada.

Yo sigo dándome masaje en el clítoris conforme su pene aceitado empieza un movimiento de vaivén con un ritmo suave y lánguido. Sensaciones indescriptiblemente lujuriosas me recorren todo el cuerpo. De nuevo, con un control perfecto, Eric mantiene un movimiento suave con su pene inquisitivo penetrando cada centímetro de mi canal receptor. Después de varios minutos por lo general le pido un poco más de aceite para mantener una consistencia suave. Conforme cada ola de éxtasis terrenal me devora, sus perfectas acometidas mandan corrientes de hormigueo hacia mi columna o a las piernas. La excitación aumenta hasta que me pego a él, tragando su pene erecto con mi hambriento capullo que quiere recibir lo más que pueda.

Los sonidos que hago a menudo son poco comunes: sonidos de bebé gimoteando, gemidos bajos de una prostituta con experiencia o profundos gruñidos bestiales que provienen de un lugar primitivo en mi interior. El frenesí comienza con la sensación de orgasmo en mi clítoris y se extiende en mi trasero antes de ascender por mi columna hasta la punta de la cabeza y el universo. Ocurre igual que antes: las relaciones anales de primera clase siempre me hacen sentir muy vulnerable y, sin embargo, al mismo tiempo muy poderosa.

Los primeros meses que practicamos el sexo anal, me sumergía en el temor y lo superaba. Tal vez me hacía daño yo sola o, como afirman las tradiciones populares, no era saludable "ir en sentido contrario en una calle de un solo sentido". En ocasiones mis movimientos intestinales parecían mayores y más frecuentes, pero otras veces, cuando tendía al estreñimiento, me preocupaba que su pene empujara las heces a mi colon. Después de todo, a menudo he escuchado la frase "empacadores de chocolate".

Hablar con Robert, un amigo gay, me ayudó a calmar muchos de mis temores innecesarios. Me aseguró que casi todo se basaba en mitos creados por una sociedad homofóbica llena de hombres que temían al erotismo anal. Se me olvidan esos deseos reprimidos recurrentes en los pacientes masculinos de mi amigo doctor que desean penetrar a sus esposas por el ano.

Volver a leer *Anal Pleasure and Health* (*El placer anal y la salud*) también mitigó mis temores. Jack Morin tiene la distinción de haber escrito el primer libro completo sobre la materia. En un punto, Jack dice que es recomendable tener una noción de cómo el ano refleja nuestra propia vida. Las emociones de ansiedad, temor, frustración o dolor se pueden expresar mediante la tensión que todos tenemos en el ano. Parece que mi especialidad es el temor. Tenía razón cuando dijo que todos deberíamos aprovechar el hecho de tener una conversación imaginaria con nuestra madre para reclamar que nuestros anos recibieran un entrenamiento de baño tradicional y a menudo cruel, enemas realizados con torpeza o los mensajes negativos que recibi-

mos de niños por parte de nuestros padres y hermanos y posteriormente de la sociedad.

Aunque mi entrenamiento fue amable y los pocos enemas que
recibí fueron hechos con dulzura, recuerdo con claridad cuán dedicada era mi madre para tener precaución de que yo no pujara y vaciara
mis intestinos. Estaba convencida de que más tarde eso pudiera provocar hemorroides. Quería que me relajara, que frotara la pancita y
dejara que mi cuerpo hiciera el trabajo naturalmente. Me protegió
tanto durante este entrenamiento en mi niñez que me tardé un poco
de tiempo en aprender cómo pujar ligeramente a fin de facilitar la
penetración anal.

El primer paso para empezar a explorar su ano es verlo. Hay mucha gente que va por la vida sin una imagen visual de su dulce
capullito. Al igual que con nuestros genitales, las mujeres sólo ven
cuando algo les duele o cuando pensamos que hay un problema. Para
ver su ano, necesitará un espejo y buena luz. Hay varias posiciones:
de pie y agachada, sentada o de rodillas. Sean creativos y vean bien.
Creo que este ejercicio es tan importante para una mujer como examinarse la vulva. Tanto hombres como mujeres deben explorar este
importante orificio de modo que puedan dejar de creer que el ano es
una parte indeseable del cuerpo.

Todos tenemos pelo en los pliegues de nuestro fruncido capullo
de color rosa o beige. Muchas personas se afeitan el área; algunas
por apariencia, otras por limpieza. Yo lo hago por ambas razones.
Básicamente no hay nada sucio acerca del ano. Aun cuando las heces
tienen bacterias, la mayor parte de los organismos son inofensivos.
El temor excesivo acerca de los gérmenes anales es el resultado de
todos los mensajes negativos que recibimos de una sociedad que, en
esencia, rechaza y teme al cuerpo humano, en especial a los productos de desecho como las heces y la orina. Un recto que evacuó re-

cientemente con un capullo muy bien lavado tiene menos bacterias que una boca promedio. Sin embargo, siempre que practique el sexo anal con la lengua, fuera de una relación que no usa condones, use papel de contacto transparente como protección.

A pesar de lo fijados que somos en la higiene personal y la pureza, la mayoría de los estadounidenses caminamos por ahí con el trasero sucio con heces porque confiamos en una limpieza seca después de la defecación. Es broma. Después de tomar una actitud positiva hacia el sexo en la década de los setenta, usaba una toalla para limpiarme el ano después de defecar o me enjuagaba de cuclillas en la bañera. Ahora conservo una caja de toallitas húmedas atrás de la taza del baño, lo que me facilita la limpieza. Ahora, cada vez que me limpio con las toallitas húmedas, le mando uno que otro pensamiento cariñoso junto con unos de gratitud por todos los movimientos intestinales agradables y orgasmos ardientes que me ha brindado.

Si es novato en la penetración anal, lo ideal es que empiece con su propio dedo. Si tensa y relaja el músculo en la base de la pelvis, le será más sencillo percibir cuanto movimiento esté presente. Junto con el músculo perineal que soporta el espacio entre el ano y los genitales, tenemos el músculo pubococcígeo o PC, que está conectado al frente del hueso púbico y que rodea el ano. La respiración es tan importante como apretar y relajar el músculo PC, de manera que inhalar profundamente hasta el ano y después relajarse mientras exhala, ayudará a relajar los esfínteres que rodean al conducto anal.

Con abundante aceite para masaje, frote con suavidad toda el área que rodea a su pequeño y fruncido amigo en tanto presiona alrededor del conducto hasta que sienta que se relajan los músculos. Si tiene uñas largas, le recomiendo que se las rebaje y lime o por lo menos use un guante de látex. Con la yema y no la punta del dedo, empuje con cuidado a través de los pliegues. Al mismo tiempo, puje un poco para abrir el esfínter. Antes de que entre a este lugar inexplorado, asegúrese de estimularse el clítoris o pene para asociar sensaciones positivas de excitación sexual con la penetración anal. Hágalo despacio con dulzura y suavidad. Antes de intentar el coito anal con un pene, ambas personas deben llegar al punto en que disfruten la penetración anal durante la masturbación.

Recuerde que uno de los principios básicos al usar un juguete para la penetración anal es asegurarse de que tenga una base ensanchada de modo que no se pierda dentro de su cuerpo. Los consoladores y tapones anales vienen en una variedad de tamaños, de manera que empiece con uno pequeño y poco a poco aumente el tamaño conforme su ano se adapte a la sensación.

El Blue Hitachment de Betty es ideal para quienes son novatos en el erotismo anal. Esta suave y sedosa punta de vinil se pone en la punta del vibrador Varita Mágica, el cual cuenta con un simpático consolador curvo de diez centímetros. Con la varita en la velocidad baja, las vibraciones son una gran ayuda para relajar los músculos anales. En cuanto su capullo ceda, el consolador será invitado a entrar a fin de que comience la diversión. Combinar la penetración anal con la masturbación mejora el orgasmo tanto de mujeres como de hombres.

Dos cosas muy importantes que deben recordarse al practicar la penetración anal es mantener toda el área bien aceitada y hacerlo despacio. Forzar los músculos para que se abran antes de haberse relajado producirá una sensación de ardor. Una vez que logre la penetración total, deténgase unos momentos para experimentar las nuevas sensaciones que irradian en la parte baja de su cuerpo. Los hombres pueden acostarse boca arriba y usar la punta del Hitachment para presionarla en la pared superior del recto. Tal vez necesite experimentar un poco para encontrar el lugar correcto, pero con las vibraciones y la presión en la próstata, tarde o temprano surgirán nuevas sensaciones. Esto, combinado con la estimulación manual del pene, puede tener como resultado un orgasmo totalmente único y poderoso.

Quienes tienen problemas de hemorroides, tal vez descubran que el erotismo anal puede convertirse en parte de su proceso autocurativo. Las inflamaciones se deben, en parte, a que los esfínteres están crónicamente tensos. Luego unos cuantos orgasmos con la penetración anal, muchos de nosotros podemos dejar de ser unos apretados malhumorados. Las mujeres debemos recordar no pasar del ano a la vagina con el mismo consolador para evitar contraer una infección de vías urinarias por bacterias incompatibles.

Durante los últimos años, he experimentado algunas de las relaciones sexuales anales más eróticas de mi vida con Eric. Cuando empecé a tener una serie de infecciones de vías urinarias, estaba segura de que era pura ansiedad de placer. Mientras menstrué, nunca contraje una infección de vías urinarias de ningún tipo de sexo en pareja. Pero ahora que soy postmenopáusica, tal vez no tengo suficientes bacterias amigables naturales para mantener un entorno ácido en la vagina y la uretra a fin de protegerme contra invasores externos como las bacterias e coli y del estafilococo.

En uno u otro momento, muchas mujeres contraen una infección de vías urinarias, la cual provoca una sensación de ardor al orinar y una necesidad frecuente de orinar. Cuando es a causa de que tuvieron sexo en pareja por primera vez, se denomina "cistitis de luna de miel". Aun cuando el urólogo me dijo que hay muchos factores que ocasionan una infección de vías urinarias, como las bacterias de la piel, creo que la mía fue a consecuencia de mi sexo anal reciente. Dado que me gusta tener sexo anal en la orilla de la cama en la posición de rodillas-pecho, cualquier lubricante que usemos en ocasiones se escurrirá hacia abajo, llevando las bacterias incompatibles a mi conducto uriniario o la vagina.

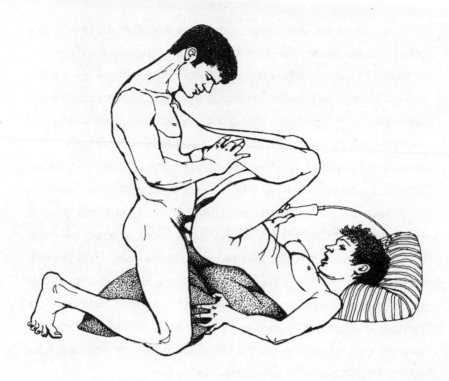

Sexo anal. *Esta mujer disfruta la penetración anal boca arriba al mismo tiempo que usa el vibrador sobre el clítoris. Sus pies descansan sobre el pecho de su pareja y su cadera se apoya en almohadas. Cualquier posición con la mujer boca arriba es lo mejor para el sexo anal. La gravedad no permite que la lubricación anal escurra a la vagina o las vías urinarias, evitando la posibilidad de una infección en vías urinarias.*

Para las pacientes propensas a infecciones de vías urinarias, casi todos los urólogos recomiendan tomar un antibiótico antes y después del coito vaginal o anal, pero a mí no me parece lo correcto. Los antibióticos destruyen la ecología de la vagina y pueden tener como resultado un mayor desarrollo de levadura que da lugar a más problemas. No obstante, hubo varias veces en que terminé tomando un antibiótico mientras exploraba métodos de curación alternativos.

Empecé a orinar justo después del sexo anal. Tomaba más agua y probé un antiguo remedio consistente en tomar jugo de arándano concentrado. Comencé a tomar yogur y cápsulas de lactobacilos y a poner una cucharadita de lactobacilos en polvo en agua tibia para darme una ducha de vez en cuando. Se sabe que cualquier desequilibrio del ph es un factor importante que contribuye a disminuir la resistencia a las infecciones y que los lactobacilos son una bacteria benéfica para aumentar el entorno de acidez en las vías urinarias y genitales.

A pesar de que todos estos remedios naturales ayudaron, para mí la única solución *totalmente segura* hasta ahora es tener sexo anal estando yo boca arriba. En esta posición, la gravedad aleja el lubricante anal de mi uretra y vagina. Debido a que el sexo anal es uno de nuestros favoritos, ahora probamos diferentes clases de ligas o columpios eróticos que se instalan en el techo. De ese modo, Eric puede estar de pie mientras que yo estoy cómodamente acostada boca arriba, facilitando así el sexo anal para los dos.

Entre tanto, descubrimos una alternativa segura para el sexo anal que llamamos doble penetración. Mientras que estoy de rodillas en el borde de la cama con mi trasero al aire, uso el vibrador eléctrico en mi clítoris mientras que él introduce lentamente en mi capullo un consolador realista de color rosa con textura similar a la piel con una base ensanchada. El consolador es casi del tamaño del pene de Eric y se siente muy parecido. Como el consolador permanece en su lugar en vez de entrar y salir, el lubricante no se sale ni escurre hacia mis vías urinarias.

Estando de pie detrás de mí, Eric penetra mi vagina muy despacio. La sensación de tener tanto mi ano como mi vagina llenos lleva mis límites al máximo, un lugar que me hace enfocarme por completo en la sensación física absoluta. Conforme él inicia el vaivén con su cuidado habitual, el consolador anal se mueve justo lo suficiente para sentir bien cuando el cuerpo de Eric presiona contra la base. Con la Varita Mágica cubierta con una toallita vibrando suavemente sobre o cerca de mi clítoris, el ascenso a una excitación elevada es sofocantemente rápido y puedo estar así por algún tiempo. El orgasmo resultante consume todo mi ser. Él disfruta seguir la energía y sentir la forma en que mis músculos se contraen con mucha fuerza cuando exploto con un tremendo orgasmo.

Con el paso de los años siempre he disfrutado ver fotografías de doble penetración en revistas y películas. Sin embargo, hay una gran diferencia entre lo que se muestra en la pantalla en comparación con la vida real. Muchas estrellas porno con experiencia se rehúsan a la penetración doble con dos hombres y quienes lo hacen cobran más por ello. Ser penetrada por dos penes sin los conocimientos adecuados y compañeros considerados puede resultar doloroso así como dañino.

Esta clase avanzada de coito requiere de una mujer con experiencia que sepa cómo controlar la acción. También debe entender a su cuerpo, saber cómo utilizar los músculos de la base de la pelvis y disfrutar sensaciones físicas intensas. Asimismo, es preciso que ambos hombres sepan qué están haciendo. Cualquier persona que haya visto una penetración doble en pornografía les dirá que los hombres ni conocen ni tienen interés en nada que se asemeje a la delicadeza. De modo que si desea ir por todo, asegúrese de que sus compañeros sean de confianza.

Para el hombre que quiere practicar el sexo anal con una mujer, sugiero que primero domine la penetración anal en él mismo para que pueda saber lo que se siente. Entonces estará listo para proponer el sexo anal a su novia o esposa. Por desgracia, demasiados hombres heterosexuales piensan que disfrutar de la penetración anal los hace gays. Créanme, la estimulación anal intensificará el orgasmo de cualquier "verdadero hombre" durante la masturbación.

Mark es un amigo heterosexual de más de 60 años quien desarrolló una aventura con su ano. A lo largo de su vida sexual, siempre había disfrutado el dedo de una mujer en su trasero mientras recibía sexo oral, pero nunca se le ocurrió hacerlo consigo mismo mientras se masturbaba. Cuando incluyó la penetración anal con un pequeño tapón anal, pronto descubrió que sus orgasmos se tornaban más intensos. Ahora usa un tapón anal tan grande que fácilmente puede entender cómo los hombres gay son penetrados por grandes penes y consoladores en el ano. Una relación sexual anal consistentemente buena crea un ano hambriento con el mismo apetito que una vagina voraz.

Después de que acepté por completo el sexo anal, muy a menudo me doy cuenta de que estoy lamentándome por todos esos años que estuve en conflicto al respecto y me negué todos esos placeres. Cuando eso sucede, me detengo. En vez de sólo sentirme triste, me recuerdo a mí misma que debo estar agradecida de que por fin lo acepté. Así como les digo a los demás qué hacer, yo sola me platico que debo vivir el momento y disfrutar de lo que tengo ahora.

Eric y yo nos turnamos para penetrar el ano del otro durante las sesiones de masturbación asistida por la pareja. También compartimos el sexo oral anal en ocasiones especiales. Le encanta cuando le doy masaje en todo el trasero incluyendo el pene y los testículos mientras que paso una y otra vez por su ano. Cuando está listo, lentamente lo penetro con la barra de Betty o el consolador, moviéndolo hacia adelante y hacia atrás. También le gusta que le presione la próstata con dos de mis dedos mientras él se masturba. Con la otra mano, puedo presionar mis nudillos en su perineo o darle masaje en los testículos. El concepto de que una mujer se haga cargo de la penetración es tan crótico para él como las sensaciones mismas. Ambos disfrutamos de practicarnos a nosotros mismos la penetración anal durante nuestras sesiones privadas de masturbación. El sexo anal está sano y salvo en nuestro hogar.

Si el concepto de una vida anterior es real, una de mis fantasías recientes es que cuando Eric tenga 69 años, mi edad cuando nos conocimos, yo regresaré como un surfista californiano rubio y fornido. Cada parte de mi pene será tan hermoso y funcional como el de Eric, que sigue y sigue y sigue, como el conejito de Energizer. Cuando lo conozca en una fiesta, lo voy a seducir y me voy a convertir en su primer amante hombre. Después me voy a mudar con él y nos vamos a turnar para lamernos y acariciarnos el trasero día y noche sin parar. Ahora tendrá que disculparme porque voy a masturbarme con mi tapón anal de color anaranjado favorito.

15
La vida sexual en personas de edad avanzada

La fiesta sigue

Desde la cuna hasta la tumba, el sexo forma parte de nuestra vida ya sea que lo amemos, lo odiemos o lo neguemos. Rara vez se nos dice que el sexo en pareja se relaciona con la edad y que pasaremos por diferentes etapas, pero la forma en que practiquemos el sexo a lo largo de la vida cambiará en gran medida. Casi todas las imágenes comerciales referentes al sexo involucran a personas de veintitantos y treintaitantos años, de ahí que muchos adultos jóvenes crean que su actividad sexual actual durará "para siempre" mientras que las parejas mayores recuerdan cuán bueno solía ser el sexo. Algunas personas de edad avanzada sienten que el sexo en pareja mejora con la edad. Otras empiezan a disfrutar de cómodas sesiones de sexo consigo mismos, lo que es una alegría para su corazón.

Aun cuando quizá haya algunos hombres de 70 y 80 años sexualmente activos, el número de mujeres mayores que sigan gozando del sexo consigo mismas o con una pareja es muy reducido. Esto sucede en parte como resultado de la represión sexual de la cual son objeto la mujeres, así como su falta de orgasmos. Cuando Oprah Winfrey preguntó en su sitio de web si las mujeres disfrutaban su vida sexual, más de 80 por ciento dijo estar insatisfecha. Las mujeres pueden olvidarse del sexo en pareja porque, en primer lugar, rara vez se trata de placer.

Después de cumplir 50 años, la vida transcurre de manera muy distinta entre mujeres y hombres. Muchos hombres exitosos de edad avanzada se divorcian y se vuelven a casar con mujeres jóvenes y atractivas que se conocen como "esposas trofeos". Algunos hombres inician una segunda familia después de cumplir 50 o 60 años. Otros tienen relaciones extramaritales o conservan a una amante a su lado. Pocos hombres siguen siendo monógamos y sexualmente activos con sus esposas. Sin embargo, son muchos más los hombres que recurren a la masturbación de los que la sociedad reconoce. Un estudio reveló que 60 por ciento de las menopáusicas estadounidenses pierden el interés sexual.

Cada una somos únicas, por tanto no existe mejor forma de enfrentar los cambios físicos, mentales y emocionales originados por la menopausia. Casi todos los médicos recetarán automáticamente la terapia de reemplazo de hormonas. No obstante, hay alternativas, como las hormonas hechas de la planta del frijol de soya. Algunas mujeres encuentran alivio de los síntomas menopáusicos con cambios en la dieta, ejercicio, remedios herbolarios, terapia de masajes y acupuntura. En cuanto a cómo hacer frente a esta importante transición en la vida, cada mujer debe encontrar su propio camino.

Cuando pasé por la menopausia a los 50 años, de hecho disfruté mis bochornos y no sufrí incomodidad extrema alguna. Después de leer las terribles advertencias señaladas en el reemplazo de estrógenos sintéticos, no confié en que las compañías farmacéuticas tuvieran el mejor de los intereses en mi vida. Decidí atravesar por esta transición con naturalidad. El envejecimiento me parecía algo muy lejano en el futuro distante. Yo me sentía con vitalidad y feliz de manejar mis talleres de masturbación, de explorar la representación de papeles de fantasía con mujeres y de disfrutar con los amigos. Mi proyecto creativo era revisar los viejos diarios para escribir mis memorias sexuales y tomar descansos para tener un orgasmo cuando un recuerdo ardiente me excitara.

La queja más común entre las mujeres heterosexuales que no toman la terapia de reemplazo de hormonas es el coito doloroso como resultado del adelgazamiento de la pared interior de la vagina. Cuando tenía alrededor de 55 años, me di cuenta de que sentía una incomodidad vaginal durante cualquier tipo de penetración con una pareja o conmigo misma. Supe que era consecuencia de una reducción en los niveles hormonales. La penetración con un pene, un dedo o un consolador era algo que había quedado en el pasado porque me producía dolor en vez de placer, pero seguía disfrutando el sexo en pareja con mis amigas mientras utilizábamos vibradores eléctricos para estimular el clítoris, y por supuesto, al masturbarme sola. En tanto que no necesitara o quisiera tener una penetración vaginal, tenía una vida sexual orgásmica maravillosa.

La etapa de cuando cumplimos 60 años puede presentar algunos problemas físicos que para algunas personas marcan el fin del sexo en pareja. Son pocas las que salen victoriosas con buena salud. Para mí, cumplir 60 años significó que era momento de divertirme. Después de leer *Passages* (Pasajes) de Gail Sheehy, decidí que de los 60 a los 70 años, me dedicaría a crear cintas de video para documentar mi estilo directo de enseñanza. Quería dejar algún tipo de legado para los educadores sexuales del futuro.

Después de diez años de tener relaciones sexuales casi exclusivamente con mujeres, empecé a extrañar la energía guiada por la testosterona masculina. La idea de hacerme heterosexual después de los 60 años era desafiante. Las mujeres lesbianas y bisexuales rara vez se juzgan entre sí por la apariencia o la edad, de modo que salir con alguien en la comunidad femenina no implicaba la misma presión que sentí en el mundo heterosexual. Mi ventaja era que, por mis libros y presentaciones públicas, tenía la reputación de ser una mujer a quien le gustaba el sexo. Esto me dio la oportunidad de tener citas que la mujer promedio no tiene.

Además, el volver a ser heterosexualmente activa me tomó dedicación y desarrollar un fino sentido del humor, en especial como una mujer que no estaba interesada en el coito. Mi primera aventura heterosexual fue tener a Andy como un amigo JO. Yo tenía 61 y un años y él 67 y también era soltero. Vivía en un lugar espacioso, arriba de un restaurante del que era dueño. Después de leer mi libro, pidió a un amigo mutuo que nos presentara. Cuando nos conocimos, descubrimos que teníamos amigos en común de los buenos viejos tiempos del sexo en grupo. De inmediato dijo que mi libro lo hizo sentirse mejor por masturbarse tanto.

Andy describió sus sesiones de masturbación como algo que ponía a funcionar todos sus sentidos: pornografía para la vista, chocolate para el gusto, incienso para el olfato, jazz para el oído, manos para el tacto y un tapón anal para penetrarse. Me reí y le dije que él era mi tipo de hombre. Cuando le propuse masturbarnos juntos, aceptó con entusiasmo.

Pasamos gran parte de la tarde acostados uno junto al otro masturbándonos felizmente viendo pornografía en un televisor al pie de su cama king size. Algunas noches nos masturbamos uno al otro y compartimos pláticas ardientes. Esta clase de sexo ligero permitió que ambos nos divirtiéramos en nuestros propios términos. Gozamos mucho nuestra relación de bajo mantenimiento, la cual duró unos cuantos años.

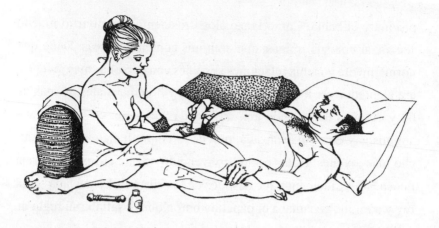

Los turnos. *La masturbación asistida por la pareja funciona bien en muchas personas de edad avanzada que necesitan mayor estimulación genital directa para la excitación sexual. Los cuerpos envejecidos se pueden apoyar cómodamente sobre una serie de almohadas. Asimismo, el uso de vibradores tanto para hombres como mujeres de edad avanzada se ha convertido en algo bastante común.*

En 1990, también recibí una carta de un admirador que me había visto en televisión. Heinz estaba por cumplir los 70 años, pero se veía mucho más joven. Vestía en forma fabulosa, era de elegantes modales y tenía una riqueza considerable. Era único en el sentido de que prefería a las mujeres de más de 50 años porque las consideraba más interesantes. Una de sus formas favoritas para tener sexo era entre tres, que también era una de las mías. Después de disfrutar un par de relaciones sexuales entre tres personas, él comenzó a contar fantasías que no me excitaban y las mías no le funcionaban. Aunque teníamos fantasías incompatibles, quedamos como amigos.

A lo largo de la década de los noventa, pasé muchos fines de semana con Heinz, su novia en ese verano y Ellen, su amante de los viernes. Mi habitación y baño privados tenían vista a una hermosa piscina y la bahía. Como la sexóloga residente, me divirtió mucho socializar con sus amigas, que eran mis contemporáneas. Dado que normalmente yo tenía relaciones sexuales con personas más jóvenes, era alentador ver a tantas parejas hetero y homosexuales de más de 60 y 70 años disfrutando aún de la vida y el sexo, en especial sus amigos gay de edad avanzada, quienes siempre tenían amantes mucho más jóvenes. Heinz estaba convencido de que el sexo en pareja nunca había sido mejor que después de los 70 años. Le gustaba ser el rey y a mí me encantaba el papel de bufón que desafiaba su regla de oro: quien hace el oro hace la regla.

No mucho tiempo después de que terminé la cinta de video de mi taller, empecé a alejarme de ellos por el dolor en mis articulaciones de la cadera. Esto dio inicio a un periodo de prueba de diferentes métodos de curación alternativos para poder seguir físicamente activa. Pasé mi cumpleaños número 65 en el "campo de enema" comiendo comida cruda en un centro de salud en San Diego.

De ahí fui a terminar mi segunda cinta de video con Samantha, mi editora. Ella había oído sobre una endocrinóloga en Santa Bárbara muy actualizada en lo más reciente de las hormonas naturales. Como Samantha atravesaba por una etapa menopáusica difícil, hicimos una cita. La joven doctora nos aseguró que las hormonas hechas de la planta del frijol de soya son idénticas a las moléculas del cuerpo. No había necesidad de preocuparse por las indicaciones incluidas en las hormonas sintéticas y la larga lista de advertencias acerca de cáncer mamario y uterino.

A los 65 años decidí iniciar el reemplazo de hormonas y revitalizar mi vagina. Cuando regresé a la costa Este, encontré a una doctora en mi colonia. En cuanto le conté sobre mi preferencia por las hormonas basadas en plantas, ella escuchó con interés. Aun cuando por rutina sometía a las mujeres a tratamientos de hormonas sintéticas porque habían resultado con éxito durante mucho tiempo, estaba dispuesta a trabajar con mi petición. Las hormonas basadas en plantas sólo están disponibles por medio de un ginecólogo y una farmacia de compuestos. Consulte a su ginecólogo para que trabaje con usted.

A un mes de tomar las tres hormonas (estrógeno, progesterona y testosterona) la pared interior de mi vagina mejoró y de hecho sentía la excitación. La penetración vaginal con un consolador mejoró mi masturbación y empecé a tener fantasías sobre el pene erecto de un hombre joven moviéndose con suavidad dentro de mi vagina mientras yo me daba masaje con un vibrador en el clítoris. Después de un periodo de casi diez años sin relaciones heterosexuales, tuve mi primera relación de pene y vagina, y aunque fue divertida, el dolor en las articulaciones de la cadera ahora me dificultaba abrir las piernas para el sexo en pareja. Justo cuando había recuperado mi vagina, las articulaciones de la cadera estaban por abandonarme.

Dos años después todavía tenía problemas para caminar. Estaba inmersa en el implacable proceso de envejecimiento que no mostraba clemencia conforme mi cuerpo se volvía en mi contra. Con el pasar de los días, mi mundo se hacía más pequeño hasta que a los 67 años, ya desesperada, me sometí a una cirugía de reemplazo bilateral de cadera. Al año era una mujer biónica con dos articulaciones de cadera de acero inoxidable y una provisión fresca de hormonas listas para explorar de nuevo una relación sexual ardiente con hombres, hasta que llegué al siguiente obstáculo: la imagen corporal.

Cada nueva aventura requería de una enorme cantidad de energía para vencer mi resistencia basada en el problema de autoimagen de toda mujer, el cual se intensifica con la edad. Subí de peso y las cicatrices de la cirugía me hacían parecer la esposa de Frankenstein. Había otro factor desmoralizante en mi búsqueda de la heterosexualidad. La calidad del sexo que tenía con hombres de mi edad no era reconfortante. Un hombre cercano a los 50 años era una buena pareja sexual, pero tenía tantos problemas con su ex esposa y la custodia compartida de sus dos hijos que normalmente me deprimía estar con él.

Una vez más estaba preparada para pasar el resto de mi vida enseñando sobre el sexo, disfrutando de mis amistades, saboreando un caudal de recuerdos sexuales y mejorando mis fantasías para que mis sesiones de masturbación siguieran siendo excitantes y orgásmicas.

Todo esto cambió a los 69 años, cuando Eric llegó a mi vida. Después de nuestro primer fin de semana juntos, lleno de sexo maratónico que me tuvo de muy buen humor, me reía de lo que tantos hombres que afirman sobre las aguerridas feministas, "lo que necesitan es un buen coito". Sí, pero, ¿dónde encontramos hombres con las habilidades sexuales para tener un orgasmo, en especial conforme envejecemos? Dudo mucho que tuviera la calidad de sexo con un hombre de mi edad como el que tengo ahora.

Hoy en día, aliento a las mujeres de edad avanzada a que no acepten los mensajes negativos de la sociedad que afirman que el sexo desaparece conforme envejecemos. Cada vez más de nosotras debemos dejar a un lado todos esos problemas sobre nuestra imagen personal con el monstruo de la vanidad que susurra: "Estás demasiado gorda, arrugada o muy vieja para tener sexo con un hombre joven y vital". Mientras las mujeres de edad avanzada estén dispuestas a iniciar una actividad sexual y no tengan expectativas románticas de un amor que dure para siempre, es una gran experiencia compartir nuestra sabiduría con un hombre o una mujer joven llena de energía. Muchos otros pensadores independientes han seguido los pasos de los grandes filósofos griegos Sócrates, Platón y Aristóteles, quienes apreciaban el amor que existía entre hombres de edad avanzada y jóvenes. Oscar Wilde, Picasso y Georgia O'Keeffe tenían amantes, esposas o asistentes jóvenes.

Nuestra sociedad piensa que para cuando la mayoría de los estadounidenses lleguemos a los 70 años, estemos redactando nuestro testamento y nos preparemos para morir. Esto sucede a pesar de estadísticas recientes donde se revela que muchas personas de edad avanzada gozan de salud buena relativamente después de los 80 años. No es sorprendente encontrar que menos estrés y más tiempo mejoran la vida sexual de quienes siguen siendo sexualmente activos. No obstante, muchas mujeres en este grupo de edad sobreviven a sus maridos y no pueden imaginarse con otra pareja. A pesar de que la masturbación es una alternativa sexual válida, muchas mujeres dejaron de masturbarse y sólo unas cuantas siguen disfrutando del orgasmo hasta el final.

Cuando cumplí 70 años, me di cuenta de que estaba en la juventud de la edad avanzada. Sin embargo, parece que mi séptima década de vida tendrá más sabor ya que me permití seguir disfrutando de la vida sexual con mi hombre joven. Aun cuando estoy totalmente consciente de que estoy muy lejos del promedio por lo que se refiere al sexo, estoy convencida de que una de las principales razones por las que soy una persona de edad avanzada sexualmente activa es porque tuve una historia de masturbación y sexo en pareja orgásmico.

Además del sexo placentero y divertido y del afecto, ha sido maravilloso tener a Eric para que me ayude en la casa. Desde que se mudó conmigo, pintó mi departamento, puso la alfombra, colocó las repisas y modernizó mi equipo y mobiliario de oficina. A menudo trabaja a unos cuantos metros de mí en su escritorio de computadora desnudo cuando la habitación está templada. Ver su hermoso y fuerte cuerpo y un jarrón de flores recién cortadas me mantiene en contacto con la naturaleza mientras vivo felizmente en el centro de la ciudad de Nueva York. A pesar de que a veces extraño mi soledad, nuestra camaredería, junto con las travesuras y la risa, es una fuente constante de alegrías.

Para quienes se inclinan a comparar mi relación con Eric con *Harold and Maude*, les puedo asegurar que somos bastante diferentes. Aunque me encantó la película, hemos sido nuestras propias ratas de laboratorio sexual combinando su juventud y virilidad con mis conocimientos y experiencia sexuales, probamos distintos ángulos para la penetración, experimentamos con ligeros cambios sutiles en nuestro cuerpo e intentamos nuevas posiciones.

Aun cuando la compañía y la asesoría son aspectos muy deseables, no hay lazo más fuerte que la compatibilidad sexual y la semejanza en la forma de pensar. Aunque no tengo idea de cuánto tiempo durará nuestra aventura intergeneracional, pretendo disfrutar todos los orgasmos y todo el afecto mientras duren.

Durante el primer año que vivimos juntos, yo experimentaba orgasmos que parecían un arma automática. Al principio del tercer año, había días en que sentía la vagina como un viejo mosquetón que no disparaba bien aun con la más reciente tecnología hormonal. Si bien pensaba en probar el Viagra, la idea de tener un efecto secundario negativo no valía la pena y no estaba dispuesta a creer en el revuelo acerca de la Viacreme u otras pociones mágicas para mejorar la sexualidad femenina.

Lo que mejor me resultó fue ajustar mis expectativas sobre tener un gran orgasmo cada vez que tenía sexo en pareja y agregar nuevo material a mis fantasías sexuales. A Eric le preocupaba no complacerme en forma adecuada, de modo que le aseguré que adoraba cada minuto de nuestra relación sexual, con o sin orgasmo. Aunque todavía me puede arrasar la fuerza de un gran orgasmo, simplemente no sucede cada vez que tenemos sexo.

Me acuerdo de un amigo que, cuando yo tenía más de 40 años y él estaba por cumplir los 70, me decía que casi a diario tenía sexo en pareja o se masturbaba, pero sólo tenía un orgasmo una vez a la semana. En esa época sentía un poco de pena por él, pero ahora que soy una mujer de edad avanzada sexualmente activa, lo entiendo por completo. Lo interesante es cómo durante la primera parte de mi vida sexual luché por tener un orgasmo durante el sexo en pareja, y ahora la segunda parte reclama la libertad de no tenerlo en cada encuentro sexual.

Un fin de semana tuve un orgasmo increíble viendo mi nueva versión de la fantasía del "Bar del Coito". Una docena de mujeres nos agachamos sobre una abertura que no nos permite mover, como los viejos establos puritanos. La barra circular del bar está sobre nosotras. Nuestros traseros están expuestos, dejando los genitales de cada una al aire. Los hombres se acercan a la barra, se bajan el cierre del pantalón y, mientras toman un trago, encienden un cigarrilo y defecan, nos penetran. Mi excitación aumenta conforme me imagino la técnica de cada hombre. La versión revisada tiene sexo anal, y si tenemos un orgasmo mientras cumplimos con nuestro deber, nos castigan. Pero cuando un cliente aparece (Eric), a pesar del esfuerzo que hago por no llegar a un clímax inminente, no lo puedo evitar y experimento un orgasmo.

Varios días después veía la misma fantasía mientras teníamos relaciones sexuales, pero después de hacerlo en varias ocasiones sin tener un orgasmo, dejé de intentarlo. Conforme empecé a saborear nuestra relación, entré en una clase de estado de meditación erótica en el cual flotaba en mis sensaciones corporales. La mayoría de los orgasmos terminan después de unos cuantos momentos maravillosos, pero éste duró por cinco o tal vez diez minutos en tanto mi cuerpo temblaba y se estremecía. Todas las formas de placer sexual parecen durar más de lo que en realidad prevalecen. Antes, luego de tener un gran orgasmo, si me seguía estimulando el clítoris con mi vibrador, tenía lo que llamaba un "estado de éxtasis" conforme la energía del orgasmo seguía recorriendo mi cuerpo. Esta vez sucedió sin tener un orgasmo antes, lo cual era algo nuevo.

Como no estaba pensando en tener un orgasmo, estaba más consciente en sentirlo a él. Él se movía más lento, penetrándome profundamente. Cuando los dos nos quedábamos quietos, sentía abultarse la punta de su pene al fluir el semen y luego cedía sin eyacular mientras relajaba los músculos de la base de su pelvis. Cuando finalmente llegaba al clímax, me movía con su energía hasta oír sus gemidos en un lento crescendo vuelto un suspiro, y apretaba mi músculo vaginal contra su pene para que se viniera por completo.

Nos estiramos en los brazos del otro para disfrutar al máximo el enlace hormonal de la oxitocina. No tuve ningún malestar físico que antes sentía debido a la congestión pélvica. Un motivo por el cual las mujeres son tan gruñonas después de tener sexo y sin lograr venirse es porque la sangre tardar hasta diez horas en drenarse de nuestros órganos sexuales.

Después de pensar al respecto, me imaginé que estar en un alto estado de excitación sexual durante un *periodo prolongado* y luego caer en un estado de *relajación total* hacía que la sangre se drenara con mayor rapidez. El otro elemento fue que mi respiración profunda durante nuestra sesión sexual oxigenó mi sangre, ayudando a que fluyera con más libertad.

No dudo de que la fantasía y la masturbación cobran mayor importancia conforme envejecemos. Después de sufrir tres derrames cerebrales, mi viejo amigo Grant aún disfruta de las revistas y películas pornográficas, y es feliz masturbándose conforme se acerca a los 80 años. Cuando estaba listo para salir del hospital y regresar a casa después de su primer derrame grave, el doctor le dijo que podría tener eyaculaciones retardadas y el semen con el tiempo sería expulsado por la orina. Aun cuando le recomendaron esperar un par de semanas antes de tener sexo, la primera noche que pasó en casa tuvo que masturbarse para averiguar si podía eyacular. Descubrió que aún podía tener una eyaculación abundante y ésa fue una razón suficiente para seguir masturbándose.

Hoy día, Grant regularmente recibe masajes, los cuales incluyen su pene, por parte de su joven y atractiva sirvienta, que también es enfermera. Cuando ella empezó a trabajar con Grant sólo hablaba español. Grant comenzó a enseñarle inglés, a pesar de su impedimento para hablar como consecuencia de los derrames. También le enseñó a utilizar un vibrador y ella tuvo su primer orgasmo a los 33 años. Se tienen mucho afecto.

Gracias a mi sitio de web, sé de personas de edad avanzada en todo el mundo que aún tienen actividad sexual y disfrutan la sexualidad. La siguiente es una carta que escribió un hombre de 61 años y que sobrevivió a un infarto cardiaco:

"Sin una relación física con mi finada esposa, durante muchos años encontré casi imposible tener un alivio sexual. Después conocí a mi reciente amante y todo funcionaba bien. Pero las últimas veces que ella me visitó, me fue difícil tener una erección. Pensé que estaba angustiado por no poder satisfacerla, pero después de recurrir a un psicólogo clínico, utilizamos el término "disfunción eréctil". Fui al departamento de urología del hospital universitario. Como no podía tomar Viagra porque uso un atomizador nitrolingual, me recetaron Cavaject y funcionó a la perfección. Después de media hora, mi amante y yo nos arrancábamos la ropa en la recámara. No tiene idea de cuán bueno fue."

Este es un correo electrónico de una postmenopáusica:

"Mientras estuve casada, me masturbaba con un vibrador y tenía varios orgasmos al día. Por supuesto, mi maridito no estaba cerca para satisfacer mis necesidades, ni tenía un deseo sexual tan fuerte como el mío. A los 48 años me hicieron una histerectomía y las cosas cambiaron. Tardé mucho en recuperar sensación sexual alguna. Durante mucho tiempo me sentí entumida. A partir de la cirugía, los encuentros sexuales con el maridito eran cada vez más escasos por lo que seguí atendiéndome. Hace dos años entré en línea y empecé a pasar a muchas salas de chat. Mi primer experiencia sexual cibernética fue un poco aterradora pero excitante y comencé a recuperar los sentimientos que había perdido después de la cirugía. No estaba segura de si lo que hacía era moralmente correcto o incorrecto.

"Ahora, a los 55 años, creo que muchas personas practican el sexo cibernético y no considero que esté mal. Es muy estimulante. Lo equiparo a leer una buena novela excepto que ahora participo verbalmente en las escenas. No busco tener muchas parejas diferentes y soy muy selectiva en cuanto las que elijo. Es muy reconfortante platicar con alguien que se interesa en tu satisfacción tanto como se preocupa por la suya. Después de todo, creo que el sexo se inicia en la mente y es muy importante decir lo que uno hace por la otra persona. La simple idea de que la persona pudiera ser una mujer que pretende ser un hombre también es muy excitante."

Éste es un correo electrónico de un hombre que está por cumplir 90 años:

"Como ingeniero electrónico, constantemente me impresiona el intrincado mecanismo ideado e instalado por la naturaleza en los hombres, sobre todo para la procreación, pero felizmente disponible para el placer. Si la memoria no me falla y tomando en cuenta la frecuencia en diversas edades, calculo que a la edad de 88 años, mi máquina de placer me ha hecho llegar al clímax 24 497 veces desde la niñez. El pene me ha funcionado bien durante todos estos años, aunque ha comenzado a mostrar su edad. Ya no eyaculo. Mi pene sin circuncisión ya no toma la posición firme para saludar a su objetivo. Se ha reducido casi diez centímetros de longitud, pero la circunferencia es la misma. Lo bueno es que la necesidad de masturbarme sigue presente de tres a cuatro veces por semana y, créame, los espasmos del clímax son tan intensos como siempre. No puedo evitar preguntarme dónde se me ubicaría en la escala de las personas de mi edad. Ningún estudio que he visto incluye a hombres mayores de 75 años."

Desde que me uní a las filas de las personas de edad avanzada sexualmente activas, espero, si la diosa me lo permite, documentar qué le sucede a las personas mayores de 75 años con buena salud y actividad sexual. Mientras no me enloquezca el proceso de envejecimiento, estoy agradecida por heredar buenos genes y tener buena salud. Espero disfrutar el resto de mis setentas y diseñar mis ochentas aun con otro estilo sexual que, prometo, no será adecuado para mi edad.

Siempre estaré agradecida por haber sacado todos los muebles de mi sala y convertirla en un espacio donde puedo dirigir talleres y sostener reuniones feministas. Desde 1970, esta modesta habitación de siete por siete metros ha mejorado la vida de innumerables mujeres que tuvieron el valor de unírseme en la búsqueda del placer sexual. Hoy en día, cuando las personas entran en la habitación, casi todas comentan cuán hermosa se ve a pesar de estar amueblada con sencillez. Estoy convencida de que la gente responde a toda la energía orgásmica almacenada en la habitación. Enseñar a las mujeres cómo tener orgasmos resultó ser una carrera fabulosa. Desde la esposa monógama hasta la artista erótica, la aventurera sexual y la educadora sexual, haría todo una y otra vez en un abrir y cerrar de ojos.

16
La instrucción sexual

Clases sexuales para el nuevo milenio

Durante cientos de años, científicos y educadores han investigado las complejidades de la sexualidad femenina. No obstante, una omisión notoria ha sido la relevancia de la autosexualidad para curar problemas sexuales femeninos. El remedio para esta omisión es proporcionar a las mujeres el medio para que conozcan su propia sexualidad. A fin de enfocarnos en este problema, he dado clases sobre los conocimientos sexuales básicos que permitirán a las mujeres experimentar orgasmos mediante la autoestimulación. En cuanto una mujer toma el placer sexual en sus propias manos y reconoce sus genitales como propios, puede explorar su cuerpo y mente para descubrir sus deseos sexuales. Después puede compartir esta información con sus parejas.

Una mujer adulta que nunca ha experimentado un orgasmo a menudo se siente menos que completa. A donde vaya, se enfrenta con imágenes idealizadas de amantes románticos que tienen sexo apasionado. Compra libros de sexo y devora artículos en revistas sobre "Cómo complacer al hombre". Sin embargo, rara vez recibe información sexual útil que se enfoque directamente en "Cómo complacerse a sí misma". Como no tiene experiencia para darse placer ella misma, su ignorancia sexual y su necesidad la convierten en una víctima potencial, en un objetivo para un hombre sin escrúpulos ávido de tener sexo que está más que listo para aprovecharse de ella. No es que él sea malo, sino que sólo responde a las necesidades primarias del cerebro instintivo.

En contraste con una víctima, todas las mujeres sexualmente sofisticadas que conozco están conscientes de que los hombres fingen amor para tener sexo del mismo modo que las mujeres fingen orgasmos para recibir amor. Su ego y autoestima sanos permiten a la mujer dominar cierta forma de control de la natalidad. Es muy probable que evite situaciones que puedan llevar a una violación durante una cita. Es una persona completa por derecho propio que no necesita con desesperación de un hombre para tener una vida sexual o para que la mantengan.

La autosuficiencia sexual y económica ofrece a la mujer una serie de estilos de vida. Tal vez quiera dedicarse de por vida a una carrera. Si decide casarse, tiene una mejor oportunidad de tomar una decisión a conciencia. Creo con firmeza que una esposa y madre orgásmica tiene mayores posibilidades de llevar una vida felizmente casada con hijos bien adaptados. Experimentar con regularidad el placer sexual mejora la calidad de vida de cualquier persona. Por eso, desde principios de la década de los setenta establecí el curso para enseñar a las mujeres acerca del orgasmo autoinducido.

Hoy en día, trabajo en forma directa con mujeres por separado usando un sistema que se desarrolló a través de 25 años de enseñanza práctica en mis talleres. Lo llamo La Instrucción Sexual. Aunque con frecuencia digo que enseño a la gente cómo tener orgasmos, en realidad enseño una variedad de habilidades para la masturbación, de modo que cada mujer pueda descubrir su propio proceso orgásmico y desarrollar su estilo y preferencia individual para experimentar el placer sexual. Asimismo, les proporciono información para que mejoren el sexo en pareja, como la demostración de posiciones que facilitan la estimulación en el clítoris durante la relación sexual junto con la mejor manera de incorporar juguetes eróticos.

Básicamente, mis clientes son mujeres de clase media o alta que tienen éxito por derecho propio o que llevan un buen matrimonio. Muchas están divorciadas. Otras son lesbianas. Representan una sección mixta de grupos étnicos. Estas mujeres son educadas y por tanto forman un grupo con mayor motivación sexual. Han tenido todo tipo de vida y representan todas las profesiones. El rango de edad está entre los 20 a los 50 años. También he trabajado con personas de edad avanzada de más de 60 y 70 años. La mujer más grande que tuvo su primer orgasmo tenía 83 años.

Una sesión de Instrucción Sexual inicia con una conversación de 30 minutos que incluye compartir risas o derramar algunas lágrimas mientras una cliente habla sobre su historia sexual. Para plantear un modelo de plática honesta y abierta, comparto algunas de mis propias experiencias, tanto positivas como negativas.

Cuando le pregunto a una cliente acerca de su actual experiencia con el orgasmo, muchas simplemente no saben si han tenido uno. Más de la mitad tiene pequeños orgasmos pero no pueden identificarlos porque esperan que un clímax sea como un ataque cataclísmico. Otras piensan que un estado elevado de excitación es un orgasmo. Un número reducido experimenta lo que parece ser un orgasmo de cuerpo completo, pero están convencidas de que no pasó nada. Casi ninguna recuerda haberse masturbado de niñas y han perdido el interés en tratar de masturbarse como adultos porque no sienten nada y se desaniman.

Una mujer que viene a verme sabe de antemano que de hecho se va a masturbar mientras le enseño. Aun si ya leyó mi libro o vio mi video *Celebrating Orgasm* (*Cómo festejar un orgasmo*), el cual documenta sesiones privadas de cinco mujeres, continúo el proceso en detalle, asegurándome de que no haya sorpresas. Le explico que soy como una maestra de danza que enseña las técnicas básicas. O un instructor de gimnasio que la alentará a sobrepasar sus límites actuales de tolerancia a sensaciones corporales placenteras.

Luego le pido que se desvista, le ofrezco una camiseta y le explico que trabajaremos con un masaje de aceite. Otro aspecto relevante es que cualquier nivel de nerviosismo reduce la temperatura corporal y me quiero asegurar de que no sienta frío. Pocas mujeres prefieren desnudarse por completo, lo que es bueno. Yo permanezco vestida.

El primer proceso es permitir que cada mujer reconozca como suyo su órgano sexual, lo cual es básico para que pueda disfrutar del placer sexual. Cuando nos sentamos juntas en el suelo y empieza a examinarse los genitales, a menudo descubro que nunca ha visto sus genitales frente a un espejo de pedestal, lo que da libertad a ambas manos para que se explore dentro y fuera con una buena luz. Algunas se han visto de manera superficial y con poca luz para ver si tienen algo mal en tanto con una mano se jalan el labio exterior. Esto da una visión distorsionada de la vulva. Tal vez por eso tantas mujeres creen que su genitales no son atractivos. ¿Se imagina qué pensaríamos de nuestra boca si sólo la viéramos jalando a un lado uno de los labios?

Mientras ajusto el espejo de maquillaje para que ambas veamos juntas su órgano sexual, dirijo la luz brillante entre sus piernas y de inmediato hago un comentario positivo destacando un detalle bonito de su estilo particular. Muchas mujeres se impactan y guardan silencio, en tanto otras hacen un comentario negativo. Son muy pocas las que admiran lo que ven.

Después de que se cubre las palmas de las manos con aceite, le pido que se dé masaje en toda su área genital y que se frote con suavidad y por periodos prolongados. El grado de carácter experimental que he observado cuando una mujer toca por vez primera su propio órgano sexual es impactante; es como si sintiera que toca algo extraño que pudiera dañarla. Seguimos con el masaje genital hasta que siente cierta comodidad.

Mientras la guío a través de los intrincados pliegues de su vulva, hago analogías con las formas de la naturaleza como una flor o un caracol o estilos arquitectónicos como el Renacentista para los elaborados pliegues de los extensos labios interiores, o la simplicidad del Art Déco. Localizamos el tejido del clítoris y ella jala el prepucio para exponer el glande. Analizamos cómo quiere llamar a su órgano sexual al mismo tiempo que le sugiero clítoris, vulva o un sobrenombre más personal. El nombre más común para nuestros órganos sexuales es vagina. Es prudente porque limita la sexualidad femenina al canal del nacimiento y la procreación. El clítoris incluso cuestiona la forma en que los hombres han tenido relaciones sexuales durante siglos. Algunas mujeres eligen el nombre de vulva, en tanto que otras prefieren pensarlo. Les digo que como mi madre me llamó Betty Ann, yo llamo a mi órgano sexual Clitty Ann.

Luego hablamos sobre la preocupación acerca de los labios menores colgados e irregulares, lunares, manchas, pigmentación y textura de los labios menores y mayores, buscamos clítoris perdidos y los encontramos, observamos las secreciones vaginales, comentamos sobre la higiene genital y nos olvidamos de algunas deformidades genitales imaginarias.

En la actualidad, muchas mujeres conocen la importancia de practicar los ejercicios de Kegel. Para quienes no lo saben, explico que PC es la abreviatura de músculo pubococcígeo, que en ocasiones se conoce como base pélvica o músculo vaginal. Cuando le pido a una cliente que levante y apriete el músculo, muchas primero tensan los músculos alrededor del estómago, los muslos y los glúteos. Para mejores resultados, con el tiempo querrá aislar sólo el músculo PC. Un músculo tonificado asegura mejores orgasmos, salud general de los genitales y control de la vejiga, además de que ayuda a regular el movimiento intestinal. Realizar los ejercicios de Kegel puede reducir el tiempo de parto y restaurar los músculos vaginales después de dar a luz.

Examen genital

Mientras está frente al espejo y se levanta para tensar el músculo, puede ver cómo se mueve toda su área genital, incluyendo el clítoris. Luego introduce un dedo en su vagina para, de hecho, sentir la contracción muscular. Le digo que así sentirá su pareja en el dedo o en el pene. Cuando retira su dedo, la aliento a ver la cantidad y calidad de la secreción y a que huela su aroma, explicando que variará de acuerdo con su dieta, ciclo de menstruación e higiene genital.

Casi todas las clientes piensan que cualquier tipo de fluido vaginal indica una infección o que algo está mal. Calmo sus temores, diciendo que todas tenemos mucosidad en la vagina y la calidad y cantidad de ésta cambia según el punto en que nos encontremos en nuestro ciclo de menstruación.

Para las mujeres que no tienen sexo en pareja o que no practican ninguna clase de penetración es de especial importancia orear la vagina con la barra de Betty. También les recomiendo introducir un dedo en la vagina antes de tener sexo en pareja para revisar el olor y el sabor. Esto les permitirá sentirse más seguras al recibir sexo oral. Es una revisión del cuerpo similar a probar nuestro aliento u oler las axilas para asegurarnos de que estamos bien.

Algunas vaginas muy descuidadas pueden oler bastante mal. Sólo imagine cómo nos olería la boca si nunca la abriéramos o nos cepilláramos los dientes. En unos cuantos casos, no me habría sorprendido ver algunas polillas volando fuera de una vulva descuidada. He visto restos de papel higiénico en el vello púbico, mucosidad vieja y seca o un fluido vaginal espeso como consecuencia de la falta de uso y cuidado. He ayudado a clientes a eliminar casos serios de esmegma seca bajo la cubierta del clítoris con un cotonete y aceite. Con una cliente, sacamos un tampón viejo que llevaba ahí dos semanas.

Comentamos acerca de recortar, dar forma y afeitar el vello púbico. Cuidar del órgano sexual no sólo facilita la limpieza, sino que da a una mujer una buena oportunidad de llegar a conocerlo mejor. Algunas mujeres que van a mi taller ya se depilaron o afeitaron, pero eso no significa que tengan una buena relación con sus genitales. Algunas se afeitan en la regadera al tacto sin verse de cerca, o se aplican una cera profesional para usar bikini no para complacerse a sí mismas sino porque su novio se los pide. Por último, saco los diagramas del clítoris entero que vienen en el libro *A New View of a Woman's Body* (Una nueva visión del cuerpo de una mujer). Pueden ver la anatomía interna del clítoris y las partes que presentan una erección durante la excitación sexual: el glande del clítoris, la cruz, los bulbos y el bulbo uretral. Ayudar a una mujer a comprender su anatomía genital y ver su vulva como una fuente de belleza, placer y poder constituye los cimientos sobre los cuales puede construir una vida sexual orgásmica.

Me alegra decir que más de la mitad de mis clientes terminan apreciando la forma y función de su magnífico órgano sexual, la divina vulva. El resto necesita un poco más de tiempo para procesar la experiencia, pero hay buenas probabilidades de que a la larga lo logren. A menudo oigo decir a mujeres que después de seis meses o incluso de varios años años, finalmente llegan a apreciar su vulva.

Luego pasamos al centro de la habitación y ella se acuesta boca arriba sobre una frazada suave con varios cojines. Me siento a un lado de ella, lo bastante cerca para poner mis manos en su cuerpo. Dobla las piernas con las rodillas levantadas y los pies apoyados en el suelo. Le pido que respire profundamente unas cuantas veces y que se asegure de estar en una posición cómoda. Algunas mujeres parecen estar incómodas, de modo que sugiero que acomoden los cojines o modifiquen su posición. Les recuerdo la importancia de estar cómodas siempre que tengan sexo consigo mismas o con otra persona. Luego con una mano en su cadera y la otra en su brazo, las mezo con suavidad para que liberen la tensión. El apoyo de las manos da seguridad y no es sexual.

Aprender a masturbarse con éxito para experimentar un orgasmo como mujer adulta puede suceder rápido o tomar tiempo. Yo les comento acerca de los elementos que usarán para crear el deseo sexual que finalmente llevará al orgasmo: respiración, vaivén pélvico, penetración vaginal y uso del músculo pubococcígeo. Durante la sesión, la mujer experimentará con tres tipos de estimulación diferente en el clítoris: dedos, un vibrador de pilas y un vibrador eléctrico. No hay ningún problema si no tiene un orgasmo durante la sesión. Nuestro trabajo en conjunto de todas maneras será exitoso porque ahora ella sabe cómo practicar cuando llegue a casa.

Lo primero y más importante es la respiración. Mientras se masturba, quiero que se escuche exhalar con fuerza. Su quijada deben estar relajada, lo que permite que su boca esté ligeramente abierta. Actuando como modelo, inhalo por la nariz y exhalo por la boca. Después de practicar la respiración unas cuantas veces juntas, les pido que hagan un sonido al exhalar. Una vez más pongo el ejemplo haciendo un sonido similar a un suspiro profundo. Muchas de nosotras hemos estado tan severamente condicionadas a permanecer en silencio durante el sexo que algunas ni siquiera pueden suspirar fuerte. Más adelante pueden practicar diciendo "sí" o "más" o cualquier palabra que seleccionen durante sus propias sesiones de masturbación. Esto ayuda a indicar a su cuerpo que se siente algo agradable y posteriormente será una manera de hacer que su pareja sepa cuándo está haciendo algo que la excita.

Luego sigue el movimiento de la pelvis. Empieza con un suave movimiento de las caderas que puede ser un movimiento permanente durante la mayor parte de su masturbación. Le pido que mueva las caderas en círculo, para liberarse del eje de la pelvis, y después que se estire tanto como pueda y mueva su cadera hacia arriba y abajo. Entonces le digo que mueva la cadera como Elvis o que hagan el movimiento de coito que a todas nos han dicho que no es propio de una dama. Justo antes de tener un orgasmo, su cuerpo, por naturaleza, tendrá un movimiento de vaivén más urgente. Le recomiendo que, cuando esté en casa, escuche su música preferida y que considere la masturbación como una danza erótica usando los movimientos con los cuales se sienta mejor. Con el tiempo, puede verse a sí misma masturbándose de pie frente a un espejo.

Después de aplicar aceite para masaje, coloca la bola más grande de la barra de Betty justo en la abertura de la vagina. Primero se concentra en relajar los músculos vaginales y luego le pido apretar el músculo pubococcígeo varias veces sobre la bola. Inhala profundo otra vez para relajar el músculo vaginal e inserta tres centímetros la barra. Ella continúa tensando y aflojando despacio el músculo hasta que la barra entra poco a poco en su totalidad. Una vez insertada, el peso de medio kilo de la barra la mantiene en su lugar dejando libres ambas manos.

Muchas mujeres sufren de tensión vaginal crónica porque experimentan dolor en vez de placer a causa una penetración torpe por parte de un amante ignorante. Aun cuando las intenciones de los amantes puedan ser buenas, dada su propia ansiedad o falta de información, penetran una vagina virgen demasiado rápido sin lubricante adicional. Varias mujeres a quienes se les diagnosticó vaginismo (contracción muscular crónica) con el tiempo aceptaron la bola pequeña de la barra dentro de la vagina debido a que ejercitaron el músculo pubococcígeo y usaron la respiración para relajar el músculo.

Con la barra insertada y en su lugar, empieza a apretar y aflojar en forma rítmica el músculo pubococcígeo mientras mece la pelvis y coordina su respiración. Cuando se mece hacia adelante y exhala, aprieta el músculo PC. Luego, al inhalar, se hace hacia atrás y relaja el músculo. O, si el proceso inverso funciona mejor, puede inhalar en tanto se mece hacia adelante y exhala al hacerse hacia atrás. El músculo PC puede permanecer tenso durante varias series de respiraciones y después se relaja para descansar.

En un inicio parece muy complicado, pero le explico que es como aprender un nuevo paso de baile: al principio nos sentimos torpes y estamos conscientes de nosotras mismas, pero después de algunas repeticiones, el cuerpo toma el control y los movimientos se tornan automáticos. No existe una manera "correcta" de utilizar ninguna de estas técnicas. Lo importante es respirar, mecerse y tensar el músculo pubococcígeo hasta que aparece su estilo individual.

Una vez que se siente bien con la penetración y trabaja en forma cómoda el músculo PC contra la barra, hago que incluya la estimulación en el clítoris usando varias técnicas manuales que le muestro durante el examen de los genitales. Siempre con el uso de aceite para masaje a fin de que todo se deslice con suavidad, prueba con dos dedos en el interior de la abertura del clítoris, en tanto éste se mueve hacia arriba y abajo; con un dedo de cada lado del clítoris; o con varios dedos moviéndose en círculos en toda el área del clítoris. En cuanto me dice que no está sucediendo gran cosa con su mano, le doy un pequeño vibrador de pilas llamado el bailarín acuático para que lo utilice sobre y alrededor del clítoris. Después de cinco o diez minutos, le pregunto qué siente. Si aún no experimenta mucha sensación, pasamos a la Varita Mágica eléctrica.

Casi todas las clientes tiene sensaciones agradables con los tres tipos de estimulación, pero en cierto punto finalmente tienen una preferencia. Cuando una cliente está feliz con su mano o un vibrador de pilas, puede quedarse con dichas opciones. Sin embargo, durante una sesión, le sugiero que experimente con los tres tipos de estimulación en el clítoris para saber qué tiene a su disposición. Con la barra vaginal introducida, utiliza la mano que quiera para estimularse el clítoris. La mano libre puede permanecer en contacto con el cuerpo y aumentar su deseo jalando en el monte del pubis, presionando en el área de la vejiga, dándose masaje en el busto, apretando el pezón o moviendo la barra hacia dentro y hacia afuera. Con el vibrador eléctrico, empieza por su clítoris con una toallita doblada en cuatro. Conforme se da masaje con el vibrador, la aliento a respirar al mismo tiempo que coordina sus movimientos pélvicos y bombea con el músculo de la base de la pelvis. Le recuerdo que no confíe sólo en la presión con el vibrador para aumentar la excitación. Mantener en movimiento el vibrador mientras se toca ligeramente es una técnica sencilla, pero debe aprenderse. Poco a poco puede eliminar las capas de la toallita para incrementar la sensación en el clítoris hasta que termina con una capa. El hecho de que les recomiende permanecer por lo menos con una capa de la toalla es para permitir que las mujeres duren más antes de tener un orgasmo.

El uso incorrecto más común de los vibradores eléctricos es tener un orgasmo en unos cuantos momentos por utilizarlo directamente sobre el clítoris sin ningún tipo de acojinamiento. El otro problema de sólo utilizar la presión para aumentar la sensación, que en realidad provoca lo contrario, entumece el clítoris y causa una desagradable sensación de ardor.

Justo después de su primer orgasmo, en lugar de detenerse, le enseño cómo sentir alivio doblando de nuevo la toalla y colocando la mano sobre el clítoris. La aliento a seguir dándose masaje con el vibrador, a moverse y a respirar. La hipersensibilidad en el clítoris cede en unos cuantos momentos y puede seguir experimentando algunas contracciones intensas y oleadas retardadas de placer. Es una pena no tomar en cuenta esta extensión del placer sexual. Si aprieta y relaja el músculo PC, mece la pelvis y respira en forma consciente, podrá disfrutar el dejarse llevar por estas olas de energía sexual o buscar excitarse de nuevo y tener un segundo o tercer orgasmo.

En cuanto a las mujeres que no tienen idea de qué les gusta o qué sienten con la penetración vaginal o para aquellas que preguntan acerca de la estimulación del punto G, les ofrezco una demostración de diferentes técnicas. Para entonces, casi todas las clientes están totalmente relajadas y establecimos una confianza mutua. En tanto que sigue usando el vibrador, me siento entre sus piernas. La barra sigue adentro. Saco muy despacio la barra y, conforme lo hago, le pido que contraiga el músculo pubococcígeo. Cuando relaja el músculo, el peso de la barra permite que se vuelva a insertar. Después de repetirlo varias veces, le pido que lo haga ella sola.

Después inclino la barra hacia arriba contra el techo vaginal y lo presiono contra el bulbo uretral, el punto G, o la próstata, como lo quiera llamar. A algunas no les gusta. La mayoría, como yo, decimos que se siente agradable y unas cuantas dicen que es maravilloso. Para que ella pueda inclinar la barra, lo más sencillo es que se siente en una posición semirecostada. Luego le demuestro lo que llamo una "penetración lenta" al introducir y sacar la barra en tanto ella controla su propia estimulación en el clítoris. Esto contrasta con el movimiento de fricción rápido hacia adentro y afuera. De los tres tipos de penetración, la mayor parte de las mujeres dicen que experimentan más sensaciones sexuales con el movimiento lento hacia dentro y afuera al mismo tiempo que con la barra ejercitan el músculo PC.

Un patrón consistente que veo en las mujeres que vienen a verme es que no practican la autoestimulación lo suficiente. Durante una sesión de instrucción una cliente por lo general practica una hora o más. Algunas aumentan su deseo sexual casi dos horas. Se sorprenden cuando finalmente llegan a profundizar en la experiencia del placer sexual antes y después del orgasmo con un vibrador eléctrico incansable y una instructora que las alienta a seguir. Usar un vibrador con habilidad provoca que alcanzar y gozar los escalofríos y estremecimientos autonómos después del primer orgasmo sea tan bueno o mejor que el clímax mismo. Casi todas las mujeres tienen la capacidad de tener orgasmos en serie si tan sólo no se detienen y siguen masturbándose con el vibrador. Muchas clientes tienen dos o más orgasmos. La mayoría están agradecidas y a unas cuantas les molesta haberse tardado tanto en descubrir esta capacidad de sentir placer que siempre estuvo ahí esperando para ser aprovechado.

El concepto de Wilhelm Reich de "ansiedad de placer" ha sido muy útil para explicar por qué tantas de mis clientes terminan la estimulación en el clítoris justo cuando empieza a sentirse mejor. Parece ridículo sentir ansiedad porque olas de sensaciones vibrantes recorren nuestro cuerpo, pero he observado consistentemente que las mujeres se detienen en el momento en que están por experimentar una caída libre hacia el éxtasis sexual. El hecho de que yo esté ahí para asegurarle que está bien, les permite aventurarse más que cuando están solas.

A algunas mujeres les preocupa lastimarse el cuerpo si tienen más de un orgasmo. ¡Otras piensan que podrían tener una ataque cardíaco! Necesitan que se les asegure de manera constante que no pasa nada. Cuando tienen un segundo orgasmo, con frecuencia les digo de broma que se van a volver "cerdas sexuales". La risa ayuda. Ya que todas provenimos de la represión sexual, se requiere de cierto tiempo y seguridad aceptar estas nuevas experiencias de intesidad sexual.

Luego de observar durante años el cuerpo femenino, uno de los primeros signos de intensidad en la excitación o tensión sexual es cuando la respiración se torna más profunda. Conforme aumenta el nivel de excitación sexual con un ritmo cardíaco más acelerado, la mujer a menudo respira como alguien que ha estado corriendo en el parque. La tensión muscular aumenta. Los movimientos pélvicos se vuelven más urgentes. Algunas mujeres presentan temblor en las piernas. En ocasiones aparece un rubor en el rostro y cuello. Algunas sudan. Abren la boca. Por lo general tienen los ojos cerrados y se concentran intensamente. Cuando se les contorsiona el rostro, parece que sufren dolor con el placer extremo. Usualmente jadean, gritan, gruñen o hacen sonidos de placer en el momento del orgasmo. Un número reducido guarda silencio.

Los comportamientos que indican que una mujer podría fingir placer son cuando el cuerpo está totalmente relajado y no se mueve, o lo contrario, cuando jadea en forma intensa como si estuviera fuera de control. Estar muy consciente de sí misma o verme de manera constante en busca de aprobación significa que no está concentrada en sus propias sensaciones sexuales. Si habla todo el tiempo, ríe de modo inapropiado o mantiene rígida la boca, mandíbula o cuerpo representa temor a perder el control. Los gritos son una muestra inconsciente de frustración y enojo más que de pasión.

Cuando trabajo con una mujer que grita, le recuerdo que debe inhalar oxígeno a través de respiraciones profundas, y no haciendo ruidos parecidos a una mala pista de sonido de un video clasificación X. Eso no significa que yo esté en contra de emitir sonidos fuertes. Pero quienes gritan en tonos altos tensan las cuerdas vocales y obstruyen la energía en la garganta. En vez de ello, las aliento a que hagan un sonido más profundo llevándolo a su vientre y permitiéndole salir con mayor naturalidad al exhalar.

El orgasmo no tiene que ser excesivamente dramático, pero el cuerpo tendrá algún tipo de contracciones autónomas. La parte superior del cuerpo se levanta y la pelvis se inclina hacia arriba como si quisieran unirse, formando una curva en U. La situación opuesta, una espalda arqueada, a menudo indica que una mujer se aleja del placer. Reich describe esto como el "arco histérico". En ocasiones la pelvis o todo el torso estallará con vibraciones intensas de placer que siguen a un gran orgasmo, pero siempre hay excepciones. Una amiga mía guardaba silencio y su cuerpo apenas se movía cuando llegaba al clímax. Su rostro parecía apasible y tranquilo. Había mínimas señales externas de excitación sexual, salvo por los músculos tensos en la parte frontal de su torso. Su proceso sexual era interno con ciertas contracciones fuertes en la base de la pelvis y a menos que tuviera mi dedo dentro de su vagina, era difícil o casi imposible saber si tenía un orgasmo.

El planteamiento actual sobre la disfunción sexual que desarrolló la American Psychiatric Association (APA) divide los problemas sexuales en cuatro categorías de trastorno: deseo, excitación, orgasmo y dolor. Se supone que estas perturbaciones son patrones universales de respuesta sexual fisiológica tanto para las mujeres como para los hombres. En 1999, un grupo de 12 mujeres científicas clínicas y sociales crearon una crítica feminista de la actual nomenclatura del problema sexual, ofrecieron una visión alternativa y empezaron una campaña activista. Criticaron los defectos de la estructura de la APA al no tomar en cuenta las quejas de las mujeres respecto a conflictos emocionales, físicos, culturales y de relación. También temen con razón que si los actuales patrones de mercadotecnia con los hombres son reveladores, la industria farmacéutica anunciará con agresividad medicamentos para la insatisfacción sexual femenina con un planteamiento "unilateral". *A New View of Women's Sexual Problems* (*Una nueva visión de los problemas sexuales femeninos*) publicado por Leonore Tiefer y Elly Kaschak, está disponible de Hayworth Press.

A pesar de que estoy de acuerdo con las complejidades de manejar la sexualidad femenina, estoy consciente de que una mujer humilde en un país devastado no puede darse el lujo de buscar ningún aspecto del placer sexual. En Estados Unidos, hay muchas mujeres que sí se lo pueden dar. Apoyo la experimentación con afrodisíacos, hormonas e incluso medicamentos farmacéuticos para aumentar el deseo sexual y el potencial de excitación de la mujer. Sin embargo, no perdamos de vista el hecho de que la píldora mágica podría resultar ser la forma en que la mujer comprenda cómo funciona su cuerpo sexual una vez que explora sus genitales con la autoestimulación. Para muchas mujeres no orgásmicas, conectar un vibrador eléctrico y utilizarlo de manera correcta puede hacer que el clítoris más descuidado vuelva a la vida. Recuerde, la Varita Mágica es para las mujeres lo que el Viagra es para los hombres.

Ya sea que una mujer decida evitar el sexo con su pareja o disfrutar compartiendo orgasmos en sus propios términos, la aceptación de la masturbación es fundamental. Éste podría ser un modesto principio para terminar con la disfunción sexual de las mujeres y crear una teoría del placer sexual femenino que haga honor a las múltiples dimensiones de nuestra vida. Como dije a principios de la década de los setenta, el sexo en pareja dependiente e institucionalizado a escala social lo vuelve impersonal. La masturbación puede regresar el placer sexual a su lugar apropiado, el individual.

Como creo que el futuro de la educación sexual incluirá la instrucción sexual a través de la práctica de la masturbación, establecí la Fundación Betty Dodson, una organización no lucrativa. La visión de la fundación es fomentar la educación/información sexual que desarrollé y/o acumulé para las mujeres, y ampliarla a fin de incluir a hombres y parejas. La fundación se conservará y construirá con base en mi arte, escritos, libros, videos e información sexual recopilados en mi sitio de web. Junto con la capacitación de instructores sexuales, videos que detallan este innovador método se pondrán a la disposición de educadores y terapeutas sexuales en todo el mundo. La instrucción/enseñanza directa por una persona capacitada en las artes sexuales permitirá que los adultos dominen las habilidades sexuales que se pueden practicar, refinar y compartir, creando mayor armonía en el sexo en pareja. El afecto físico es una de las más grandes fuentes de alegría para el ser humano.

Estados Unidos gasta miles de millones de dólares en tecnología para fabricar los últimos aviones, tanques y armas militares. Miles de millones más se gastan en viajar a la Luna y poner satélites en una órbita alrededor de la Tierra, estableciendo sistemas de comunicación instantánea. No obstante, la tecnología para disfrutar nuestras relaciones y cuerpos sexuales y criar hijos felices y plenos es mínima o nula. Conforme la ciencia avanza, parece que nuestra calidad de vida pierde más terreno. Como yo creo que el pensamiento da lugar a la forma, mantengo la imagen de que en el futuro cercano tendremos una ciencia y una tecnología dedicadas a perseguir con empeño la felicidad sexual de modo que podamos gozar de nuestro jardín terrenal de deleites en cuerpos y mentes sanos.

Apéndice

En 1996 abrí mi sitio de Internet con mi viejo amigo, alguna vez amante y profesor de redacción, Grant Taylor, como maestro del web. Cuando a él se le ocurrió por primera vez, yo no estaba muy interesada. La tecnología avanzaba a un ritmo demasiado acelerado como para que yo lo siguiera. No entendía el concepto del World Wide Web, una nube de información electrónica que rodea la Tierra y a la que todos tienen acceso con una computadora y la instalación telefónica. Grant me recordó que tampoco entiendo muy bien cómo funciona la electricidad, y que eso no evita que encienda el interruptor de mi vibrador. En vista de lo anterior, finalmente estuve de acuerdo con él. Después de trabajar en la presentación de mi misión, Grant y yo dimos vida a www.bettydodson.com, que se ha convertido en nuestro mejor trabajo en colaboración hasta el momento.

El sitio de web creció con rapidez y, muy pronto, llegaron millones de visitantes al mes. Al final del primer año, empecé a darme cuenta de que Internet era mi primera forma de comunicación libre de toda censura. Los editores de periódicos y revistas censuran en forma constante mis puntos de vista acerca de la importancia de la masturbación. Algunos programas de televisión me entrevistaron cuando publiqué *Sex for One*. Pero me conocen mejor los televidentes europeos que en mi propio país. Amsterdam me invitó a un importante programa que pasa los domingos por la noche y mostró una parte del video de mi taller. En contraste, incluso en HBO mostraron sólo los rostros de las mujeres durante un breve segmento de mi taller de masturbación para la serie *Real Sex*.

Para Grant, aprender el lenguaje HTML y crear mi sitio de web tuvo dos propósitos: primero, fue su terapia para desarrollar nuevas partes de su cerebro después de que un derrame cerebral lo dejó sin poder hablar ni escribir; en segundo lugar, hacía realidad su sueño de juventud de publicar una revista de sexo. Más de una vez terminó en la oficina del director después de que lo atrapaban dibujando personajes de dibujos animados populares participando en actos sexuales o mostrando sus órganos sexuales. El Foro de Arte Genital es uno de sus favoritos. La gente nos envía fotografías de sus penes y vaginas con un ensayo acerca de la relación que sostienen con sus órganos sexuales. El Foro de Arte Genital sigue ofreciendo una curación sexual para la mentalidad obtusa de la sociedad. Ocultar nuestros genitales es una de las bases más importantes de la represión sexual. Esta vergüenza se basa en la idea del pecado original que inventaron las religiones organizadas.

Mi trabajo favorito sobre el amor es *Ask Betty* (*Pregúntale a Betty*). Dos días a la semana respondo las preguntas de las personas que visitan mi sitio de web. Mis respuestas no se basan en la estrategia de los terapeutas tradicionales que se apegan al imperativo de que la mujer tenga orgasmos debido "al vaivén vigoroso del pene dentro de la vagina después de un preludio adecuado." En vez de ello, me muestro a favor de alguna forma de estimulación directa en el clítoris hasta el orgasmo, de la misma manera en que los hombres disfrutan desde el principio. Por el momento, supongo que usted ya entendió este concepto, pues llevo más de 200 páginas hablando de lo mismo.

Una de las más grandes preocupaciones de hombres y mujeres que visitan mi sitio de web es si algunas sensaciones, ideas o actividades sexuales son normales. La gente quiere ser "normal", que es el ideal universal de la aceptación social. En cambio, apoyo la diversidad y la creatividad sexuales. Siempre y cuando cualquier actividad sexual en particular sea entre uno o más adultos que la acepten y nadie salga dañado, yo digo que tengan el sexo que quieran. Desde luego, esta afirmación supone que una persona entiende lo suficiente de sexualidad como para saber lo que quiere. Por último, soy una gran admiradora de la autosexualidad. Estoy convencida de que la masturbación es la fuente más importante de muchos de nuestros orgasmos, con el sexo en pareja en forma ocasional. El hecho de que el sexo en pareja sea o no mutuamente orgásmico depende de las dos personas involucradas.

Ahora con mi sitio de web, continúo con mi compromiso de introducir el placer sexual en el diálogo feminista. Mi ideal de libertad sexual sigue un camino similar al de mi heroína sufragista Victoria Woodhull. En 1873, la entonces "escandalosa" Victoria afirmó: "Nunca he tenido relaciones sexuales con un hombre de quien me sienta avergonzada ante el mundo al realizar el acto. Yo no me avergüenzo de ningún acto en mi vida... Y si quiero tener relaciones sexuales con cien hombres, las tendré... Y este negocio de las relaciones sexuales bien podría analizarse ahora, y se analice hasta que estén tan familiarizados con sus órganos sexuales que una referencia a ellos no los haga avergonzarse más que una referencia a cualquier otra parte de su cuerpo." En la actualidad, el análisis público por parte de la mayoría de los líderes feministas, académicos y educadores se centra sobre todo en alguna forma de abuso, enfermedad o disfunción. Podemos hablar abiertamente del dolor y el sufrimiento sexual de las mujeres, pero no podemos hacer lo mismo sobre cómo tenemos nuestros mejores orgasmos. A mí me queda algo muy claro: mientras sigamos insistiendo en que la única forma "correcta" de ser sexual es en una relación heterosexual monógama, hombres y mujeres en un puesto de liderazgo continuarán evitando hablar del tema del placer, por temor a ser rechazados. El hecho de que no tener ningún placer sexual sería tan vergonzoso como tener demasiado o sentir un placer "equivocado".

Espero que llegue el día en que hablar en público sobre quiénes somos como seres sexuales no sea diferente a hablar de nuestras comidas, películas, deportes o pasatiempos favoritos. A través de mi sitio de web y de muchos otros, existe un movimiento sexual positivo con millones de activistas que se unen a la lucha contra la ignorancia sexual. Si usted es amigo del sexo y le gustaría mostrarse a favor del placer, empiece hoy mismo uniéndose a nuestras sesiones de masturbación sin ningún sentimiento de culpabilidad. Platicar con sus amigos acerca de sus técnicas favoritas de masturbación y sexo en pareja con una descripción de uno de sus mejores orgasmos lo califica como activista sexual en mi libro. Únase a mí en el ciberespacio en bettydodson.com para el renacimiento erótico de un nuevo milenio y celebraremos juntos el placer sexual.

Acerca de la autora

Betty Dodson se dio a conocer con su amor por el sexo en 1968, cuando presentó la primera exhibición de arte erótico de una mujer en la ciudad de Nueva York. Ya sea dibujando, pintando, escribiendo, enseñando o produciendo videos, la sexualidad es el tema esencial en la obra de su vida.

A principios de la década de los setenta, enseñar a las mujeres las habilidades de la masturbación y una apreciación de la estética de sus órganos sexuales se convirtió en su compromiso como feminista. Asimismo, empezó a escribir artículos para expresar sus ideas acerca de la liberación sexual femenina. En 1973, Dodson abandonó una exitosa carrera de arte para empezar a enseñar y escribir de tiempo completo sobre el sexo. Durante los siguientes 25 años, las mujeres que participaron en sus talleres compartieron la verdad acerca de su vida sexual y exploraron una variedad de experiencias de orgasmos participando en la masturbación en grupo. Su primer libro, *Liberating Masturbation* (*Cómo liberar la masturbación*), lo editó ella misma en 1974 y se convirtió en un clásico del feminismo. *Sex for One: The Joy of Selfloving* (*Sexo para uno: La alegría de la masturbación*), publicado en 1987 y revisado en 1996, se convirtió en uno de los libros más vendidos.

Dodson recibió un Doctorado en sexología del Institute for Advanced Study of Human Sexuality en 1992. Tiene un consultorio privado en la ciudad de Nueva York y un sitio de web: www.bettydodson.com.

Comentarios de Betty acerca de sus ilustraciones

Sin pensarlo mucho, acepté proporcionar las ilustraciones para el libro, una decisión de la que me arrepentí con el tiempo. Aunque han pasado casi dos décadas desde que dejé de dibujar, a excepción de uno o dos bocetos ocasionales, supuse que dibujar sería como andar en bicicleta, nunca se olvida. Pero después de dibujar todos los días durante casi un mes, me convencí de que había perdido mis habilidades. Un día, desesperada, empecé a repetir en voz alta lo que Bernard Klonis, mi profesor de dibujo en la Art Students League, decía constantemente: "Dibujen a través de la forma." Finalmente, mi primera ilustración quedó terminada y me sentí más animada. Dibujar se convirtió en un placer, ya que paso un tiempo con el otro lado de mi cerebro. Podría dibujar y hablar por teléfono, escuchar música o pensar en todo o nada. Trabajar con pluma y tinta fue maravilloso y cansado.

Los diagramas de la anatomía genital se tomaron de varias fuentes. Primero, quiero reconocer el trabajo realizado por los Centros de Salud de la Federación de Mujeres Feministas. Las ilustraciones de Susan Gage en su libro, *A New View of a Woman's Body* (Una nueva visión del cuerpo de una mujer), fueron un recurso importante. También usé información de *Color Atlas of Anatomy* (Atlas a color de la anatomía) de Johannes W. Rohen y Elke Lutjen-Drecoll, médicos de la Universidad de Erlangen en Alemania. Y, por último, el arte de Frank H. Netter, Doctor en Medicina, de la colección de ilustraciones CIBA, fue mi introducción a los dibujos detallados de los órganos reproductores del ser humano.

Uno de los descubrimientos más interesantes que hice fue que cada artista tiene una versión propia de cómo representar la anatomía del cuerpo humano. Las imágenes varían en gran medida. Mis interpretaciones personales quizá no siempre sean exactas. Aun así, darán a mis lectores una idea del maravilloso diseño del cuerpo humano, sobre todo de nuestros magníficos órganos sexuales.

Clímax en pareja se terminó de imprimir en julio de 2003, en Encuadernación Ofgloma, S.A. Calle Rosa Blanca No. 12, col. Santiago, Acahualtepec, C.P. 09600, México, D.F.